Stefanie Mossa

Kommunikative Kompetenz @ Web 2.0

Wie soziale Netzwerke, Blogs u.a. zur Förderung von Lese- und Schreibkompetenz im Spanischunterricht beitragen können

Diplomica® Verlag GmbH

Mossa, Stefanie: Kommunikative Kompetenz @ Web 2.0: Wie soziale Netzwerke, Blogs u.a. zur Förderung von Lese- und Schreibkompetenz im Spanischunterricht beitragen können, Hamburg, Diplomica Verlag GmbH 2012

ISBN: 978-3-8428-8159-4
Druck: Diplomica® Verlag GmbH, Hamburg, 2012

Bibliografische Information der Deutschen Nationalbibliothek:
Die Deutsche Nationalbibliothek verzeichnet diese Publikation in der Deutschen Nationalbibliografie; detaillierte bibliografische Daten sind im Internet über http://dnb.d-nb.de abrufbar.

Die digitale Ausgabe (eBook-Ausgabe) dieses Titels trägt die ISBN 978-3-8428-3159-9 und kann über den Handel oder den Verlag bezogen werden.

Dieses Werk ist urheberrechtlich geschützt. Die dadurch begründeten Rechte, insbesondere die der Übersetzung, des Nachdrucks, des Vortrags, der Entnahme von Abbildungen und Tabellen, der Funksendung, der Mikroverfilmung oder der Vervielfältigung auf anderen Wegen und der Speicherung in Datenverarbeitungsanlagen, bleiben, auch bei nur auszugsweiser Verwertung, vorbehalten. Eine Vervielfältigung dieses Werkes oder von Teilen dieses Werkes ist auch im Einzelfall nur in den Grenzen der gesetzlichen Bestimmungen des Urheberrechtsgesetzes der Bundesrepublik Deutschland in der jeweils geltenden Fassung zulässig. Sie ist grundsätzlich vergütungspflichtig. Zuwiderhandlungen unterliegen den Strafbestimmungen des Urheberrechtes.

Die Wiedergabe von Gebrauchsnamen, Handelsnamen, Warenbezeichnungen usw. in diesem Werk berechtigt auch ohne besondere Kennzeichnung nicht zu der Annahme, dass solche Namen im Sinne der Warenzeichen- und Markenschutz-Gesetzgebung als frei zu betrachten wären und daher von jedermann benutzt werden dürften.

Die Informationen in diesem Werk wurden mit Sorgfalt erarbeitet. Dennoch können Fehler nicht vollständig ausgeschlossen werden, und der Diplomica Verlag, die Autoren oder Übersetzer übernehmen keine juristische Verantwortung oder irgendeine Haftung für evtl. verbliebene fehlerhafte Angaben und deren Folgen.

© Diplomica Verlag GmbH
http://www.diplomica-verlag.de, Hamburg 2012
Printed in Germany

Inhaltsverzeichnis

1. Einleitung 1

2. Einführung in die Untersuchungsgegenstände 2

    2.1 Die funktionalen kommunikativen Kompetenzen ‚Lesen' und ‚Schreiben' 2

        2.1.1 Die funktionale kommunikative Kompetenz ‚Lesen' 4

            2.1.1.1 Leseprozess und Lesekompetenz 4

            2.1.1.2 Lesetätigkeiten 8

            2.1.1.3 Textsorten 9

            2.1.1.4 Themenbereiche 10

        2.1.2 Die funktionale kommunikative Kompetenz ‚Schreiben' 11

            2.1.2.1 Schreibprozess und Schreibkompetenz 11

            2.1.2.2 Schreibvarianten 14

            2.1.2.3 Textsorten 15

            2.1.2.4 Themenbereiche 16

        2.1.3 Förderung von Teilkompetenzen: separiert oder integriert? 17

        2.1.4 Lese- und Schreibkompetenz im Einfluss neuer Medien- und Kommunikationsformen 19

    2.2 Das Web 2.0 25

        2.2.1 Das Web 2.0 als Weiterentwicklung des Internet 25

        2.2.2 Web 2.0 als Social Web: Die „sozialen" Eigenschaften des Web 2.0 27

        2.2.3 Einteilung von Web 2.0-Anwendungen 29

3. Einsatzbereiche von Web 2.0 in schulischen Kontexten 33

4. Eigene Gegenstandsanalyse bestimmter Web 2.0-Anwendungen unterschiedlicher textueller Verfasstheit 44

    4.1 Explikation der Forschungsfrage 44

    4.2 Auswahl der Analysegegenstände 46

    4.3 Durchführung der Analyse 48

    4.4 Auswertung und Interpretation der Analyseergebnisse 51

        4.4.1 Vorgehen der Auswertung 52

    4.4.2 Einzelergebnisse I - Das didaktische Potenzial von Blogs 53

    4.4.3 Einzelergebnisse II – Das didaktische Potenzial von Facebook 57

    4.4.4 Einzelergebnisse III – Das didaktische Potenzial von YouTube................... 60

    4.4.5 Einzelergebnisse IV – Das didaktische Potenzial von Wikis 63

    4.4.6 Gesamtergebnisse und Fazit 66

5. SCHLUSSFOLGERUNGEN 70

LITERATURVERZEICHNIS 71

ABBILDUNGSVERZEICHNIS 81

ANHANGSVERZEICHNIS 82

ANHANG 83

1. Einleitung

Das Internet ist aus dem Alltag in Deutschland nicht mehr wegzudenken. Besonders aber die Dynamik des sog. „Web 2.0" hat das Internet zu **dem** Medium der Massen für das 21. Jahrhundert werden lassen (vgl. Münker 2009: 19). Es handelt sich dabei um einen allgemeinen Trend,

> Internetauftritte so zu gestalten, daß [sic!] ihre Erscheinungsweise in einem wesentlichen Sinn durch die Partizipation ihrer Nutzer (mit-)bestimmt wird (Münker 2009: 15).

Die Beteiligung der Internetnutzer am kommunikativen Geschehen hat in den letzten Jahren rasant an Bedeutung gewonnen. So schreibt Münker:

> Das Schlagwort Web 2.0 steht vielmehr für eine mittlerweile weltweit und über die verschiedenen Generationen und Professionen verbreitete Nutzung bestimmter neuer medialer Angebote im World Wide Web, deren große und immer noch wachsende Popularität dem Internet in den vergangenen Jahren einen letzten wichtigen Wachstumsschub gegeben haben (Münker 2009: 19).

Auch Jugendliche in Deutschland bleiben von diesen Entwicklungen nicht unberührt. Computer und Internet sind für sie nicht nur leicht verfügbar, sondern werden auch intensiv genutzt. Nach einer Mediennutzungsstudie des „Medienpädagogischen Forschungsverbunds Südwest" (2011: 30) gehen zwei Drittel der 12-19-Jährigen Tag für Tag ins Internet. Der Anteil täglicher Nutzer steigt mit dem Alter der Jugendlichen signifikant an. Nach eigener Selbsteinschätzung verbringen sie durchschnittlich 134 Minuten pro Tag im Internet. Die meiste Zeit (44%) wird für Kommunikation (Nutzung von sozialen Netzwerken, Communities, Messengern u.ä.) verwendet. 24 % kommt der Unterhaltung (Nutzung von Videoplattformen, in Profilen von Communities stöbern etc.) und 15% der Informationssuche (Wikipedia nutzen, Blogs und Tweets lesen u.a.) zu (vgl. Medienpädagogischer Forschungsverbund Südwest 2011: 31). Zudem geben 72% der befragten Jugendlichen an, schon mal selbst Inhalte ins Netz gestellt zu haben. Hierbei handelte es sich um Einträge in Foren oder bei Wikipedia, das Hochladen von Bildern, Filmen und Musik oder das Erstellen von Podcasts, Blogs oder Tweets (vgl. Medienpädagogischer Forschungsverbund Südwest 2011: 30–38). Die aufgeführten Beispiele beschreiben zum großen Teil Web 2.0-Anwendungen.

Web 2.0-Anwendungen sind nicht nur für das jugendliche Mediennutzungsverhalten bedeutsam, sondern haben auch Auswirkungen für die Erschließung von Inhalten in Bildung und Wissenschaft. Sie leisten einen wichtigen Beitrag zur Entwicklung einer sog. ‚information literacy‘, zur Fähigkeit, mit der Informationsgesellschaft umgehen zu können. Umfasst werden damit beispielsweise Kompetenzen des Evaluierens, Reflektierens und Kooperierens. Voraussetzung dafür sind jedoch grundlegende Lese- und Schreibfähigkeiten, d.h. die Fähigkeit schriftliche Informationen verarbeiten und produzieren zu können. Schule hat dabei die Aufgabe, den Erwerb einer *information literacy* – und damit auch Lesen und Schreiben – zu fördern (vgl. Armbrüster 2010: 33–37).

Lese- und Schreibförderung sind auch Gegenstand des Fremdsprachenunterrichts. Ziel des schulischen Spanischunterrichts ist es, die sog. „funktionalen kommunikativen Kompetenzen" ‚Lesen‘, und ‚Schreiben‘ (und auch ‚Hören‘ und ‚Sprechen‘) zu fördern (vgl. Senatsverwaltung für Bildung, Jugend und Sport Berlin 2006a; vgl. 2006b). Die Förderung von Lesen und Schreiben im Umgang mit elektronischen Medien wird jedoch bisher kaum in den für den schulischen Fremdsprachenunterricht relevanten curricularen Setzungen berücksichtigt (vgl. beispielsweise Senatsverwaltung für Bildung, Jugend und Sport Berlin 2006a).

Dieses Buch rezipiert im Rahmen einer Theoriereflexion und einer Fallstudie konkrete Web 2.0-Anwendungen im Hinblick auf fremdsprachendidaktisch und curricular fundierte Beschreibungen zur Förderung von Lese- und Schreibkompetenz. Es soll aufgezeigt werden, welche möglichen Beiträge das Web 2.0 zur Förderung von Lesen und Schreiben leisten kann. Die Bearbeitung der Themenstellung soll zur Beantwortung der folgenden Forschungsfragen führen (die im Unterkapitel 4.1 näher erläutert werden):

1. Welches didaktische Potenzial bieten ausgewählte Web 2.0-Anwendungen unterschiedlicher textueller Verfasstheit zur Förderung der funktionalen kommunikativen Kompetenzen 'Lesen' und 'Schreiben' für den schulischen Spanischunterricht in Deutschland?
2. Und darauf aufbauend: Inwieweit halten sie zusätzliche Lerngelegenheiten bereit, die über die bildungspolitischen Vorgaben hinausgehen und somit auf Weiterentwicklungsmöglichkeiten dieser Kompetenzmodellierungen hinweisen?

Aus diesen zwei Fragen ergibt sich der folgende Aufbau für dieses Buch: Zunächst werden in einem theoretischen Teil die Untersuchungsgegenstände skizziert: die funktionalen kommunikativen Kompetenzen ‚Lesen' und ‚Schreiben', sowie grundlegende Merkmale und Einteilungen des Web 2.0 und seiner Anwendungen. Danach wird zunächst ein Forschungsüberblick zu Einsatzbereichen von Web 2.0 in schulischen Kontexten gegeben, bevor im Anschluss daran eigene Forschungsperspektiven entwickelt werden: In einer qualitativen Fallstudie werden vier ausgewählte Web 2.0-Anwendungen unterschiedlicher textueller Verfasstheit im Hinblick auf die zuvor aufgestellten Forschungsfragen untersucht und ausgewertet.

2. Einführung in die Untersuchungsgegenstände

In diesem Kapitel werden die für die Beantwortung der Forschungsfragen entscheidenden theoretischen Grundlagen skizziert. Das erste Unterkapitel hat zum Ziel, die funktional kommunikativen Kompetenzen ‚Lesen' und ‚Schreiben' näher zu beschreiben, wobei sowohl auf curriculare Vorgaben für den Spanischunterricht in Deutschland als auch auf aktuelle fachdidaktische Modellierungen dieser Kompetenzen näher eingegangen wird. Im zweiten Unterkapitel wird das Konzept des Web 2.0 genauer charakterisiert. Im Vordergrund stehen seine Merkmale und die Kategorisierung der verschiedenen Web 2.0-Anwendungen.

2.1 Die funktionalen kommunikativen Kompetenzen ‚Lesen' und ‚Schreiben'

In diesem Unterkapitel werden zunächst grundsätzliche Begriffslegungen und -einordnungen vorgenommen, bevor dann ‚Lesen' und ‚Schreiben' nacheinander getrennt mit ihren jeweiligen Teilbereichen dargestellt werden.

In der wissenschaftlichen Literatur finden sich verschiedene Konzeptionen von ‚Kompetenz' (vgl. Harsch 2010: 140–142; Schweizer 2006: 127–132). Kompetenzen sind im Sinne eines modernen, ganzheitlich ausgerichteten Kompetenzbegriffs handlungsorientiert. Sie umfassen neben der sprachlich-kommunikativen Kompetenz, den Bereich der interkulturellen kommunikativen Kompetenz und die allgemeinen Kompetenzen. Letztere werden unterteilt in ‚deklaratives Wissen', ‚Fertigkeiten' und ‚prozedurales Wissen', ‚Lernfähigkeit' und die ‚persönlichkeitsbezogenen Kompetenzen', zu denen Aspekte der Emotion, Motivation, Einstellung und auch der Akkulturation zählen (vgl. Harsch 2010: 60). Den Ausführungen der vorliegenden Untersuchung wird bewusst dieser weite Kompetenzbegriff[1] zugrunde gelegt, damit die oben gestellte Forschungsfrage möglichst umfassend bearbeitet werden kann.

Lese- und Schreibkompetenz lassen sich durch die folgenden Dokumente definieren und in ihrer Bedeutung für den schulischen Spanischunterricht begründen: Den „Gemeinsamen europäischen Referenzrahmen für Sprachen"[2] (vgl. Europarat 2001), die „Bildungsstandards für die erste Fremdsprache (Englisch/ Französisch) für den mittleren Schulabschluss"[3] (vgl. Kultusministerkonferenz 2004) sowie den länderspezifischen Setzungen. Für den gymnasialen Spanischunterricht im Land Berlin sind der „Rahmenlehrplan für die Sekundarstufe I. Spanisch" (vgl. Senatsverwaltung für Bildung, Jugend und Sport Berlin 2006a) und der „Rahmenlehrplan für die gymnasiale Oberstufe. Spanisch"[4] (vgl. Senatsverwaltung für Bildung, Jugend und Sport Berlin 2006b) relevant[5]. Diese vier Dokumente werden im Rahmen dieses Buches herangezogen, um Einblicke in bildungspolitische Kompetenzmodellierungen von Lesen und Schreiben auf Europäischen Union, nationaler und Länderebene zu erhalten.[6]

Um die kommunikativen Kompetenzen ‚Lesen' und ‚Schreiben' umfassend zu charakterisieren, wird in einem zweiten Schritt auf weitere fachdidaktische Modellierungen zurückgegriffen. Im Folgenden werden nun die beiden Kompetenzen nacheinander getrennt dargestellt. Die Frage, ob und inwieweit Kompetenzvermittlung separat nach einzelnen Kompetenzen oder integriert erfolgen sollte, wird im Abschnitt 2.1.3. diskutiert werden. Wie sich Lese- und Schreibkompetenz im Einfluss neuer Medien und Kommunikationsformen verändert, wird im Punkt 2.1.4 thematisiert.

---

[1] Eine wesentliche Weiterung im Vergleich zu einem empirisch motivierten Kompetenzbegriff ist beispielsweise die Einbeziehung der persönlichkeitsbezogenen Kompetenzen(vgl. Harsch 2010: 140–142; Schweizer 2006: 127–132).
[2] Im Folgenden als „GeR" bezeichnet.
[3] Im Folgenden als „Bildungsstandards für die erste Fremdsprache" bezeichnet.
[4] Im Folgenden als „RLP Spanisch Sek. I" bzw. entsprechend auch „RLP Spanisch Sek II" bezeichnet.
[5] Hierbei muss darauf hingewiesen werden, dass die Bestimmungen des GeR Eingang in die Bildungsstandards für die erste Fremdsprache gefunden haben (vgl. Kultusministerkonferenz 2004: 4) und diese beide wiederum in den länderspezifischen Setzungen rezipiert wurden (vgl. Häuptle-Barceló 2009: 94–97; Grünewald und Küster 2009: 94–97). Aus diesem Grund werden die Ausführungen aus den Bildungsstandards für die erste Fremdsprache auch in diesem Buch berücksichtigt, obwohl sie nicht für das Fach Spanisch (was meistens erst als 2. oder 3. Fremdsprache gelernt wird (vgl. Grünewald 2009a: 30–32)) gelten.
[6] Die Prozesse des ‚Lesens' und ‚Schreibens' werden in den curricularen Vorgaben unterschiedlich bezeichnet. Um eine gewissen Einheitlichkeit in der Begriffsverwendung zu wahren, werden in dieser Studie ‚Lesen' und ‚Schreiben' als ‚Lese-' bzw. ‚Schreibkompetenz' bezeichnet.

2.1.1 Die funktionale kommunikative Kompetenz ‚Lesen'

Dieses Unterkapitel beschäftigt sich mit der Modellierung von Lesekompetenz. Nacheinander werden die verschiedenen Teilbereiche von Lesekompetenz und Lesearten skizziert, sowie Textsorten und Themenbereiche aufgeführt, an denen sich Lesekompetenz zeigen soll.

2.1.1.1 Leseprozess und Lesekompetenz

Der Leseprozess wird in curricularen Setzungen folgendermaßen charakterisiert: Der GeR bestimmt ‚Lesen' als **rezeptive** Aktivität, bei der

> Sprachverwendende als Lesende geschriebene Texte als Input ('Eingabe'), der von einem oder mehreren Autoren geschrieben wurde, [empfangen und verarbeiten] (Europarat 2001: 4.4.2.2).

Die Rahmenlehrpläne Spanisch für die Sek I bzw. Sek II sehen ‚Lesen' ebenfalls als **rezeptive** Fertigkeit (vgl. Senatsverwaltung für Bildung, Jugend und Sport Berlin 2006a: 11, 2006b: 10). In den nationalen Bildungsstandards wird ‚Lesen' als ‚**schriftsprachliche** Kompetenz' bezeichnet (vgl. Kultusministerkonferenz 2004: 8).

In bildungspolitischen Dokumenten wird Lesekompetenz nun folgendermaßen modelliert: Das Beherrschen von Lesekompetenz als erreichbares Qualifikationsziel (Niveau C2 als höchste Kompetenzstufe) in seiner höchstmöglichen Ausprägung beschreibt der GeR folgendermaßen:

> [Der Sprachverwender] kann praktisch alle Arten geschriebener Texte verstehen und kritisch interpretieren (einschließlich abstrakte, strukturell komplexe oder stark umgangssprachliche literarische oder nicht-literarische Texte). [Er] kann ein breites Spektrum langer und komplexer Texte verstehen und dabei feine stilistische Unterschiede und implizite Bedeutungen erfassen (Europarat 2001: 4.4.2.2).

In den Bildungsstandards für die erste Fremdsprache wird die verbindlich zu erreichende Lesekompetenz ähnlich bestimmt, mit dem Hauptunterschied, dass sie sich auf das Niveau B1(+) des GeR bezieht (vgl. Kultusministerkonferenz 2004: 12).

In den Berliner RLP Spanisch für die Sek I wird das zu erreichende Lesekompetenzniveau (für den mittleren Standard, der dem Abschluss der 10. Klasse entspricht) mit der Niveaustufe B1 festgesetzt. Lesekompetenz bezieht sich hier ausschließlich auf ‚Verstehen' von Texten (vgl. Senatsverwaltung für Bildung, Jugend und Sport Berlin 2006a: 18). Außerdem wird dieses verbindlich zu erreichende Niveau durch die explizite Angabe von Textsorten und Lesestrategien sowie den impliziten Verweis auf verschiedene Lesearten konkretisiert.

Im Berliner RLP Spanisch für die Sek II wird das zu erreichende Lesekompetenzniveau zwischen den Niveaustufen B2 und C1 festgesetzt, wobei v.a. für den rezeptiven Bereich höhere Anforderungen gelten können. Die Schülerinnen und Schüler[7] können (im Grundkursfach)

> komplexe authentische Texte unterschiedlicher Länge und Textsorte [verstehen], auch wenn sie weniger vertrauten Gebieten zuzuordnen sind; sie entnehmen dem Text auch solche Argumente und Schlussfolgerungen, die eher abstrakter und komplexer Natur sind, – verstehen Sach- und Fachtexte sowie literarische Texte aus einem breiten Themenspektrum, das die historische Dimension einschließt (Senatsverwaltung für Bildung, Jugend und Sport Berlin 2006b: 13).

---

[7] Im Folgenden mit „SuS" abgekürzt. Für andere Personenbeschreibungen wird in diesem Buch zu Gunsten einer leichteren Lesbarkeit nur die männliche Form verwendet. Die entsprechenden weiblichen Bezeichnungen sind selbstverständlich darin mit enthalten.

Im Leistungskursfach wird die zu erreichende Kompetenz auf weitere literarische Texte und ein breiteres Themenspektrum erweitert (vgl. Senatsverwaltung für Bildung, Jugend und Sport Berlin 2006b: 13).

Nachfolgend werden Teilbereiche von Lesekompetenz im Lichte fremdsprachendidaktischer Literatur näher charakterisiert und teilweise mit der vorher dargestellten bildungspolitischen Perspektive kontrastiert. Zu allererst wird näher auf den Vorgang des Lesens eingegangen, da sich daraus wichtige kognitive Aspekte von Lesekompetenz herleiten lassen, die im Widerspruch zu den bildungspolitischen Formulierungen stehen: In kognitionswissenschaftlicher Perspektive kann es sich beim Lesevorgang nicht nur um einen rein rezeptiven Prozess handeln:

> Leseverstehen ist als Informationsverarbeitung ein Akt ständiger Bedeutungskonstruktion und als ein Prozess zu begreifen, der bewusst erworben wird (Hermes 2010: 196)

Der Prozess des Lesen beinhaltet offensichtlich **produktive** Anteile: Beim Leseverstehen kommt es zu einer Interaktion von *bottom-up-* und *top-down-*Prozessen (vgl. Decke-Cornill und Küster 2010: 185–188; Hermes 2010: 196–200). Ersterer ist datengeleitet und beginnt bei den Zeichen im Text, die aufgenommen und verarbeitet werden. Graphische Stimuli werden somit dekodiert und dann in den eigenen Wissensbestand integriert. Bei dem Vorgang des Dekodierens handelt es sich um automatisierte hierarchieniedrigere Prozesse – auch als *lower level skills* bezeichnet –, zu denen sowohl die Wort- und Satzidentifikation als auch die Verknüpfung von Satzfolgen zählen. Dieser datengeleitete Prozess führt aber nur zu einem Verstehen – zu einer Sinnentstehung im Individuum –, wenn der Leseprozess nicht gleichzeitig auch konzeptgeleitet (d.h. *top-down-*Prozesse stattfinden) ist. Im Rahmen solcher *top-down-*Prozesse werden die wahrgenommenen Impulse den bereits vorhandenen Beständen des Sprach- und Weltwissens zugeordnet und in den Leseprozess eingebracht (vgl. Decke-Cornill und Küster 2010: 39–43; 185–188; Hermes 2010: 196–200) Hierbei handelt es sich um strategisch-zielbezogene, hierarchiehöhere Prozesse – auch *higher level skills* genannt –, die das Verstehen des Gelesenen, die Verarbeitung der Informationen, das Interpretieren des Verstandenen und die Bewertung bzw. Reflexion beinhalten. Hierbei handelt es sich um das eigentliche ‚Textverständnis'(vgl. Hermes 2010: 196). Ergebnis dieser Prozesse ist die Bildung kohärenter mentaler Textinformationen unter Einschluss von (Vor-)Wissen. Zu den lesespezifischen kognitiven Aspekten von Lesekompetenz zählen außerdem Textsortenkenntnis, das Erkennen der Autorenintention und die Fähigkeit, Textinformationen mit eigenem Vorwissen zu einem mentalen Modell zu verbinden (vgl. Hurrelmann 2006: 275–286).

Die dargelegten kognitiven Determinanten der Lesekompetenz kennzeichnen für den schulischen Fremdsprachenunterricht[8] einige zentrale Ansatzpunkte zur Förderung der Lesekompetenz: Es müssen sowohl konzept- als auch datengeleitete Prozesse berücksichtigt werden. Entscheidend ist demnach einerseits die Aktivierung von Vorwissen, wozu thematisches Vorwissen, themenorientierter Wortschatz, aber auch Textsortenwissen zählen (vgl. Decke-Cornill und Küster 2010: 185–188; Schumann 2009: 195–197). Ebenfalls dazu gehören auch das Anknüpfen an die im Text evtl. angesprochene Tagesaktualität oder die persönlichen Erfahrungen der Lernenden, welche mit dem

---

[8] Im weiteren Verlauf des Buches mit „FSU" abgekürzt.

Thema in Zusammenhang stehen (vgl. Westhoff 1997: 95–97; 114–122). Am besten eigenen sich dazu Übungen in der *pre-reading*-Phase (vgl. Decke-Cornill und Küster 2010: 185–188). Da in der Fremdsprache unbekannte Wörter oder Strukturen den Lesefluss verlangsamen und die Textschwierigkeit anders wahrgenommen wird, müssen Erschließungstechniken möglichst früh vermittelt werden, damit das Erlernen der *lower-level-skills* erfolgreich sein kann (vgl. Hermes 2010: 196–200)[9].

Ein weiterer Bereich der Lesekompetenz sind die motivationalen Fähigkeiten (vgl. Bundesministerium für Bildung und Forschung 2007a: 19f; Hurrelmann 2006: 275–286). Zu ihnen zählen Zielstrebigkeit, Ausdauer, die Aktivierung positiver Gratifikations- und Nutzenerwartung, sowie das Bedürfnis nach kognitiver Durchdringung. Als Aktivierung positiver Gratifikations- und Nutzenerwartung bezeichnet man die aktivierende Zielausrichtung des Lesens. Das umfasst z.B. das Lesen aufgrund der Aussicht auf Anschlusskommunikation, z.B. mit Gleichaltrigen, oder das Bedürfnisses nach emotionaler Anregung und Genusserleben durch das Lesen selbst. Zu unterscheiden sind hier intrinsische und extrinsische Lesemotivation. Intrinsische Lesemotivation kann sich zweifach manifestieren: Sie kann gegenstandsspezifisch, wenn der Leser am Thema des zu lesenden Textes interessiert ist. Sie kann aber auch tätigkeitsspezifisch sein, wenn der Leser die Tätigkeit des Lesens an sich als motivierend empfindet. Extrinsische Motivation hingegen entsteht durch Ereignisse, die als Folge einer Handlung erwartet werden[10]. Die beiden Motivationsarten wirken nicht antagonistisch, sondern beide können wichtige Merkmale des Leseverhaltens, z.B. die Lesemenge, beeinflussen und damit lesemotivationsfördernd wirken.

Folgendes ist zur Lesemotivationsförderung möglich: Textthemen sollten immer aus dem unmittelbarem Lebens- und Erfahrungsbereich der Schüler stammen. Denkbar wäre demzufolge auch die Verwendung von Liedtexten aktueller fremdsprachiger Musik, da diese in besonderem Maße einen Bezug zur Lebenswelt der Schüler herstellen können. Das Textniveau sollte unbedingt dem sprachlichen Niveau der Schüler entsprechen. Texte sollten daher weder zu leicht noch zu schwer sein. Ebenfalls motivationsfördernd ist es, ein interessengeleitetes Lesen zu ermöglichen. In diesem Zusammenhang sollten Möglichkeiten zur Lektüreauswahl durch die Lernenden selbst überprüft werden. Das Lesen an sich sollte mehrheitlich aus einem Informationsbedürfnis heraus erfolgen und nicht (nur) der Sprachübung dienen. Durch die Auswahl authentischer Texte für den Unterricht wird eine reale Kommunikationssituation geschaffen (vgl. Westhoff 1997: 84f). Vorbereitende Übungen – in der *pre-reading*-Phase – haben für die Motivationsförderung eine besonders große Bedeutung: Sie schaffen einerseits einen Erwartungshorizont und bewirken andererseits den Aufbau eines gewissen Leseinteresses (vgl. Vences 2004: 10). So können vor der Lektüre beispielsweise Klappentexte oder einzelne Überschriften gelesen werden, provokative Statements abgegeben oder Spekulationen formuliert werden (vgl. Decke-Cornill und Küster 2010: 185–188).

Weiterhin beinhaltet Lesekompetenz auch affektive bzw. emotionale Faktoren (vgl. Hurrelmann 2006: 275–286). Dazu zählt die Fähigkeit, Texte bedürfnisbezogen auszuwählen, das heißt

---

[9]Da die Aspekte der Lese- und Schreibstrategien für die Forschungsfrage dieses Buches nicht zielführend sind, werden sie in diesem Werk nicht weiter ausgeführt.
[10]Das kann das Vermeiden einer negativen Kompetenz oder das Anstreben positiver Konsequenzen (vgl. Bundesministerium für Bildung und Forschung 2007a: 19f.) sein.

Lesebedürfnisse und Leseangebot aufeinander abzustimmen. Ebenfalls gehört die Fertigkeit dazu, positive Gefühlserlebnisse mit der Lektüre zu verbinden; das meint also die Anwendung von Strategien zum Balancieren der durch den Leseprozess entstehenden Gefühle oder der Stabilisierung der Motivation. Und schließlich ist auch damit gemeint, die Lesesituation genießen zu können (vgl. Hurrelmann 2006: 275–286). Die Bedeutung von Emotionen darf für den FSU nicht unterschätzt werden: Gemäß der *affective-filter*-Hypothese nach Krashen und Terrel verarbeiten und nehmen Menschen am besten sprachlichen Input auf, wenn sie sich in einer angstfreien Spracherwerbsumgebung sicher fühlen und sie der Text positiv emotional involviert. Angst blockiert sie, Anregungsreichtum und Angstfreiheit sind hingegen wichtige Voraussetzungen für Sprachenlernen (vgl. Decke-Cornill und Küster 2010: 43–53). Demzufolge sollten für den FSU Texte ausgewählt werden, die für die SuS subjektiv bedeutsame Inhalte bereitstellen und emotional markiert sind. Der Einsatz von Lyrik kann hier eine insbesondere subjektive und emotionale Auseinandersetzung mit Texten ermöglichen (vgl. Lüning 2010: 5–7). Auch kann eine „…ästhetisch ansprechende Verpackung der Inhalte [bzw. Texte]…" (S. Decke-Cornill und Küster 2010: 51) hilfreich sein.

Lesekompetenz beinhaltet auch reflexive Anteile: Dazu zählen die Fähigkeiten, Textinhalte, -intentionen und Darstellungsformen, intertextuelle und historische Kontexte auf ihre Bedeutung hin zu überprüfen und über die eigenen Erfahrungsbezüge zu Texten nachzudenken. Weiterhin gehört dazu die Fähigkeit, Texte unter der Perspektive von eigenen Erfahrungsbezügen zu bewerten, um diese zur Verbesserung eigener Handlungskompetenzen bis hin zur Persönlichkeitsentwicklung einzusetzen. (vgl. Hurrelmann 2006: 275–286). Dieser Teilbereich kann besonders mit Hilfe von Aufgaben gefördert werden, die während der Lektüre stattfinden oder sich ihr anschließen (und teilweise schon mit Sprachproduktion verbunden sind). Während der Lektüre können die Schüler Leseaufträge bearbeiten, die besonders implizites Verstehen fördern oder textunabhängige Fragen stellen. Das Führen eines Leser-Lerner-Tagebuchs stellt hierfür ebenfalls ein geeignetes Verfahren dar (vgl. Decke-Cornill und Küster 2010: 187; Vences 2004: 10). Nach dem Lesen wären weiterführende Aufgaben wie beispielsweise weitere Informationsrecherchen oder produktive Aktivitäten denkbar (vgl. Vences 2004: 10f.).

Und schließlich kann in einem weiteren Sinne von Lesekompetenz auch die Fähigkeit zur Anschlusskommunikation als ein Teilbereich erachtet werden. Damit ist die Handlungsdisposition gemeint, während und nach dem Rezeptionsprozess in Kommunikationen mit anderen über Texte einzutreten, wodurch ein Aushandeln von Textbedeutungen und Bedeutungskonsensen in unmittelbarer sozialer Interaktion erfolgt. Die Fähigkeit zur Anschlusskommunikation umfasst aber auch die produktive Verarbeitung von Texten. (vgl. Hurrelmann 2006: 275–286). Hierfür sind verschiedene Aktivitäten im Anschluss an die Lektüre denkbar, wie zum Beispiel den Text zu bewerten, Schlussfolgerungen zu ziehen, Kritik bzw. Stellungnahme zum Text schreiben oder auch eine Befragung zum Thema planen und durchführen (vgl. Decke-Cornill und Küster 2010: 187; Hermes 2010: 199; Schumann 2009: 197).

2.1.1.2 Lesetätigkeiten

Gemäß dem GeR kann ‚Lesen' mit verschiedenen Absichten verbunden sein, aus denen sich die verschiedene Lesarten ergeben. (Deren Beherrschung gilt auch als ein Teil von Lesekompetenz.). Das sind im Folgenden: Ein globalen Verständnis , d.h. es gilt insgesamt zu erfassen, was gemeint ist (Lesen zur allgemeinen Orientierung); ein selektives Verstehen, bei dem man eine ganz bestimmte Information erhalten will (informationsentnehmendes bzw. selektierendes Lesen); und eine Detailverstehen, bei dem es darum geht, das Gesagte in seinen Einzelheiten verstehen (detailliertes Lesen). Des Weiteren kann es auch von der Absicht geleitet sein, Schlussfolgerungen ziehen zu können, z.B. damit man eine Anweisung befolgen kann. Die Aufzählung im GeR bleibt offen, da sie mit einem „usw." abschließt. (vgl. Europarat 2001: 4.4.2.2). Am Rande wird auch das ‚unterhaltende Lesen' genannt.

Die Ausführungen der Bildungsstandards für die erste Fremdsprache stimmen inhaltlich mit denjenigen des GeR im Wesentlichen überein, außer, dass in den nationalen Standards das unterhaltende Lesen nicht erwähnt wird. In beiden Dokumenten sind die zu beherrschenden unterschiedlichen Lesearten anhand konkreter Textsorten und Absichten spezifiziert (vgl. Kultusministerkonferenz 2004: 12f.).

Ähnlich sieht es bei den Bestimmungen der Berliner Rahmenlehrpläne für die Sek I und II aus: Hier stehen auch das orientierende und selektierende informationsentnehmende Lesen, sowie das detaillierte im Mittelpunkt. Letzteres findet sich aber nur in den sog. erweiterten Standards. In den erweiterten Standards der Sek I sowie den Vorgaben der Sek II finden sich aber auch erste implizite Ansätze zu einem analytischen und kreativen Lesen. Auch hier sind die zu erreichenden Kompetenzen anhand konkreter Themenstellungen und Textsorten genau charakterisiert (vgl. Senatsverwaltung für Bildung, Jugend und Sport Berlin 2006a: 18f., 2006b: 21).

In der fachdidaktischen Literatur wird in der Regel zwischen vier bis sechs Lesestilen unterschieden. Die folgenden bereits erwähnten Lesearten finden sich ebenfalls in der fachdidaktischen Literatur wieder: Beim orientierenden Lesen (auch globales Lesen oder *skimming* genannt) wird die Aufmerksamkeit besonders auf Überschriften, Bilder, Hervorhebungen etc. gerichtet, um einen Überblick über den Textinhalt zu erhalten. Unter einem selektierenden Lesen (auch als *scanning* bezeichnet) versteht man ein zielgerichtetes und interessegeleitetes Lesen, bei dem der Text unter bewusster Vernachlässigung der restlichen Textinhalte abgesucht und wahrgenommen wird. Beim detaillierten Lesen werden alle enthaltenen Informationen verarbeitet. Der Text wird Wort-für-Wort gelesen. Im Rahmen des analytischen Lesens, das in den bildungspolitischen Setzungen nur vage angedeutet wird, geht es um eine intensive Auseinandersetzung mit dem Text, an die anschließend eine Interpretation und Bewertung erfolgt (vgl. Decke-Cornill und Küster 2010: 185–188; Hermes 2010: 198; Schumann 2009: 196; Vences 2004: 7). Das nur im GeR erwähnte ‚unterhaltende Lesen' könnte am ehesten dem ganzheitlichen Lesen entsprechen, bei dem Inhaltsorientierung und Sinnentnahme dominieren und das dem Vergnügen dient. Eine Auswertung des Textes ist hier sekundär (vgl. Schumann 2009: 195–197). Das kreative Lesen wird in keiner der curricularen Vorgaben erwähnt. Bei dieser Lesart dient der Text der Aktivierung eigener Erfahrungen und des thematischen Vorwissens. Es zielt somit auf eine aktive und effektive Auseinandersetzung mit dem Text ab. Auf diese Weise kann es auch kreative Reaktionen, wie beispielsweise kreatives Schreiben fördern (vgl. Schumann 2009: 195–197). Den Lesearten ist schließlich noch hinzuzufügen, dass ihnen jeweils unterschiedliche Textsorten und Texterschließungsstrategien entsprechen (vgl. Grünewald und Küster 2009: 195–197). In diesem Zusammenhang sollte den SuS bewusst gemacht werden, dass die Leseabsicht das Leseverfahren bestimmt. Zur praktischen Umsetzung dieses Prinzips können jeweils zur Lektüre passende Lesestile vereinbart bzw. Leseaufträge gegeben werden, die unterschiedliche Lesestile erfordern (vgl. Decke-Cornill und Küster 2010: 187). Dabei sollten auch schon frühzeitig authentische Lesematerialen eingesetzt werden. Hierfür eignen sich auch bildgestützte Texte, Werbetexte oder Jugendliteratur, da sie einen starken Bezug zur Erfahrungswelt der Schüler aufweisen bzw. einen echten Leseanreiz bieten (vgl. Schumann 2009: 197). Prinzipiell sollten im FSU alle Lesearten zum Einsatz kommen, um die Lernenden früh zu einer größeren Selbstständigkeit im Umgang mit Texten zu führen (vgl. Decke-Cornill und Küster 2010: 185–188).

2.1.1.3 Textsorten

In den verschiedenen bildungspolitischen Setzungen soll sich Lesekompetenz des Einzelnen auch auf bestimmte Textsorten beziehen, d.h. sich in ihnen manifestieren.

Der GeR „kennt" eine Vielzahl verschiedener Textsorten, deren Aufzählung explizit als nicht abgeschlossen verstanden werden will[11]. Die zu beherrschende Textsortenvielfalt nimmt mit steigender Niveaustufe zu (vgl. Europarat 2001: 4.4.2.2).

Weniger ausführlich sind die Textsortenbestimmungen in den Bildungsstandards für die erste Fremdsprache beschrieben. Hier soll sich die Lesekompetenz der Lernenden an „verschiedenen Texten" zeigen[12].

Im Berliner RLP Spanisch Sek I wird " – im Vergleich zu GeR und Bildungsstandards –eine sehr ausdifferenzierte Vielzahl „geeigneter Textsorten" angegeben, auf die sich Lesekompetenz bezieht[13].

In den abschlussorientierten Standards des Berliner RLP Spanisch Sek II finden sich nach Grund- und Leistungskursniveau differenziert, ebenfalls verschiedene Textsorten[14]. Dabei handelt es sich um Sach-, Fach- und ebenfalls literarische Texte (vgl. Senatsverwaltung für Bildung, Jugend

---

11 Diese werden hier ungeordnet, in der Reihe ihres Vorkommens im Dokument, angegeben: Sachtexte, Artikel einer Enzyklopädie, private-, „Standard- und Routinebriefe", einfache Mitteilungen, Informationsbroschüren, kurze offizielle Dokumente, Zeitungsartikel, „Alltagstexte" wie Anzeigen, Prospekte, Speisekarten, Literaturverzeichnisse und Fahrpläne, Berichte, argumentative Texte, Anleitungen und Vorschriften (vgl. Europarat 2001: 4.4.2.2).
12 Genannt werden hier: Korrespondenz, Anleitungen, Hinweise, Personenbeschreibungen, Klappentexte, Vorschriften, argumentative Texte wie Zeitungsartikel und einfache literarische Texte wie beispielsweise *shortstories* (vgl. Kultusministerkonferenz 2004: 12;19).
13 Für den einfachen Standard sind das Fahrpläne, Speisekarten, Prospekte, Werbung, Annoncen, Formulare, Straßenschilder, Wegweiser, Handlungsanweisungen (z. B. Rezepte), Hinweise zum Gebrauch von Geräten im Alltag, Verbote bzw. Gebote, Briefe, Einladungen, Glückwünsche, Lieder, Reime, Comics, Rätsel und kurze Geschichten mit einfachen Strukturen. Für den mittleren Standard kommen zusätzlich Berichte, Beschreibungen, kurze Geschichten, Biografien, Kataloge, Reiseprospekte, Zeitungsüberschriften, Inserate, Wetterberichte hinzu. Im erweiterten Standard kommen Prosatexte, Gedichte und ausgewählte Zeitungsartikel als Textsorten hinzu (vgl. Senatsverwaltung für Bildung, Jugend und Sport Berlin 2006a: 18f.).
14 Das sind – bezogen auf Spanisch als Grundkursfach – „…authentische lebensweltorientierte Texte unterschiedlicher Länge, primär Sach- aber auch Fach- und einfache literarische Texte" (S. Senatsverwaltung für Bildung, Jugend und Sport Berlin 2006b: 13) sowie – falls Spanisch Leistungskursfach ist – „…komplexe authentische Texte unterschiedlicher Länge und Textsorte…"(S. Senatsverwaltung für Bildung, Jugend und Sport Berlin 2006b: 13).

und Sport Berlin 2006b: 13). In den Umsetzungsempfehlungen eines Themenfeldes werden explizit auch fiktionale Texte erwähnt[15].

In den curricularen Vorgaben fällt insgesamt ein Übergewicht von Sachtexten gegenüber literarischen Texten auf, die nur in den länderbezogenen Curricula erwähnt werden, wobei fiktionale Texte nur einmal genannt sind. Alle Textsorten beziehen sich auf Printtexte. Das Lesen elektronischer Texte wird an keiner Stelle explizit erwähnt. Welche Textsorten im FSU eingesetzt werden sollen, darüber lassen sich keine eindeutigen Angaben innerhalb der wissenschaftlichen Literatur finden. Sicher ist, dass für den Erwerb fremdsprachiger Lesekompetenz „…eine gewisse Vielfalt an Textsorten erforderlich ist" (S. Schumann 2009: 197). Dass die SuS „Schemata" und „Sprachschablonen" in einer Textsorte erkennen können, stellt gleichzeitig auch eine wichtige Voraussetzung zum Erwerb der Schreibkompetenz dar (vgl. Blume 2007: 180f). Generell bezieht sich die Kenntnis solcher konventionell geltenden Muster für komplexe sprachliche Handlungen sowohl auf Textproduktion als auch dessen Rezeption. Wer diese Muster beherrscht, ist in der Lage, in unterschiedlichen Kommunikationsbereichen situativ wie auch sozial angemessen zu handeln (vgl. Gansel 2011: 31–44).

2.1.1.4 Themenbereiche

Lesekompetenz vollzieht sich immer auch an bestimmten Themen. Der GeR gibt hierfür eine Liste von Themen an, auf welche der Lernende vorbereitet und welche er bewältigen können muss[16]. Diese Themenliste ist allerdings endgültig. Außerdem muss aus dieser - auf die kommunikativen Bedürfnisse der Lernenden abgestimmt – kontextspezifisch ausgewählt werden. Mit steigenden Niveaustufen nimmt der Grad der Abstraktion, der Komplexität und die Personenferne[17] der zu bewältigenden Themen zu (vgl. Europarat 2001: 4.4.2.2). In den Bildungsstandards für die erste Fremdsprache und im Berliner RLP Spanisch zeigt sich Lesekompetenz an Themen des Interesse- und Erfahrungsbereiches der SuS (vgl. Kultusministerkonferenz 2004: 12; Senatsverwaltung für Bildung, Jugend und Sport Berlin 2006a: 18f). Die verschiedenen drei Standards des RLP unterschieden sich in der zunehmenden Komplexität der zu verstehenden Themen. Im Berliner RLP Spanisch Sek II hingegen gibt es ein verbindlich zu absolvierendes Themenspektrum (mit konkreten Themenstellungen) an dem der (Lese-)Kompetenzerwerb stattfinden soll. Dabei entscheidet die Lehrkraft selbst, wo der Fokus der Kompetenzentwicklung im jeweiligen Themenfeld liegt. Diese verbindlichen Themenfelder sind: ‚Individuum und Gesellschaft'[18], ‚Nationale und kulturelle

---

[15] Hierbei obliegt es jedoch der Lehrkraft, welche funktionale kommunikative Kompetenz mit dieser Textart gefördert wird. Fest steht lediglich, dass die Abschlussstandards für alle Teilkompetenzen zu erreichen sind (vgl. Senatsverwaltung für Jugend, Bildung, Sport 2006b:13).

[16] Das sind im Folgenden: Informationen zur Person; Wohnen und Umwelt; Tägliches Leben; Freizeit, Unterhaltung; Reisen; Menschliche Beziehungen; Gesundheit und Hygiene; Bildung und Ausbildung; Einkaufen; Essen und Trinken; Dienstleistungen; Orte; Sprache und Wetter (vgl. Europarat 2001: 4.2).

[17] Das heißt, ein Thema stammt nicht aus dem (unmittelbaren) Fach- bzw. Interessengebiet des Lernenden.

[18] Dazu zählen Themen wie politische, geschichtlich und soziale Entwicklung in Lateinamerika und Spanien sowie politisches Engagement (vgl. Senatsverwaltung für Bildung, Jugend und Sport Berlin 2006b: 20).

Identität'[19], ‚Eine Welt – globale Folgen'[20] und ‚Herausforderungen der Gegenwart'[21] (vgl. Senatsverwaltung für Bildung, Jugend und Sport Berlin 2006b: 19–23).

Innerhalb der fachdidaktischen Literatur findet man keine Aufstellungen von Themenlisten, an denen sich der (Lese-)Kompetenzerwerb vollziehen soll. Generell spielen bei der Themen- (bzw. Textauswahl) eher allgemeine fachdidaktische und pädagogische Prinzipien eine Rolle. Das sind einerseits die persönlichen Voraussetzungen der SuS[22], andererseits aber auch affektive und motivationale Faktoren[23] und auch inwieweit vielfältige – keinesfalls eurozentrische Bezüge – zu hispanophonen Kulturen hergestellt werden können (vgl. Grünewald 2009b: 151–161). Weiterhin wird die Einheit von Sprache und Inhalt im Fremdsprachenunterricht betont. Es geht also nicht nur um eine sprachlich-funktionale Ebene von Inhalten, sondern auch um zahlreiche soziokulturelle Erfahrungen und Einsichten in die spanischsprachige Welt (vgl. Häuptle-Barceló 2009b: 134–137).

Da im vorliegenden Buch nicht nur untersucht werden soll, wie Web 2.0-Anwendungen Lesekompetenz fördern können, sondern das didaktische Potenzial auch im Hinblick auf Schreibkompetenz erfasst werden soll, ist das nächste Unterkapitel dieser funktionalen kommunikativen Kompetenz gewidmet.

2.1.2 Die funktionale kommunikative Kompetenz ‚Schreiben'

In diesem Unterkapitel wird Schreibkompetenz mit ihren verschiedenen Teilbereichen und Schreibvarianten dargestellt, sowie Textsorten und Themenbereiche aufgeführt, an denen sie sich zeigen soll.

2.1.2.1 Schreibprozess und Schreibkompetenz

Der Prozess des Schreibens wird in curricularen Setzungen folgendermaßen charakterisiert: Im GeR wird ‚Schreiben' als eine Aktivität bestimmt, bei der die

> Sprachverwendenden als Autoren einen geschriebenen Text [**produzieren**], der von einem oder mehreren Lesern rezipiert wird (Europarat 2001: 4.4.1.2).

In den Berliner Rahmenlehrplänen für den Spanischunterricht wird es ebenfalls zu den ‚produktiven Fertigkeiten' gezählt (vgl. Senatsverwaltung für Bildung, Jugend und Sport Berlin 2006a: 11, vgl. 2006b: 10). Die nationalen Bildungsstandards folgen dieser Einteilung nicht, sie bezeichnen ‚Schreiben' als ‚**schriftsprachliche** Kompetenz' (vgl. Kultusministerkonferenz 2004: 8).

Schreibkompetenz wird nun in bildungspolitischen Dokumenten wie folgt modelliert: Das Beherrschen von Schreibkompetenz als erreichbares Qualifikationsziel (Niveau C2 als höchste Niveaustufe) in seiner höchstmöglichen Ausprägung beschreibt der GeR folgendermaßen:

---

[19]Dazugehörige Themen sind das Aufeinandertreffen der spanischen mit der präkolumbischen Kultur, Unabhängigkeitsbestrebungen in Lateinamerika, Autonomiebewegungen in Spanien und Spanien in Europa (vgl. Senatsverwaltung für Bildung, Jugend und Sport Berlin 2006b: 21).
[20]Aufgeführte Themen sind: Ein- und Auswanderung, soziales Miteinander und soziokulturelle Trends, Welt der Medien und interkulturelle Kommunikation (vgl. Senatsverwaltung für Bildung, Jugend und Sport Berlin 2006b: 22).
[21]Geeignete Themen sind: Das Zusammenleben unterschiedlicher Kulturen, Ethnien und Bevölkerungsschichten in Spanien und Lateinamerika, Arbeiten und Studieren in spanischsprachigen Ländern, Metropolen sowie Tourismuskonzepte und Ökologie (vgl. Senatsverwaltung für Bildung, Jugend und Sport Berlin 2006b: 23).
[22]Beispielsweise Alter, Lernniveau und Vorwissen.
[23]Dazu zählen beispielsweise das Identifikationspotenzial mit dem (literarischen) Text, thematische Abwechslung, Bezug zur Lebenswelt der SuS, Aufforderung zur kognitiven und affektiven Auseinandersetzung, Interesse und Lernbedürfnisse der SuS (vgl. Grünewald 2009b: 151–161).

> [Der Sprachverwender] kann klare, flüssige, komplexe Texte in angemessenem und effektivem Stil schreiben, deren logische Struktur den Lesern das Auffinden der wesentlichen Punkte erleichtert (Europarat 2001: 4.4.1.2).

Diese Ziele werden in zwei weiteren Beispielskalen durch ‚kreatives Schreiben' und ‚Aufsätze und Berichte schreiben' konkretisiert.

In den Bildungsstandards für die erste Fremdsprache wird Schreibkompetenz ähnlich bestimmt, mit dem Hauptunterschied, dass sie sich auf das Niveau B1(+) des GeR bezieht:

> Die Schülerinnen und Schüler können zusammenhängende Texte zu vertrauten Themen aus ihrem Interessengebiet verfassen (B1) (Kultusministerkonferenz 2004: 13).

Zusätzlich wird diese Beschreibung in Bezug auf das Verfassen von Notizen, kurzen Mitteilungen, detaillierten Texten, kurzen Aufsätzen und Berichte konkretisiert.

In dem Berliner RLP Spanisch für die Sek I wird das zu erreichende Schreibkompetenzniveau (für den mittleren Standard) mit der Niveaustufe B1 festgesetzt. Außerdem wird das Schreibkompetenzniveau durch die explizite Angabe von Textsorten, Schreibanlässen und Schreibstrategien sowie den impliziten Verweis auf verschiedene Schreibarten konkretisiert (vgl. Senatsverwaltung für Bildung, Jugend und Sport Berlin 2006a: 19f).

Im Berliner RLP Spanisch für die Sek II, der die zu erwerbende Kompetenz genau festschreibt, wird das zu erreichende Schreibkompetenzniveau zwischen den Niveaustufen B2 und C1 festgelegt. Die SuS des Grundkursfachs

> verfügen über ein gesichertes grundlegendes Repertoire schriftsprachlicher Mittel und einen angemessenen Sachwortschatz, … erstellen selbstständig adressatengerechte, textsortenspezifische und strukturierte Texte zu verschiedenen Themen aus den Themenfeldern … und ihren Interessengebieten, …nehmen hinreichend genau, zweckorientiert und verständlich zu einem breiten Spektrum alltäglicher und überwiegend bekannter Sachverhalte und Themen des fachlichen und persönlichen Interesses Stellung, … [und] vermitteln Erfahrungen und Informationen und sprechen sich begründet für oder gegen eine Position aus, heben entscheidende Details sprachlich hervor, nehmen Stellung und ziehen Schlussfolgerungen. Dabei gliedern und entfalten sie ihre Ausführungen in einer der Aufgabenstellung angemessenen Weise (Senatsverwaltung für Bildung, Jugend und Sport Berlin 2006b: 15).

Die Unterschiede zwischen Grundkurs- und Leistungskursniveau manifestieren sich hier in den verschiedenen Textsorten, der Komplexität der verwendeten Techniken und dem Grad ihrer sicheren und eigenständigen Anwendung (vgl. Senatsverwaltung für Bildung, Jugend und Sport Berlin 2006b: 15f).

Nachfolgend werden Teilbereiche von Lesekompetenz im Lichte fremdsprachendidaktischer Literatur näher charakterisiert und teilweise mit den eben aufgeführten curricularen Setzungen kontrastiert. Zu allererst wird näher auf den Vorgang des Schreibens eingegangen – seine Prozesshaftigkeit wird in den curricularen Bestimmungen kaum berücksichtigt –, da sich daraus wichtige Merkmale und Fördermöglichkeiten von Schreibkompetenz herleiten lassen.

In fachdidaktischen Modellierungen wird ‚Schreiben' – wie in den Bestimmungen des GeR und den RLP Spanisch für die Sek I und Sek II – zu den produktiven Fertigkeiten gezählt (vgl. Kast 1999: 8–33; Königs 2010: 260–263) bzw. „fehlt" eine solche Einteilung in produktive und rezeptive Kompetenzen (vgl. Schumann 2009: 188–201). Häufig wird neben der Produktorientierung des Schreibprozesses – das heißt, Ziel des Schreibens ist ein sprachlich korrekter, verständlicher und möglichst ‚guter' Text – auch seine Prozesshaftigkeit betont (vgl. Kast 1999: 8–33; Portmann-Tselikas 2010: 92–96). So begreift Königs ‚Schreiben' als einen

> zyklisch-rekursiven Vorgang ...[,bei dem der Schreibende] im Rahmen eines komplexen Miteinanders von Planungs- und Ausführungskomponenten, das sich in miteinander verwobenen, aber keineswegs linear ablaufenden Planungs-, Formulierungs- und Bearbeitungsphasen unter der Kontrolle des schreibseitigen Bewusstseins vollzieht, ...schließlich zu einem Textprodukt... [gelangt] (Königs 2010: 261).

‚Schreiben' besteht demzufolge aus den nicht linear ablaufenden Phasen der Planung, Versprachlichung und Überarbeitung, die sich im Laufe des Prozesses mehrfach wiederholen (vgl. Blume 2007: 168–171; Cassany 2007: 4–9; De Florio-Hansen 2005: 219–230; Meißner 2010: 113–129). Die Planungsphase umfasst dabei die Generierung von Ideen, die Zielfindung sowie das Organisieren dieser Ideen. Die Phase der sprachlichen Umsetzung beinhaltet die eigentliche Textproduktion, in der einzelne Wörter morpho-syntaktisch formiert werden. In der Überarbeitungsphase wird der erste Entwurf durchgesehen und in je nach Einzelfall – inhaltlicher und formaler Hinsicht verbessert[24] (vgl. De Florio Hansen 2005: 219–230). De Florio-Hansen fügt diesem von Hayes und Flower (1980: 3–30) entwickelten Modell für den muttersprachlichen Schreibprozess einige spezifische Aspekte hinzu, die sich maßgeblich auf den Erwerb einer Fremdsprache beziehen: Weiterhin wichtig sind ihrer Auffassung nach die Bedeutung des thematischen und sprachlichen Vorwissens, die Rolle der Textsorte, der Adressatenbezug, die Motivation[25], der Unterschied zwischen Schreibexperten und Schreibnovizen und die Individualität des Schreibers sowie die seiner Schreibschwierigkeiten (vgl. De Florio Hansen 2005: 220). Außerdem merkt sie an, dass im FSU auch beachtet werden sollte, für welchen sozialen Kontext ein Text verfasst werden soll. Es müssen demzufolge die Konventionen der Ausgangs- und der Zielkultur berücksichtigt werden (vgl. De Florio Hansen 2005: 224). Kompetente Schreiber sind Personen, in denen Sprachwissen, aber auch Welt-, Adressaten- und Diskurswissen zusammenfließen (vgl. Königs 2010: 261). Im FSU müssen die Komponenten eines erfolgreichen Schreibvorgangs zunächst aufgebaut und geübt werden. Dabei wird zu Übungszwecken eine gewisse Isolation dieser Komponenten akzeptiert (vgl. Königs 2010: 261). Für die Planung eines Textes benötigen SuS Kenntnisse und Beherrschung von Verfahren der Ideensammlung und -strukturierung (vgl. Schumann 2009: 198–200), wie z.B. Mindmaps, Spiegelstrichtechnik und Tabellen, aber auch grundlegende Textsortenkenntnis (vgl. Blume 2007: 174–176). Blume (2007: 180–182) empfiehlt, den SuS sprachliche Schablonen an die Hand zu geben, die ihnen sowohl bei der Strukturierung ihrer Gedanken als auch der sprachlichen Umsetzung helfen können. Während der Formulierungsphase bedürfen die SuS eines sicheren Zugriffs auf die sprachlichen Mittel bzw. die Techniken ihrer Bereitstellung. So wird beispielsweise darauf hingewiesen, dass eine nach Schreibabsichten[26] gegliederte Grammatik den Schreibprozess wesentlich flüssiger werden lässt (vgl. Meurer und Wernsing 2008: 34–36).

---

[24]Der Schritt der Bezugnahme zum Adressaten des Textes und die sprachliche Ausrichtung auf ihn kommt in diesem Modell nicht vor, wird jedoch in Weiterentwicklungen als ein notwendiger Teil der Textplanung aufgefasst (vgl. De Florio Hansen 2005: 224–230).
[25]Motivation spielt im Schreibprozess besonders eine wichtige Rolle, damit es SuS nicht nur als Mühsal, sondern als Möglichkeit des Ausdrucks persönlicher Eindrücke und Erlebnisse betrachten (vgl. Blume 2007: 173).
[26]Schreibabsichten können beispielsweise das Angeben einer Häufigkeit, das in Zweifel ziehen oder das Anführen eines Beispiels sein (vgl. Meurer und Wernsing 2008: 37–39).

Während des Überarbeitungsprozesses sollten die SuS Verfahren der autonomen Fehlersuche anwenden. Das sind beispielsweise die Überarbeitungscheckliste für die Textrevision in mehreren Stufen, ein strukturierter Kommentarzettel für Peerfeedback oder eine Liste von typischen Fehlern deutscher Spanischlerner (vgl. Blume 2007: 183–186; Schumann 2009: 198–200). Die Entwicklung einer umfassenden Schreibkompetenz kann man sich auf einem Kontinuum vorstellen. Es beginnt bei Lernanfängern mit der schriftlichen Fixierung und Reproduktion von Wörtern, Strukturen oder kleinen Texten und endet bei der freien Textproduktion. Am Anfang stehen noch mehr sprachliche Parameter im Fokus, mit zunehmender Kompetenz der Lernenden gewinnt die inhaltliche Dimension an Bedeutung (vgl. Königs 2010: 260–263). Dies entspricht auch den Befunden des GeR und des RLP Spanisch für die Sek II.

2.1.2.2 Schreibvarianten

Gemäß dem GeR kann ‚Schreiben' mit verschiedenen Aktivitäten verbunden sein, woraus sich – jedoch nur implizit – zwei bis drei Schreibarten ergeben, an deren Beherrschung sich Schreibkompetenz zeigt: Ein eher prozessorientiertes Schreiben (das der Informationssicherung dient), ein produktorientiertes Schreiben (z.B. das Verfassen eines Briefes) und das kreative Schreiben (vgl. Europarat 2001: 4.4.1.2). In den Ausführungen der nationalen Bildungsstandards lassen sich sowohl prozessorientiertes als auch produktorientiertes Schreiben wiederfinden (vgl. Kultusministerkonferenz 2004: 13f.). Dabei scheint in beiden Dokumenten das produktorientierte Schreiben im Vordergrund zustehen, da hier die Beispiele zu dieser Schreibart überwiegen. Im Berliner RLP Sek I werden prozessorientiertes, produktorientiertes und kreatives Schreiben genannt. Insgesamt scheinen hier aufgrund der höheren Anzahl der gegebenen Beispiele produktorientierte Schreibverfahren eine größere Rolle zu spielen.

Im Berliner RLP Spanisch für die Sek II wird auf den Erwerb verschiedener Schreibvarianten nur implizit eingegangen. Die SuS sollen in der Lage sein, textsortenspezifische und adressatengerechte Texte zu verfassen. Produktorientierte Schreibweisen erscheinen auch hier fokussiert (vgl. Senatsverwaltung für Bildung, Jugend und Sport Berlin 2006b: 15).

Auch in der fachdidaktischen Literatur wird im Allgemeinen zwischen einem lernprozessorientierten und einem produktorientierten Schreiben unterschieden (vgl. Decke-Cornill und Küster 2010: 191f.; De Florio Hansen 2005: 223; Schumann 2009: 198–200; ferner auch Kast 1999: 19–24; und Portmann-Tselikas 2010: 94f.) Ersteres dient dem fremdsprachlichen Lernprozess, wenn z.B. im Medium des Schreibens das Gelernte fixiert, Wortschatz- und Grammatikübungen durchgeführt oder das Gelesene mit Hilfe eines Lesetagebuchs reflektiert wird etc. Zweites dient dem Erwerb einer schriftlichen Kommunikationsfähigkeit, wenn etwa etwas zusammengefasst, analysiert, kommentiert oder kreativ weiterverarbeitet wird. Beim produktorientierten Schreiben kann wiederum zwischen Schreiben im kommunikativen Kontext und dem kreativen Schreiben unterschieden werden (vgl. Schumann 2009: 198). Kommunikative Schreibformen dienen der Kontaktaufnahme und -erhaltung, bzw. üben und bereiten diese vor. De Florio Hansen gibt zu bedenken, dass Fremdsprachenlernende nur dann erfolgreich schreiben lernen, wenn ihre Texte „…für einen Leserkreis

inner- und außerhalb des Klassenzimmers bestimmt sind..." (S. De Florio Hansen 2005: 229) [27].
Kreatives Schreiben zielt auf die Förderung eines lernerseitigen expressiven Schreibens ab, bei dem
die SuS ihre persönlichen Erfahrungen zum Ausdruck bringen und zum individuellen Textverständnis nutzen (vgl. Schumann: 198). Die Schöpferkraft der Schreibenden steht hier im Mittelpunkt. Im
FSU sollte dem produktorientierten Schreiben Vorrang gegenüber der lernprozessorientierten Variante gegeben werden, da es der bildungspolitischen Forderung nach einer fremdsprachigen Handlungsfähigkeit entspricht und sich förderlich und motivierend auf die selbstständige kommunikative
Sprachverwendung auswirkt. Um die Schreibmotivation der SuS aufzubauen bzw. zu erhalten, sollte ihnen generell die Sinnhaftigkeit ihres Tuns einleuchten, in dem ihnen etwa das Ziel einer jeweiligen Schreibaufgabe transparent gemacht wird (vgl. Decke-Cornill und Küster 2010: 191; De Florio Hansen 2005: 223).

Abgesehen von den zuvor aufgeführten Schreibvarianten nennt Königs (2010: 262) das freie
Schreiben. Bei dieser Schreibart versprachlichen die SuS ihre eigenen Interessen und Gedanken und
übermitteln diesbezügliche Informationen. Sie hilft ihnen besonders bei der Strukturierung geistiger
Handlungen, und vor allem dann, wenn die Schreibaufgabe nicht vorlagengebunden und das
Schreiben weitestgehend frei von lenkenden Auflagen ist.

2.1.2.3 Textsorten

In den verschiedenen bildungspolitischen Setzungen soll sich Schreibkompetenz des Einzelnen
auch auf bestimmte Textsorten beziehen, d.h. sich in ihnen manifestieren. Der GeR „kennt" verschiedene, v.a. Sachtextsorten[28]. Die zu beherrschende Textsortenvielfalt nimmt mit steigender Niveaustufe zu. Die aufgezählten Textsorten verstehen sich nicht als abgeschlossen, sondern als Beispiel „für einen geschriebenen Text" (vgl. Europarat 2001: 4.4.2.2).

Weniger ausführlich sind die Textsortenbestimmungen in den Bildungsstandards für die erste
Fremdsprache. Hier soll sich die Schreibkompetenz der Lernenden an „zusammenhängenden", aber
„unkomplizierten" (v.a. Sach-) Texten[29]" zeigen (vgl. Kultusministerkonferenz 2004: 13f).

Im Berliner RLP Spanisch Sek I wird eine sehr ausdifferenzierte Vielzahl „geeigneter Textsorten" angegeben, auf die sich das Schreiben bezieht. In den Ausführungen finden sich sowohl
Sach- als auch literarische Texte [30] (vgl. Senatsverwaltung für Bildung, Jugend und Sport Berlin
2006a: 20f). In den abschlussorientierten Standards des Berliner RLP Spanisch Sek II finden sich –
nach Grund- und Leistungskursniveau differenziert – ebenfalls verschiedene Sach-, Fach-, aber

---

[27] Auch andere Fremdsprachendidaktiker betonen diesen Sachverhalt: So soll Textproduktion als sinnvoll erlebbar gemacht werden, indem Lerner ihre Texte nicht nur für den Lehrer und zur Bewertung schreiben, sondern indem das Schreiben als Teil eines Projektes funktional wird. Das kann z.B. geschehen, wenn ein publizierbares Produkt erstellt wird, auf das z.T. sogar andere antworten können (vgl. Rösler 2007b: 179f.).
[28] Dazu zählen beispielsweise folgende, die hier ungeordnet, in der Reihe ihres Vorkommens im Dokument, angegeben werden: Formulare, Fragebögen, Zeitungs- und Zeitschriftenartikel, Plakate, Berichte, Mitteilungen, Notizen zur späteren Verwendung, Mitteilungen, persönliche Briefe und Geschäftsbriefe (vgl. Europarat 2001: 4.4.1.2).
[29] Das sind gemäß den Bildungsstandards Notizen von einer Nachricht, persönliche Briefe, einfache standardisierte Briefe und E-Mails – z. B. Anfragen und Bewerbungen –, Erfahrungsberichte, Geschichten, Beschreibungen sowie kurze einfache Aufsätze und Berichte (vgl. Kultusministerkonferenz 2004: 13f).
[30] Für den einfachen Standard sind das Notizen, Berichte, Beschreibungen, Postkarten, Briefe, E-Mails, Tagebucheinträge, Comics, Mindmaps, Bilder, Fotos, einfache Erzähltexte, Gedichte und kleine Szenen. Im mittleren Standard erweitert sich das Repertoire um Anfragen, Bewerbungen, Lebensläufe, Sketche, Lesetagebuch, Wandzeitungen und Berichte für die Schülerzeitung. Im erweiterten Standard kommen zusätzlich Empfehlungen von Büchern und Filmen, Stellungnahmen, Folien, Plakate u. ä. zu Präsentationszwecken hinzu (vgl. Senatsverwaltung für Bildung, Jugend und Sport Berlin 2006a: 20f).

auch literarische Textsorten (vgl. Senatsverwaltung für Bildung, Jugend und Sport Berlin 2006b: 15). In den Umsetzungsempfehlungen eines Themenfeldes werden explizit auch fiktionale Texte erwähnt.

In den curricularen Vorgaben insgesamt fällt ein Übergewicht an Sachtexten gegenüber literarischen Texten auf. Alle bis auf eine Textsorte – das Schreiben einer E-Mail – beziehen sich auf Printtexte.

Welche konkreten Textsorten im FSU zum Schreibkompetenzerwerb eingesetzt bzw. beherrscht werden sollen, darüber lassen sich keine eindeutigen Angaben innerhalb der fachdidaktischen Literatur finden. Generell wird dem textsortengemäßen Schreiben ein hoher Stellenwert beigemessen, da das Beherrschen von Registerunterschieden ein Teil der soziolinguistischen sowie pragmatischen Kompetenz darstellt (vgl. Decke-Cornill und Küster 2010: 191). Die Textsorte sollte beim Schreiben immer mit bedacht und die Konventionen der Ausgangs- und Zielkultur müssen mit berücksichtigt werden, damit der verfasste Text eines Fremdsprachenlerners tatsächlich seinen Adressaten erreicht und eine wechselseitige Verständigung möglich ist (vgl. De Florio Hansen 2005: 224). Textanalytisches Arbeiten mit verschiedenen Textsorten sollte aber in eine dem Lernstand angemessene Progression gebracht werden. So könnten Briefe und E-Mails frühere Verwendung im FSU finden als appellative und argumentative Texte (vgl. Königs 2010: 261). Um motivationale und affektive Faktoren der Lernenden zu berücksichtigen, sollten Textsorten gewählt werden, die den SuS vertraut sind, ohne „banal" zu sein (vgl. De Florio Hansen 2005: 229).

2.1.2.4 Themenbereiche

Schreiben vollzieht sich immer über bestimmte Themen. Alles was unter 2.1.1.4 zu den Themenbereichen im GeR aufgeführt wurde, trifft auch für den Sachverhalt der Schreibkompetenz zu (vgl. Europarat 2001: 4.2+4.4.1.2).

In den Bildungsstandards für die erste Fremdsprache zeigt sich Schreibkompetenz von SuS an „vertrauten Themen aus ihrem Interessengebiet" (S. Kultusministerkonferenz 2004: 13).

Im Berliner RLP Spanisch Sek I bezieht sich Schreibkompetenz – gemäß dem einfachen Standard – auf „…aus unterrichtlichen Zusammenhängen bekannte Themen" (S. Senatsverwaltung für Bildung, Jugend und Sport Berlin 2006a: 20). Die mittleren und erweiterten Standards sind dabei durch eine zunehmende Verbreiterung des thematischen Spektrums gekennzeichnet (vgl. Senatsverwaltung für Bildung, Jugend und Sport Berlin 2006a: 20). Festgelegte Themenlisten gibt es nicht.

Im Berliner RLP Spanisch Sek II hingegen gibt es ein verbindlich zu absolvierendes Themenspektrum (mit konkretisierenden Themenstellungen) an dem der (Schreib-) Kompetenzerwerb stattfinden soll. Die Ausführungen in 2.1.1.4 gelten dabei genauso für das Schreiben (vgl. Senatsverwaltung für Bildung, Jugend und Sport Berlin 2006b: 19–23).

Innerhalb der fachdidaktischen Literatur findet man keine Aufstellungen von Themenlisten, an denen sich der (Schreib-) Kompetenzerwerb vollziehen soll. Generell sollten Schreibanlässe in ihrer inhaltlichen Dimension den SuS vertraut, aber nicht banal sein (vgl. De Florio Hansen 2005: 229).

In den erstem zwei Unterkapiteln dieses Theorieteils wurden die funktionalen kommunikativen Kompetenzen ‚Lesen' und ‚Schreiben' voneinander isoliert dargestellt. Ob diese voneinander getrennte Behandlung auch für ihre Vermittlung im FSU gilt, wird im nächsten Unterkapitel hinterfragt.

2.1.3 Förderung von Teilkompetenzen: separiert oder integriert?

Im Wesentlichen enthalten die bildungspolitischen Vorgaben aufgrund ihres Interesses an der Überprüfbarkeit von Teilkompetenzen Beschreibungsmodelle voneinander getrennter funktionaler Teilkompetenzen. Eine solche Separation wird z.T. auch in den Dokumenten selbst problematisiert: Im GeR merken die Autoren bezüglich ihres Versuchs „...die große Komplexität menschlicher Sprache überschaubarer zu machen, indem man Sprachkompetenz in ihre einzelnen Komponenten aufgliedert..." (S. Europarat 2001: 1.1) kritisch an:

> Kommunikation nimmt den Menschen als Ganzen in Anspruch. Die Kompetenzen, die im Folgenden getrennt behandelt und klassifiziert werden, interagieren auf komplexe Weise bei der Entwicklung jedes einzelnen Menschen.[...] Man muss es den Lehrenden und den Lernenden selbst überlassen, die vielen Teile wieder in ein sich abgerundet entwickelndes Ganzes zu integrieren (Europarat 2001: 1.1).

Weiterhin wird aufgeführt, dass viele Sprachverwendungssituationen interaktiv sind. Im GeR wird unter einer solchen Interaktion verstanden, dass die Beteiligten einer Kommunikation sich in ihren Rollen als Sender und Empfänger abwechseln (vgl. Europarat 2001: 4.4). Der GeR unterscheidet mündliche und schriftliche Interaktion. Zur schriftlichen Interaktion – d.h. Interaktion im Medium der Schriftlichkeit zwischen Lesen und Schreiben – gehören verschiedene sprachliche Aktivitäten[31] (vgl. Europarat 2001: 4.4.3.2). Hierbei ist auffällig, dass v.a. berufsbezogene Kommunikationssituationen erfasst sind. Ein Hinweis zur steigenden Rolle der Interaktion zwischen Mensch und Maschine wird nicht weiter ausgeführt (vgl. Europarat 2001: 4.4.3.4). Beispielskalen gibt es über "Schriftliche Interaktion allgemein", "Korrespondenz" und "Notizen, Mitteilungen, Formulare" (vgl. Europarat 2001: 4.4.3.4). Sie beziehen sich dabei auf v.a. auf Korrespondenzsituationen, in denen die Sprachverwender produktiv tätig werden. Nur die Skala zu Notizen und Mitteilungen enthält Hinweise auf einen rezeptiven Aspekt von Interaktion. Thonhauser (2008: 94–103) kritisiert, dass man ein Ineinandergreifen von Lesen und Schreiben, worin sich schriftliche Interaktion ja manifestiert, nicht erkennen kann. Sie könnten seiner Auffassung nach genauso gut bei den produktiven und rezeptiven schriftlichen Aktivitäten Platz finden.

In den Bildungsstandards wird die Separierung der vier Kompetenzen nicht problematisiert. Im Bereich der Methodenkompetenzen wird der Bereich der Interaktion genannt, der jedoch scheinbar schriftliche Interaktion außer Acht lässt (vgl. Kultusministerkonferenz 2004: 17).

Im Berliner RLP Sek I findet sich weder eine Problematisierung hinsichtlich der separierten Darstellung der funktionalen kommunikativen Kompetenzen noch wird ein Bereich der Interaktion erwähnt (vgl. Senatsverwaltung für Bildung, Jugend und Sport Berlin 2006a: 12). Einzig im Bereich der Medienkompetenz wird aufgeführt, dass die SuS mit fremdsprachigen Partnern über E-Mail

---

[31]Das Weitergeben und Austauschen von Notizen oder Memos, Korrespondenz durch Briefe, Fax, E-Mail etc., das Aushandeln des Wortlauts schriftlicher Vereinbarungen, Verträge, Kommuniqués usw. durch Austausch von Entwürfen, Änderungen oder Korrekturversionen usw. und das Teilnehmen an online oder offline Computerkonferenzen (vgl. Europarat 2001: 4.4.3.2).

kommunizieren können, was indirekt auf eine Verbindung von Rezeptions- und Produktionsprozesse schließen ließe (vgl. Senatsverwaltung für Bildung, Jugend und Sport Berlin 2006a: 12).

Im Berliner RLP Sek II wird eine getrennte Auflistung von Teilkompetenzen nicht direkt zu einem Problem erhoben, jedoch wird darauf verwiesen, dass fremdsprachige Handlungsfähigkeit auf einem Komplex von Kompetenzen basiert, die erst in ihrem Zusammenwirken adäquates fremdsprachiges kommunikatives Handeln vermitteln (vgl. Senatsverwaltung für Bildung, Jugend und Sport Berlin 2006b: 9). Eine Interaktion von Kompetenzen wird jedoch auch hier nicht erwähnt.

Im aktuellen fachdidaktischen Diskurs wird im Allgemeinen[32] dazu aufgefordert, das Verständnis von klar trennbaren – und damit unabhängig voneinander einzuübenden – kommunikativen Kompetenzen zu überdenken (vgl. Küster 2010: 60; Stork 2010: 100–103). Es wird befürwortet, in entsprechenden Übungen unterschiedliche Fertigkeiten aufeinander abzustimmen und diese kommunikativ einzubetten (vgl. Decke-Cornill und Küster 2010: 193; Stork 2010: 101). Grund dieser Forderung nach einer *integrated skills*-Vermittlung, ist die Erkenntnis, dass es sich bei Sprachhandlungen um komplexe Abläufe handelt, die sich kaum trennscharf in einzelne Bereiche aufteilen lassen. Für alle Kombinationsmöglichkeiten – von zwei, drei oder auch allen Fertigkeiten – lassen sich Beispiele in alltäglichen Kommunikationspraxen finden. Soll ein FSU SuS auf reales kommunikatives Handeln vorbereiten, so ist eine integrierte Kompetenzvermittlung geboten. In lernpsychologischer Hinsicht kann ebenfalls argumentiert werden, dass es keine fertigkeitsspezifisch aktivierten Hirnareale gibt, sondern es sich um eine weitläufig vernetzte neuronale Aktivierung handelt, die eine separierte Kompetenzvermittlung nicht rechtfertigt (vgl. Küster 2010: 60; Stork 2010: 101f.). Außerdem erscheint in motivationaler Hinsicht eine fertigkeitsintegrierende Unterrichtsstunde, in der mehrere Kompetenzen geübt werden, abwechslungsreicher. Durch eine Fertigkeitsintegration können auch insbesondere wichtige Wiederholungen bestimmter sprachlicher Aktivitäten interessanter gestaltet werden. Dafür bietet sich u.a. auch der Einsatz neuer Medien an (vgl. Stork 2010: 102).

Bezüglich der *integrated skills* werden insbesondere eine Verbindung von ‚Sprechen' und ‚Hören' sowie ‚Lesen' und ‚Schreiben' betont. Zwischen diesen beiden Paaren bestehen in lernpsychologischer Perspektive besonders enge Beziehungen. Lesen und Schreiben treten häufig im Rahmen einer sog. ‚Textkompetenz' auf (vgl. Stork 2010: 103), d.h. Textproduktion und Textrezeption lassen sich nicht trennscharf voneinander unterscheiden (vgl. Riemer 2007: 163). Textkompetenz ist – der Definition Thonhausers (2008) folgend – „[…] die Fähigkeit, mit schriftlicher Sprache im soziokulturellen Kontext produktiv **und** [Hervorhebung der Autorin] rezeptiv adäquat umzugehen" (2008: 89). Sie ist für den Umgang mit schriftlichen Materialien grundlegend wichtig. In Kontexten der wissensbezogenen Kommunikation geben kommunikative Handlungszusammenhänge Ziele und Normen vor. Das gilt z.B. für Prozesse der Informationsentnahme oder Repräsentation von Inhalten. Im Rahmen von Textkompetenz stehen aber auch sprachliche Elemente – z.B. das Wissen über die Sprachlichkeit konkreter textueller Manifestationen, also Textsortenkenntnisse – und kog-

---

[32] In Einzelfällen ist auch eine separierte Fertigkeitsschulung möglich, sofern Teil- und Einzelfertigkeiten gezielt geschult werden sollen. Jedoch ist auch hier darauf zu achten, dass diese später wiederum in die Gesamtheit kommunikativen Handelns integriert werden (vgl. Stork 2010: 101).

nitive Aspekte – auf welche Art und Weise Individuen über Wissen und Handlungswissen verfügen – im Vordergrund.

Da Textkompetenz der Lösung kommunikativer Aufgaben in spezifischen Kontexten sprachlichen Handelns dient, sollte im FSU möglichst viel von diesem Kontext erhalten werden. Lesen und Schreiben sind aus diesem Grund in wechselseitiger Funktion zu erproben und Sprache sollte mit soziokulturellen Verwendungsbedingungen in Beziehung gesetzt werden. Zusätzlich müsste dieses vermittelte soziokulturelle Wissen mit Pragmatik – hier: Konventionen der Textgestaltung – verbunden werden (vgl. Thonhauser 2008: 89–104). Zur Beschreibung von Textkompetenz wäre ‚schriftliche Interaktion' eine geeignete Kategorie, die eben Rezeptions- und Produktionsvorgänge zusammen erfassen könnte (vgl. Thonhauser 2008: 89–104).

Die in den bisherigen drei Unterkapiteln aufgeführten Darstellungen bezogen sich v.a. auf Lesen und Schreiben im Hinblick auf traditionelle Medien. Die Ausführungen beschrieben v.a. den Umgang mit Printexten. Im nächsten Unterkapitel soll daher geschaut werden, ob und inwieweit sich Lese- und Schreibkompetenz im Lichte neuer Medien und Kommunikationsformen verändern.

2.1.4 Lese- und Schreibkompetenz im Einfluss neuer Medien- und Kommunikationsformen

Das Lesen und Schreiben elektronischer Texte wird – ausgenommen von der Erwähnung der „Textsorte" E-Mail – in keiner der vorgestellten curricularen Bestimmungen erwähnt. Dies ist insofern sehr problematisch, da die Rezeption und Produktion neuer Medien und ihrer Textsorten, insbesondere auch im Internet vorkommende, in heutiger Zeit grundlegend wichtig sind und Mängel darin fatale Auswirkungen haben:

> Mangelnde Kompetenz in der Produktion neuer Medien etwa droht die Gesellschaft in Produzenten und Konsumenten [zu] spalten. Mangelnde Kompetenz in der Rezeption neuer Medien könnte eine neue Klasse von Medien-Analphabeten schaffen, die an einem wichtigen Bereich gesellschaftlicher Kommunikation nicht teilhaben und so in eine soziale Abhängigkeit, wenn nicht Isolation getrieben werden (Wagner und Kleinberger Günther 2004: 4f).

Aus diesem Grund ist es wichtig – bei Rezeptions- und Produktionsprozessen – die Eigenarten des neuen Mediums zu kennen und einige elementare Regeln zu berücksichtigen (vgl. Kleinberger Günther und Wagner 2004: 5). Ein textsortengemäßes Schreiben sollte demzufolge auch neuere elektronische Genres wie Chat, Blog oder Wiki umfassen, wenn ein FSU dem Anspruch genügen will, SuS auf die Zukunft vorzubereiten (vgl. Cassany 2007: 4).

Weiterhin ist es auch grundlegend wichtig, Kenntnisse zu dem im Internet vorkommenden Textformat des ‚Hypertexts' zu vermitteln, das mittlerweile für viele professionelle wie private Bereiche des Lebens eine hohe Bedeutung aufweist (vgl. Jakobs und Lehnen 2005: 159). Hypertexte sind aus der Sicht eines Systems eine funktional-thematisch bestimmte Ganzheit, die durch eine „nicht- oder multilineare Organisation und Darstellung von Inhalten…" (S. Jakobs und Lehnen 2005: 159) gekennzeichnet und deren Nutzung an eine elektronische Umgebung gebunden ist. Dabei werden die Inhalte auf Module unterschiedlicher Art und unterschiedlichen Umfangs (auf informationelle Einheiten) verteilt und durch elektronische Querverweise (Links oder Hyperlinks) verbunden. Die Auswahl der Inhalte und Belegung der Module hängt von der Intention des Verfassers ab. Die Inhalte eines Moduls können verbal, visuell und auditiv bzw. aus einer Kombination aller drei Möglichkeiten realisiert werden, so dass sich der Text zu einem sog. ‚Hypermedium' zusammenfügt. Diese Teiltexte können durch Links in Form von Einzelworten, sensitiven Textbestandteilen, Schaltflächen, Icons und sensitiven Graphiken mit weiteren Texten verbunden werden. Hierbei kann ein Link die verschiedenen Einheiten eines Moduls (‚intertextueller Link') oder können Module eines bzw. unterschiedlicher Hypertexte (‚Hyperlink') verbunden werden (vgl. Baier 2009: 136–138; Jakobs und Lehnen 2005: 159–184). Nach Overmann (2009) könnte man den Aufbau eines Hypertextes mit dem einer Enzyklopädie vergleichen, in der durch Querverweise auf andere Artikel verwiesen wird, die dann aber nicht durch Blättern, sondern durch Anklicken erhalten werden. Jeder Textbaustein ist in sich autonom. Die Verbindung der Textbausteine bzw. Module ergibt ein dynamisches und offenes Gefüge (vgl. Overmann 2009: 76f.). Zum Teil wird aber auch nur ein solcher Textbaustein als ‚Hypertext' verstanden[33].

Diese im Vergleich zu Printtexten unterschiedliche Abbildung von Inhalten bedingt einen veränderten Lesevorgang. Das Verstehen eines Hypertextes benötigt nach Hallet

> einen aktiven Leser, der die Beziehungen zu anderen Texten herstellt, die ihm dabei helfen, bestimmte Elemente im Text zu verstehen [...]. Deren Bedeutung ergibt sich aus den zu anderen Texten hergestellten Verbindungen, also aus den Textbeziehungen. Es liegt am Leser, Wege und Pfade auszuwählen, die er benutzen möchte, und zu entscheiden, welche Elemente eines Hypertextes er für seinen eigenen, während des Lesens erzeugten Text verwenden will. Textverstehen und Interpretation können beim Hypertext also als Ergebnis der individuellen Selektion von Elementen des elektronischen Textenetzes und der Konstruktion von Bedeutung auf der Basis von Pfaden und Verbindungen zwischen verschiedenen textuellen Elementen angesehen werden (Hallet 2007: 98).

Hallet setzt hier einen kompetenten Leser voraus, der die enthaltenen Informationen selbstständig sequenziert und den inhaltlichen Zusammenhang unter Berücksichtigung seiner eigenen Leseintentionen eigenständig bilden kann, so dass schließlich traditionelles Lesen und hypertextuelle Navigation konvergieren und in eine individuelle Wissenskonstruktion münden (vgl. Overmann 2009: 74–77).

Die Struktur eines Hypertextes evoziert nicht nur einen veränderten Leseprozess sondern auch spezifische Leseschwierigkeiten. Ausgangspunkt der Probleme ist die Schlüssellochperspektive des Nutzers: Er sieht nur den angeklickten Teil des Gesamtkonstrukts, was den Aufbau eines mentalen Gesamtmodells erschwert. Weiterhin ist auch eine Orientierung und Bewegung innerhalb des Hypertexts negativ beeinträchtigt. So stellen sich die Fragen, wie man eine bestimmte Information findet und auf Inhalte zugreifen kann, aber vor allem, wie man auch wieder zurück kommt[34]. Hierfür sind v.a. der Einsatz von *skimming* und *scanning* relevant – Lesarten, die an Hypertexten geübt werden können und müssen (vgl. Overmann 2009: 97f.). Ein weiteres Problem ist das des *„cognitive overload"*: Durch eine komplexe Verlinkung in einem Hypertext entstehen eine Vielzahl an Handlungsmöglichkeiten, die zu einer Reizüberflutung und damit sogar zu einer Lähmung des Lernprozesses führen können (vgl. Baier 2009: 140). Abgesehen davon, sind auch Kohärenzbildungsprozesse behindert, d.h. es bereitet Schwierigkeiten festzustellen, wie das eine mit dem ande-

---

[33]Über die genauen Terminologien herrscht in der wissenschaftlichen Literatur Uneinigkeit (vgl. Baier 2009: 133; Endres 2004: 34-48; Jakobs und Lehnen 2005: 159–184). Unter ‚Hypertext' wird im Kontext des vorliegenden Buches – sofern explizit nicht anders bezeichnet – in Anlehnung an Endres (2004: 33-48) das konkret vorliegende Hypertextdokument verstanden.
[34]Baier bezeichnet dieses Problem als ‚*lost in hyperspace*' (vgl. Baier 2009: 139f.).

ren zusammenhängt. Kohärenzbildungshilfen in Form von graphischen Übersichten könnten hier Abhilfe schaffen (vgl. Roche 2011: 399). Da Hypertexte auch durch eine Multimedialität gekennzeichnet sind, ist häufig das Zusammenspiel verschiedener Medien schwer zu verstehen. So fehlen beispielsweise bei der Bild-Text-Interaktion Beschreibungsmittel. Es ist z.B. nicht klar, wozu ein bestimmtes Bild dienen soll (vgl. Jakobs und Lehnen 2005: 159–184; Voss 2006: 51–63). Die multimodale Präsentationsform eines Hypertextes kann jedoch auch positiv gesehen werden: Durch sie können die SuS den Unterrichtsgegenstand entsprechend ihrer heterogenen Lernvoraussetzungen – durch die Setzung subjektiver (Lese-) Schwerpunkte – binnendifferenziert und individuell assimilieren. Außerdem können Hypertexte auch den Prozess der individuellen Wissenskonstruktion bewusst machen, da sie die vielschichtigen Verzweigungen eines Lerngegenstandes bzw. die dahinterliegenden nicht sichtbaren kognitiven Vorgänge hervorheben (vgl. Overmann 2009: 80–82; Roche 2007: 171). Durch die Multimedialität von Hypertexten **können** – dieser Effekt stellt sich nicht zwangsläufig ein – zudem im Lerner verschiedene Sinneskanäle beim Spracherwerb angesprochen werden und das Verständnis sowie die Semantisierung unbekannter Lexik erleichtert werden (vgl. Grünewald 2010a: 28–30; Roche 2007: 172, 2011: 398f.). Die Hypertextrezeption fördert zudem ein entdeckendes Lesen, das sich an den Interessen und Informationsbedürfnissen des Lesers orientiert, bei dem sie nicht einem vordefinierten Pfad folgen müssen (vgl. Lewandowska-Tomaszczyk u. a. 2001: 126–129; Overmann 2009: 87f). Allerdings benötigen die SuS häufig Anleitung und konkrete Aufgaben zum Ausführen, damit sie sich gerade nicht in den Cyberwelten verlieren (vgl. Lewandowska-Tomaszczyk u. a. 2001: 126–129; Overmann 2009: 87f).

Aus diesen vorgenannten Rezeptionsschwierigkeiten und -differenzen wird mittlerweile nicht nur von der Förderung einer (Print-)Lesekompetenz, sondern auch einer spezifischen Hypertextlesekompetenz gesprochen (vgl. Voss 2006). Die Forschung der Hypertextlesekompetenz befindet sich jedoch noch in den Anfängen. Erste Erklärungsmodelle (der IGLU -Erweiterungsstudie „Lesen am Computer"[35] und der Studie „Kompetenzen und Einstellungen von Schülerinnen und Schülern – Jahrgangsstufe 4") sehen einen positiven Zusammenhang zwischen dem Leseinteresse, Lesehäufigkeit, positiver Einstellung des Kindes zum Lesen, z.T. seiner Fähigkeit im Umgang mit dem Computer einerseits und andererseits seiner gemessenen Hypertextleseleistung. Außerdem scheint es einen erheblichen Zusammenhang zwischen Print- und Hypertextleseleistung zu geben (vgl. Kraska 2010: 128–158; Voss 2006: 145–159). Zu einem großen Teil haben die beiden Konstrukte auch dieselben Einflussgrößen (vgl. Kraska 2010: 128–158).

Kenntnisse des Aufbaus und der Struktur von Hypertexten sind nicht nur für Rezeptions-, sondern auch für Produktionskompetenzen relevant (vgl. Jakobs und Lehnen 2005: 159–184).Besonders für das Verfassen von Hypertexten werden jedoch auch Textsortenkenntnisse benötigt. Die Forschung dazu findet sich auch hier noch in den Anfängen. Textsortenkenntnisse beziehen sich v.a. auf die Themenhierarchie, Strukturierungsmuster, das Handlungsinventar, Formulierungsmuster, die materielle (Text-) Gestalt und interaktive Elemente eines Hypertextes (vgl. Jakobs

---

[35]Voss merkt zu dieser Studie jedoch an, dass sie aufgrund ihrer Geringen Stichprobenanzahl keinen Anspruch auf Repräsentativität erheben kann (vgl. Voss 2006: 145–159).

und Lehnen 2005: 164–172)[36]. Hypertextproduktion ist nicht nur als Handlungsdisposition *per se* relevant, sondern eine gute Produktion hilft auch in entscheidendem Maße die beschriebenen Leseschwierigkeiten zu verringern, da sie entscheidend dafür ist, wie ein Text rezipiert werden kann (vgl. Jakobs und Lehnen 2005: 159–184).

Die Weiterentwicklung des Internet bedingt auch die Entwicklung neuer, häufig auch schriftbasierter Kommunikationsformen[37] wie E-Mail, Chat, Instant Messaging etc. (vgl. Dürscheid 2003: 40–48). Bezüglich der zeitlichen Dimension von Kommunikation lassen sich asynchrone und synchrone Kommunikationsformen unterscheiden (vgl. Dürscheid 2003: 40). Bei der ersten Form existiert kein gemeinsamer Kommunikationsraum, der Kommunikationskanal ist nur von einer Seite geöffnet. Antworten sind nur zeitlich verzögert möglich, da Sprachproduktion und -rezeption nicht zeitgleich stattfinden. Bekannte Beispiele hierfür sind E-Mails[38] oder SMS. Asynchrone Kommunikationsformen haben für den Fremdsprachenlerner den Vorteil, dass die Sprachproduktion im individuellen Tempo erfolgen und deswegen besser durchdacht werden kann (vgl. Baier 2009: 168). Bei synchronen Kommunikationsformen ist eine direkte Interaktion mit dem Kommunikationspartner möglich, man kann sogar seine Äußerungen unterbrechen und intervenieren – wie z.B. im persönlichen Gespräch – da man sich hier in einem Kommunikationsraum befindet (vgl. Baier 2009: 167–169; Dürscheid 2003: 44f.). Schriftbasierte Kommunikationsformen sind jedoch im Allgemeinen dadurch gekennzeichnet, dass keine direkte Rückkopplung möglich ist. Eine Ausnahme bildet allerdings das Instant Messaging, bei dem Produktion und Rezeption von Äußerungen aufeinander folgen. Da hier zwar eine Kommunikation in einem gemeinsamen Kommunikationsraum stattfindet, in dem die Kommunikationspartner direkt miteinander interagieren, sich aber nicht unterbrechen können – jeder muss warten, bis der Beitrag des Anderen auf dem Bildschirm erscheint – spricht Dürscheid von einer ‚Quasi-Synchronie' (2003: 44). Hier liegt Synchronie zwar vor, aber nicht zeichenweise, sondern turnweise. Dabei werden die Turns vom Server nur in der Reihenfolge ihres Eingangs angezeigt, folgen nicht unbedingt aufeinander (vgl. Dürscheid 2003: 44f.).

Anhand neuer Medien und Kommunikationsformen wird auch die Bedeutung von schriftlicher Interaktion deutlich: Bei quasisynchronen Kommunikationsformen folgen Produktion und Re-

---

[36]Unter der Themenhierarchie versteht man die Tendenz von Hypertextsorten, mehrere Teilthemen unter einem übergeordneten thematischen Dach zu vereinen, das als organisierender kontextualisierender Rahmen dient. Strukturierungsmuster beschreiben die Anordnung und Abfolge der einzelnen Module eines gesamten Hypertexts, aber auch die Anordnung und Abfolge von Inhalten. Das Handlungsinventar umfasst – explizit bezogen auf Hypertextsorten – einerseits sprachliche Äußerungen als Beitrag zur Sinnkonstitution, andererseits metasprachliche Äußerungen im Sinne einer textorganisierenden und navigationsbezogenen oder handlungsauffordernden (z.B. die Aufforderung etwas zu bestellen etc.) Funktion. Formulierungsmuster sind in diesem Kontext auch auf hypertextspezifische Lexik und Formulierungsmuster (z.B. ein Formulierungsmuster für URLs etc.) zu beziehen. Für die materielle (Text-)Gestalt sind vor allem die Interaktion verschiedener Medien relevant, z.B. die Interaktion zwischen Text und Animation etc. Zu den interaktiven Elementen eines Hypertextes zählen einerseits das sprachliche Interagieren von Individuen, z.B. im Rahmen eines Forums, andererseits das Reagieren der Computerumgebung auf menschliche Eingaben, wozu u.a. diverse Formulare oder auch Suchmaschinen zählen (vgl. Jakobs und Lehnen 2005: 162–174).

[37]Kommunikationsformen werden – anders als Textsorten – ausschließlich durch textexterne Merkmale bestimmt. Sie sind nicht materieller Art, sind virtuelle Konstellationen. Sie bestehen entweder unabhängig von einem Kommunikationsmedium wie z.B. das *Face-to-Face*-Gespräch oder werden über ein Kommunikationsmedium erst ermöglicht (z.B. ein Telefongespräch) (vgl. Dürscheid 2003: 40–42).

[38]Anders als in den Ausführungen des Berliner RLP Spanisch Sek I und den Bildungsstandards für die erste Fremdsprache (vgl. Kultusministerkonferenz 2004: 13f; Senatsverwaltung für Bildung, Jugend und Sport Berlin 2006a: 20f) handelt es sich bei einer E-Mail nicht um eine Textsorte, sondern um eine Kommunikationsform. Diese ist somit multifunktional. So kann eine E-Mail unterschiedliche kommunikative Funktionen haben – die jedoch Kennzeichen einer Textsorte sind: Es kann sich um die Textsorte einer Werbe-Mail, einer Bestellung, eines Gratulationsschreiben etc. handeln (vgl. Dürscheid 2003: 40f.). Die Textsorte(n) der Kommunikationsform E-Mail müsste also in den curricularen Bestimmungen konkretisiert werden.

zeption aufeinander. Die Kommunikationspartner interagieren direkt miteinander (vgl. Dürscheid 2003: 42–48). So schreibt Schlobinski (S. 2005: 8), dass Schrift für eine quasi-synchrone Interaktion gebraucht wird, er spricht sogar von einer „Echtzeitschriftlichkeit".

In schriftlichen Kommunikationsformen verändert sich mit der Weiterentwicklung des Internet auch der Sprachgebrauch. Standardsprachen werden in schriftbasierten, aber konzeptionell oralen Kommunikationssystemen neu und verändert gebraucht. Schriftsprache gerät „unter den Druck der Mündlichkeit" (S. Schlobinski 2005: 8).

Um diese Veränderungen besser verstehen zu können, wird nun in einem Exkurs das von Koch/Oesterreicher (2001: 584–624) aufgestellte Modell von Mündlichkeit/ Schriftlichkeit vorgestellt. Die nachstehende Abbildung gibt einen Überblick über die Klassifikationsdimensionen menschlicher Sprache. Nach diesem Modell lässt sich menschliche Sprache hinsichtlich zweier Dimensionen klassifizieren: Nach ihrer medialen Vermitteltheit (ihrer Realisierungsform) und ihrer Konzeption (dem sprachlichen Duktus). Somit lassen sich vier Typen von Sprache herausstellen: ‚medial phonisch' (auch ‚medial mündlich' genannt), ‚medial graphisch' (auch als ‚medial schriftlich' bezeichnet), ‚konzeptionell mündlich' und ‚konzeptionell schriftlich'. Die erste Dimension ist dichotom, die zweite bildet ein Kontinuum. Das heißt natürliche Sprache kann entweder ‚medial mündlich' **oder** ‚medial schriftlich' vermittelt sein. Für die zweite Dimension heiß das, dass ‚konzeptionell mündlich' und ‚konzeptionell schriftlich' den zwei Extremen dieses Kontinuums zuzuordnen sind. Textsorten können somit hinsichtlich ihrer Versprachlichungsstrategien und Kommunikationsbedingungen verschiedene Merkmale konzeptionell mündlicher **und** schriftlicher Sprache aufweisen. Durch welche Versprachlichungsstrategien bzw. Kommunikationsbedingungen konzeptionell mündliche bzw. schriftliche Sprache gekennzeichnet ist, das lässt sich sehr gut der nachstehenden Abbildung entnehmen. Ein Privatbrief ist demzufolge graduell eher im Bereich der konzeptionellen Mündlichkeit anzusiedeln – obwohl er ja geschrieben ist –, ein Gesetzestext hingegen eher im Bereich der konzeptionellen Schriftlichkeit (vgl. Koch und Oesterreicher 2001: 584–624). Prinzipiell lassen sich alle Textsorten – auch neuere – nach dem vorgestellten Modell analysieren und einordnen (vgl. Dürscheid 2003: 47).

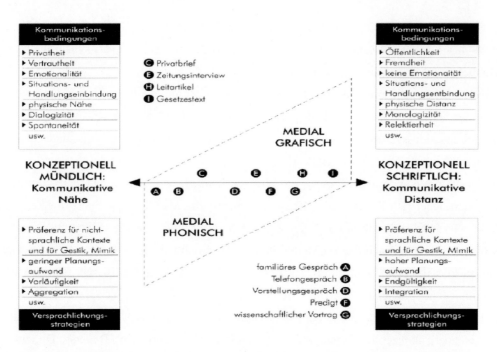

Abbildung 1: Modell von Mündlichkeit und Schriftlichkeit nach Koch Oesterreicher (Quelle: Günther 1997:66)

An verschiedener Stelle wird darauf hingewiesen, dass im Bereich der neuen Medien die Grenzen zwischen konzeptioneller Schriftlichkeit und konzeptioneller Mündlichkeit weniger streng gehandhabt werden (vgl. Peyer 2004: 163). So entstehen funktionale Schriftsprachvarianten, die sich in Konkurrenz zu Standardisierungs- und Normierungsprozessen ausbilden und die im Hinblick auf die medialen Bedingungen und kommunikativen Funktionen optimiert sind. Sie sind dabei nicht defizitäre Standardschreibungen, sondern adäquater, funktionaler Ausdruck der computerbasierten Technik und der sprechsprachlichen Konzeption. Die medial bedingten Schreibpraxen sind auf der Folie schriftsprachlicher Normierung zu sehen, sie ersetzen nicht das standardisierte Schriftsystem – bilden sich aber quasi als Parallelsysteme aus (vgl. Schlobinski 2005: 7f.). Der kompetente Umgang mit diesen verschiedenen Registern gehört zu einer kompetenten Sprachhandlungsfähigkeit. Für unterrichtliche Prozesse ist es somit wichtig, Unterschiede von konzeptionell schriftlicher und mündlicher Sprache greifbar zu machen. Hierfür können neuere elektronische Textsorten als motivierende und alltagsnahe Beispiele dienen. Derartige Vergleiche können weiterhin auch helfen, den Geltungsbereich von Normen der Schriftlichkeit zu thematisieren (vgl. Peyer 2004: 163). Eine Bezeichnung von ‚Lesen' und ‚Schreiben' als **schriftsprachliche** Kompetenz' (vgl. Kultusministerkonferenz 2004: 8) erscheint im Einfluss neuer Medien verkürzend, da sie die konzeptionell mündlichen Anteile geschriebener Sprache auszublenden scheint.

Um genauer untersuchen zu können, wie sich Lese- und Schreibprozesse im Web 2.0 überhaupt vollziehen, wird im nächsten Unterkapitel das Analysefeld des Web 2.0 näher betrachtet.

2.2 Das Web 2.0

Der Begriff des Web 2.0 ist nirgends fest definiert, es gibt viele Ansichten über die genaue Bedeutung und die dazugehörigen Anwendungen (vgl. Behrendt und Zeppenfeld 2008: 18; Breslin u. a. 2009: 11). Für das Forschungsanliegen dieser Untersuchung wird jedoch versucht, den Begriff ‚Web 2.0' näher zu fassen.

Im ersten Unterpunkt wird das grundlegende Konzept des Web 2.0 nachgezeichnet. Darauf aufbauend werden seine sozialen Eigenschaften in den Blick genommen. Begründet werden kann dies einerseits damit, das eben einige soziale Anwendungen des Web 2.0 im späteren Analyseteil des Buches untersucht werden und somit ein besseres Verständnis von diesen geschaffen werden kann. Andererseits scheinen diese, nach Auffassung der Verfasserin dieser Publikation, weitere interessante Aspekte im Hinblick auf die im schulischen Spanischunterricht zu erwerbende (fremdsprachige) Handlungsfähigkeit zu eröffnen, die u.a. darin besteht, Kontakt mit anderen Menschen aufzunehmen und Begegnungssituationen zu bewältigen (vgl. Senatsverwaltung für Bildung, Jugend und Sport Berlin 2006a: 9). Im dritten Unterpunkt werden auch die Benutzungs- und Gestaltungsoberflächen der verschiedenen Web 2.0-Prototypen exakter beschrieben, so dass es besser beurteilbar ist, welche konkreten Aspekte von Lese- und Schreibkompetenz im Web 2.0 gefördert werden können.

2.2.1 Das Web 2.0 als Weiterentwicklung des Internet

Obwohl es die als Softwareversionsnummer erscheinende Endung „2.0" vielleicht vermuten lässt, handelt es sich nicht um eine komplett neue technische Ausführung des Internet (vgl. Alby 2007: 15–19; Breslin u. a. 2009: 11–13; Ebersbach u. a. 2011: 27; Münker 2009: 21; Schmidt 2009: 11–14), sondern vielmehr um eine netzartige, alles übergreifende Fassung für

> alles, was sich im Netz und um das Netz herum weiter entwickelt hat, seien es wirtschaftliche Aspekte des Webs, seien es soziale Phänomene wie Partizipation (Alby 2007: 18).

Münker ist aber der Auffassung, dass es sich um eine Neuerfindung des Internet handelt, da es plötzlich „beschreibbar" (S. Münker 2009: 16) wurde:

> Aus dem Read-only-Netz der frühen Phase des Internet wurde nun …, ein Medium für eine erst in der Ausbildung befindliche Kultur des Schreibens *und* [Hervorhebung im Original] Lesens, eine Read/Write-Kultur (Münker 2009: 16f.).

Auch Breslin et al beschreiben die Veränderung des Internet – obwohl sie nicht von einer Neuerfindung desselben schreiben – als

> shift from just ‚existing' or publishing on the Web to participating in a ‚read-write' Web (2009: 22).

Oder ähnlich ausgedrückt:

> Das Netz wird von einer Angebotsfläche zu einer Anwendungsumgebung (Münker 2009: 21).

Somit ändert sich die Rolle des Nutzers von einem reinen Konsumenten von Inhalten hin zu einem aktiven Gestalter in der Schaffung neuer Inhalte. Er kann diese – anders als in früheren Phasen des Internet – mitbestimmen und selbst erstellen (vgl. Breslin u. a. 2009: 22; Grünewald 2009b: 182)[39]. Der Begriff ‚Web 2.0' wurde im Jahr 2004 geprägt. Je nach Quelle, haben Eric Knorr, Chefredakteur der Zeitschrift „Infoworld", oder etwa um die gleiche Zeit Dale Dougherty von „O'Reilly Media" gemeinsam mit Craig Line von „MediaLive" während eines Brainstormings zur Vorbereitung der ersten Web 2.0 Konferenz diesen Begriff geprägt (vgl. Münker 2009: 15–28). Allerdings hat Tim O'Reilly mit seinem Artikel „What is the Web 2.0?" diesem Begriff und Thema ein großes Medienecho verschafft (vgl. O´Reilly 2005; Schmidt 2009: 11). In ihm charakterisiert er – neben weiteren existierenden – sieben grundlegende Eigenschaften des Web 2.0, die bis heute ihre Gültigkeit haben. Das sind:

1. „The Web As Platform" (S. O´Reilly 2005): Das Web als Service Plattform. Wenn das WWW mittlerweile überall ist, so ist es naheliegend, alltägliche Aufgaben ins Internet zu verlegen. Terminplanung – z.B. mit Hilfe von „doodle" – oder Text- und Bildverarbeitung – z-B.- in Form von „Google Docs"– werden im Internet abgelegt und verwaltet. Der Benutzer kann von überall auf seine Daten zugreifen und sie bearbeiten. Kooperative und kollaborative Arbeitsformen werden möglich (vgl. Ebersbach u. a. 2011: 28; Schmidt 2009: 13).

2. „Harnessing Collective Intelligence" (S. O´Reilly 2005): Die Einbeziehung der kollektiven Intelligenz der Nutzer. Nicht mehr der Betreiber, sondern der Nutzer selbst gestaltet die Inhalte der Webseite, indem er die jeweiligen Plattformen mit Bildern, Videos, Informationen und seinen Meinungen füllt. Die Nutzer können fast ohne jede Vorkenntnisse aktiv an der Veränderung einer Webseite – z.T. sogar an deren Struktur – mitwirken, da einfache, benutzerfreundliche Oberflächen die Einstiegshürden so gering wie möglich halten. Die Teilhabe vieler Nutzer am Gesamtwerk verbessert den Wert der Anwendung, so dass jeder Teilnehmer davon profitiert (vgl. Ebersbach u. a. 2011: 29).

3. "Data is the Next Intel Inside" (S. O´Reilly 2005): Die Daten stehen im Mittelpunkt der Anwendungen. Eine Anwendung steht und fällt mit den Daten, die von dessen Nutzern beständig generiert werden. Die Quantität und Qualität der Datenbestände sind ein Abbild des Kapitals der Webanwendung. Die Darstellung von Inhalten ist sekundär, die Inhalte selbst sind wichtig. Bisher konnten Datenbestände – z.B. die von „Wikipedia" – nur unter sehr hohem Aufwand gewonnen werden. Es geht nun darum, sie zu verbinden und zu nutzen (vgl. Ebersbach u. a. 2011: 30).

4. „End of the Software Release Cycle" (S. O´Reilly 2005): Neue Formen der Softwareentwicklung. Im Web 2.0 wird Software nicht mehr als Produkt geliefert, sondern

---

[39] In diesem Unterkapitel wird bewusst nicht auf die kritischen Aspekte wie Urheberrechte, Meinungsfreiheit, Datenschutz etc. eingegangen, da es hier im Vordergrund steht, einen ersten Einblick in die Merkmale und die Funktionsweise des Web 2.0 und einige seiner Anwendungen zu geben. Kritische Ansichten zu den in diesem Abschnitt aufgeführten Anwendungen teilen zum Beispiel Ebersbach et al (2011) in ihrer Monographie mit. Spezielle problematische Aspekte werden auch in der sog. Social Software-Forschung diskutiert. So beschäftigt sich z.B. Morin mit der Notwendigkeit sowie mit bestimmten Methoden des Umgangs mit persönlichen Daten in netzwerkorientierten Interaktionssituationen (vgl. Morin 2010: 108–115).

als Service, dessen Software – anders als bei einem Produkt – zentral auf einem Server vorgehalten wird. Neue Versionen werden dabei möglichst früh und oft noch im Betastadium veröffentlicht (vgl. Ebersbach u. a. 2011: 30; Schmidt 2009: 13).

5. „*Lightweight Programming Models*" (S. O´Reilly 2005): "Leichtgewichtige" Programmiermodelle. Um Daten einem breiten Publikum zugänglich machen zu können, werden bestimmte Programmiermodelle angewendet, die Zugriff auf global gesammelte Daten ermöglichen. Verschiedenste digitale Daten lassen sich so auch beliebig mischen und in neue Formen bringen. Durch bestimmte Dienste – sogenannte *mashups* – lassen sich verschiedene Anwendungen des Internet vereinen. Beispielsweise gibt es eine Anwendung, die die Möglichkeiten von „Google Maps" und „Wikipedia" zusammen bringt, so dass sämtliche Plätze der Welt mit „Wikipedia"-Einträgen bereichert werden können (vgl. Ebersbach u. a. 2011: 30f.).

6. "*Software Above the Level of a Single Device*" (S. O´Reilly 2005): Software, die auf vielen Geräten nutzbar wird. Es kommt nun nicht mehr nur der PC als Endgerät in Frage, sondern auch andere mobile oder sonstige Geräte (vgl. Ebersbach u. a. 2011: 31).

7. „*Rich User Experiences*" (S. O´Reilly 2005): Die Benutzerführung. Dieser Punkt bezieht sich noch einmal auf den ersten, geht jedoch auf die konkrete Bedienbarkeit von Software ein. Wenn zwischen einer Applikation im Netz und einem lokal installierten Programm kein Unterschied mehr besteht, dann impliziert das, dass die Webapplikationen eine große Entwicklung in Sachen Bedienbarkeit („*usability*") gemacht haben (vgl. Ebersbach u. a. 2011: 31).

Weiterhin wichtige Aspekte des Web 2.0 sind neue juristische Herausforderungen und neue Geschäftsmodelle, die jedoch aufgrund ihrer Irrelevanz für das Thema dieser Studie nicht berücksichtigt werden können.

Mit den neuen technischen Gebrauchsweisen des Web 2.0, haben sich auch neue soziale Praktiken und Aktionsarten etabliert (vgl. Münker 2009: 25). Diese werden im folgenden Unterpunkt genauer betrachtet.

2.2.2 Web 2.0 als Social Web: Die „sozialen" Eigenschaften des Web 2.0

Da sich im Rahmen dieser Studie besonders den „sozialen" Anwendungen des Web 2.0 zugewendet werden soll, werden seine „sozialen" Eigenschaften nachstehend ausführlicher in den Blick genommen. Dabei geht es um die Aspekte des Web 2.0, bei denen es sich nicht um neue Formate, Technologien oder Programmarchitekturen handelt, sondern um die Unterstützung sozialer Strukturen und Interaktion über das Internet[40]. Dieser Teilbereich des Web 2.0 wird in der Literatur zum Teil auch als ‚Social Web'[41] bezeichnet (vgl. Breslin u. a. 2009: 21–44; Ebersbach u. a. 2011: 32), zum Teil aber auch nicht gesondert gekennzeichnet (vgl. Alby 2007; Behrendt und Zeppenfeld 2008; Huber 2010), bzw. nicht trennscharf voneinander unterschieden (vgl. Berendt u. a. 2007: V;

---

[40] Das Social Web stellt also Resultat und Umfeld der Anwendung der neuen, weiterentwickelten Web 2.0-Technologien dar (vgl. Schmidt 2009: 21).
[41] In gängiger Fachliteratur findet sich genau diese Schreibweise des Begriffs. Sie wird für dieses Werk übernommen. Aus diesem Grund wird der Begriff auch nicht als Fremdwort markiert.

Münker 2009: 15–28). Die folgende Charakterisierung der „sozialen" Merkmale ist den entsprechend gekennzeichneten Ausführungen zum Social Web entnommen. Für den Kontext dieses Buches wird die Festlegung getroffen, das mit ‚Web 2.0' ausdrücklich auch die Anwendungen und Merkmale des ‚Social Web' gemeint und darin eingeschlossen sind.

Das Web 2.0 eröffnet dem Benutzer, der sog. soziale Software Applikationen **im** Internet verwendet[42] , eine Vielzahl an „sozialen Aktionsarten" (S. Münker 2009: 25): Interaktion, Beziehungsaufbau- und Pflege, Kollaboration, Kommunikation und Partizipation (vgl. Ebersbach u. a. 2011: 32–36; Münker 2009: 15–28). Nachfolgend werden diese Eigenschaften genauer ausgeführt.

Selbst „gewöhnliche" Nutzer können sich online „treffen" und miteinander interagieren (vgl. Breslin u. a. 2009: 21–25). Dabei können sie Kontakte herstellen und sich mit diesen im Internet „unterhalten". Diese Interaktionen finden innerhalb eines definierbaren Netzwerks statt, sind also i.d.R. zielgerichtet und unterliegen bestimmten Regeln. Hier werden soziale Beziehungen nicht nur aufgebaut, sondern auch aufgefrischt oder gepflegt (vgl. Ebersbach u. a. 2011: 32–36)[43]. Im Vordergrund stehen hier das Kennenlernen anderer Menschen und die Informationsgewinnung über sie (vgl. Ebersbach u. a. 2011: 32–36).

Interaktion beschränkt sich jedoch nicht nur auf Beziehungsaufbau und deren Pflege, sondern beinhaltet auch kollaborative Zusammenarbeit: Menschen gruppieren sich um ein Thema und bearbeiten dieses gemeinsam. Dafür ist die elektronische Vernetzung eine entscheidende technische Voraussetzung, so dass gemeinsam etwas Neues geschaffen werden kann. Ohne eine Plattform im Netz kann ein solcher kreativer Akt der kollektiven Inhaltserstellung nicht stattfinden. Dieser dient der Sammlung und Herstellung von neuem Wissen, Aussagen und Erkenntnissen (vgl. Breslin u. a. 2009: 21–25; Ebersbach u. a. 2011: 32–36).

Inhalte können im Web 2.0 nicht nur erstellt, sondern auch ausgetauscht werden. Im Mittelpunkt eines solchen Informationsaustauschs stehen die Publikation und Verteilung von informationshaltigen Objekten. Das können sowohl subjektive Meinungen oder Erkenntnisse (z.B. in Form von Wiki-, Blog- und Pinnwandeinträgen, Lesezeichen oder Verbraucherbewertungen) als auch multimediale Dateien sein (vgl. Breslin u. a. 2009: 21–25; Ebersbach u. a. 2011: 32–36).

Kommunikation bezieht sich im Kontext des Web 2.0 auf den Austausch von Mitteilungen zwischen zwei Personen und ist meistens Bestandteil der obigen sozialen Aktionsarten (vgl. Ebersbach u. a. 2011: 32–36).

---

[42] Das sind Programme oder dynamische Webseiten, die die Techniken des Internet als Trägermedium für sich nutzen (vgl. Ebersbach u. a. 2011: 32–36; Münker 2009: 15–28).

[43] Um den Aspekt der Interaktion genauer zu beschreiben, bedient sich Münker Granovetters Modell der *„Stregth of weak Ties"* (vgl. Granovetter 1973: 1360–1380), das beschreibt, wo und in welchen Punkten sog. schwache soziale Beziehungen den starken überlegen sind. Auf Basis schwacher sozialer Beziehungen werden seiner These nach soziale Distanzen schneller überwunden. Außerdem können über schwache Bindungen mehr und unterschiedliche Menschen erreicht werden. Über schwache soziale Beziehungen setzen sich auch neue und ungewöhnliche Ideen schneller und besser durch, da starke soziale Beziehungen zu exklusiver Gruppenbildung neigen – die durch eine hohe Ähnlichkeit ihrer Individuen gekennzeichnet sind – und ein geringerer Austausch von wirklich neuen Informationen stattfindet. Dieser letzte Fakt liegt darin begründet, dass Angehörige sog. *strong ties* sich schon sehr gut kennen (vgl. Granovetter 1973: 1363–1369). Bezogen auf Online-Gemeinschaften, führt Münker aus, dass Nutzer dort nicht nur ihre alltäglichen Sozialkontakte (also starke soziale Beziehungen zu Freunden und Familie etc.) auf andere medial vermittelte Weise fortführen, sondern diese Interaktion mit den Freunden im Internet auch unweigerlich zur Kommunikation mit deren Freunden, also Fremden (also schwache soziale Beziehungen) führt. Solche digitalen Netzwerke sind also – zum großen Teil – gekennzeichnet durch eine Mischung von *weak* und *strong ties*, die den bereits real bestehenden sozialen Beziehungen ein leistungsstarkes Netzwerk hinzufügen (vgl. Münker 2009: 73–94).

Dadurch, dass der Internetnutzer – der nicht unbedingt über Programmierkenntnisse verfügen muss – die Inhalte des Internet nicht nur mitgestalten kann, sondern auch komplett selbst erstellen etc. kann, verfügt er über ein hohes Maß an Partizipation. Münker (2009: 15) weist einschränkend darauf hin, dass jedoch der Grad der Partizipationsmöglichkeiten bei den verschiedenen Web 2.0-Anwendungen erheblich divergiert.

Gut zusammenfassen lassen sich die sozialen Eigenschaften des Web 2.0 mit Hilfe des folgenden Zitats: Das – seine „sozialen" Eigenschaften betonende – Web 2.0 besteht aus

- (im Sinne des WWW) webbasierten Anwendungen,
  - die für Menschen
  - den Informationsaustausch, den Beziehungsaufbau und deren Pflege, die Kommunikation und die kollaborative Zusammenarbeit
  - in einem gesellschaftlichen oder gemeinschaftlichen Kontext unterstützen, sowie
- den Daten, die dabei entstehen und
- den Beziehungen zwischen Menschen, die diese Anwendungen nutzen" [Formatierung im Original] (Ebersbach u. a. 2011: 35).

2.2.3 Einteilung von Web 2.0-Anwendungen

Eine der detailliertesten Ausführungen zu diesem Thema finden sich bei Ebersbach et al (2011). Sie unterscheiden die verschiedenen Anwendungen hinsichtlich ihres technischen Aufbaus, der jeweils unterschiedliche Benutzungs- und Gestaltungsoberflächen bedingt, woraus sich bestimmte Prototypen unterschiedlicher textueller Verfasstheit herauskristallisieren lassen[44] [45]: Wikis, Blogs, *microblogs*, Soziale-Netzwerke, *social sharing* und Elemente, die auf verschiedenen Plattformen zu finden sind. Die URLs der nachfolgenden erwähnten Web 2.0-Beispiele finden sich im Anhang 9. Zur besseren Lesbarkeit dieses Buches werden sie nicht als Fußnote eingefügt, sondern in den Anhang dieses Werks „ausgelagert".

Ein ‚**Wiki**' ist eine webbasierte Software, die es allen Betrachtern einer Seite erlaubt, Seiten online im Browser zu ändern und somit den Inhalt zu modifizieren. Wikis dienen der kollaborativen Text- und Hypertexterstellung. Ziel ist es, gemeinsam Inhalte zu schreiben. Dabei können alle Teilnehmer bereits vorhandene Beiträge erweitern, verändern oder rückgängig machen[46].Die Sache steht hier im Mittelpunkt, die Autoren sind meist kaum erkennbar. Dabei arbeiten alle Beteiligten am gleichen Text. Die aktuellste Version ist immer für den Leser im Internet sichtbar. Über eine

---

[44] Weniger umfangreiche Ausführungen finden sich auch bei Breslin et al (2009) und Schmidt (2009). Ein grundsätzliches Problem für eine konsequente systematische Trennung zwischen den Diensten besteht darin, dass es auch zahlreiche Hybrid-Angebote gibt, die Elemente unterschiedlicher Gattungen verbinden. Die folgende Darstellung kann insofern eher der Orientierung dienen, welche Typen von Angeboten im Web 2.0 vorhanden sind und wie ihre Kommunikationsarchitektur gestaltet ist (vgl. Schmidt 2009: 22).

[45] Ebersbach et al verweisen auch auf eine zweite Einteilung, die nach dem (kommunikativen) Zweck einer Anwendung. Einteilungskriterien sind hier Information, Kollaboration und Beziehungspflege (vgl. Ebersbach u. a. 2011: 37–39) bzw. Identitätsmanagement, Beziehungsmanagement und Informationsmanagement (vgl. Schmidt 2009: 71–103). Sie erscheint aber für den Zweck dieser Studie nicht zielführend, da sie die verschiedenen Web 2.0- Anwendungen nach Meinung der Autorin nur ungenau einteilt. Aus diesem Grund wird sie nicht weiter vertieft. Allen anderen in den vorigen zwei Unterpunkten erwähnten Werken (vgl. 2.2.1 und 2.2.2) ist (mindestens) eine Sache gemeinsam: Eine fehlende Kategorisierung der verschiedenen Web 2.0-Anwendungen. Oft werden da – scheinbar willkürlich – einzelne Web 2.0-Anwendungen herausgegriffen und vorgestellt, während viele andere gar nicht erst erwähnt werden. Da im Rahmen dieses Buches die Webbasiertheit einer Anwendung als „hartes" Kriterium" vorausgesetzt wird (vgl. 2.2.2), wird auch nicht näher auf Anwendungen wie „Second Life" und „Skype" usw.. eingegangen.

[46] Natürlich können die Bearbeitungsrechte eingeschränkt werden. Doch zunächst einmal haben alle Nutzer gleiche Bearbeitungsrechte (vgl. Ebersbach u. a. 2011: 39–60).

history können alle Änderungen nachvollzogen werden. Durch eine Diskussionsseite wird der Kontakt mit den verschiedenen Autoren möglich. Hier können im Rahmen des kollaborativen Schreibprozesses Inhalt und Form des Textes debattiert und Änderungen begründet und diskutiert werden. Das bekannteste Wiki ist die Online-Enzyklopädie „Wikipedia", bei der das Wiki-Konzept dazu verwendet wird, enzyklopädisches Wissen „von unten" zu erarbeiten und darzustellen (vgl. Alby 2007: 90f.; Ebersbach u. a. 2011: 39–60). Abgesehen von den global bekannten Wikis „Wikipedia" und „Wictionary" – ein frei zugängliches mehrsprachiges Wörterbuch – gibt es auch Themenwikis, die sich mit bestimmten Sachverhalten befassen. Weiterhin werden Wikis auch in den Intranets größerer Firmen verwendet (vgl. Ebersbach u. a. 2011: 39–60).

Wikis können neben der Lexikonnutzung sehr vielfältig eingesetzt werden: Zum Brainstorming (also zur Sammlung, Kommentierung und Ordnung von Ideen), als Wissensbasis –(z.B. für FAQ-Seiten, Problemlösungen oder Glossarien) als Dokumentation, als (nichtprofessionelles) Projektmanagementtool und zum E-Learning[47] (vgl. Ebersbach u. a. 2011: 39–60; Mika 2007: 21f).

Eine weitere Kategorie sind die **Weblogs** (kurz: Blogs). Softwaretechnisch ist ein Blog eine Anwendung im Internet, die eine Liste mit Artikeln ausgibt, die normalerweise die Möglichkeit bieten, Kommentare zu hinterlassen. Es handelt sich um im WWW geführte öffentliche, an ein potenzielles Massenpublikum gerichtete, Tagebücher, worin Autoren mit kurzen Texten auf Inhalte im Netz verweisen oder persönliche Erfahrungen verarbeiten. Sie sind bewusst subjektiv gehalten, kommentierend, vorläufig und mit tagesaktuellen Bezügen. Diesen Einträgen steht eine für i.d.R. alle offene Kommentarfunktion zur Verfügung, wohingegen die Schreibfunktion nur ein bis mehreren berechtigten Personen zugänglich ist. Der aktuellste Beitrag erscheint ganz oben, ältere Beiträge werden im Archiv verstaut. Jeder einzelne Beitrag besitzt einen Permanentlink, eine eindeutige sich nicht verändernde URL, so dass andere Nutzer direkt einzelne Texte anstelle des ganzen Blogs verlinken können. Das sog. Tagging bietet eine sehr freie Möglichkeit diese Inhalte zu ordnen, indem einem Artikel einfach Stichworte zugewiesen werden. Aus den Stichworten werden innerhalb des Weblogs Übersichten gebildet. Artikel können aber auch bereits vorgegebenen Kategorien zugeordnet werden, die dann meistens in einer der Menüleisten auftauchen. Die Inhalte eines Blogs können schließlich auch mittels Feed[48] abonniert werden. Weiterhin kann ein Blog – meistens am Rand der Seite – auch ein sog. *blogroll* haben, eine für den Leser öffentliche Linksammlung, die auf vom Blogautor hervorgehobene Blogs verweist (vgl. Alby 2007: 21–48; Ebersbach u. a. 2011: 61–76; Huber 2010: 31–44).

Die Vielfalt von Blogs ist schier unerschöpflich, so können sie nach Inhalten (z.B. Zeitungsblogs[49], *warblogs*, Eventblogs, Hobbyblogs, themenspezifische Infoblogs), den eingestellten Medien (beispielsweise Textblogs[50], Fotoblogs, Videoblogs, Audioblogs) und dem Betreiber[51] unter-

---

[47] Dem Einsatzbereich des E-Learnings wird sich im dritten Kapitel noch ausführlicher gewidmet werden.
[48] Der Begriff des Feed bzw. Newsfeed bezeichnet ein plattformunabhängiges Element. Mehr zu seinen Merkmalen kann man am Ende dieses Unterpunktes erfahren.
[49] Zeitungsblogs werden von Printmedien betrieben. *warblogs* berichten aus Krisengebieten. Eventblogs berichten über ein bestimmtes Ereignis, z.B. eine politische Wahl (vgl. Ebersbach u. a. 2011: 65f.).
[50] Textblogs werden meist für Nachrichten oder Newsportale verwendet. Hier werden täglich neueste News zu einem bestimmten Thema publiziert. Bei Fotoblogs werden z.T. ganze Fotoserien veröffentlicht, für sowohl private als auch kommerzielle Zwecke. In einem Videoblog werden Videofilme in verschiedenen Abständen aktualisiert. Audioblogs werden normalerweise mit Audiobeiträgen bestückt, die Grenzen zum Podcast sind fließend (vgl. Ebersbach u. a. 2011: 65–67). Wenn

schieden werden. Diese vorgestellte Einteilung ist nicht unumstritten (vgl. Ebersbach u. a. 2011: 65), gibt aber einen Einblick in die Vielfalt von Weblogs. Andere – und auch weniger genaue – Einteilungen sind jedoch immer möglich (vgl. z.B. Alby 2007: 21). Abgesehen davon, gibt es auch Suchmaschinen und Metablogs, die Weblogs nach eingegebenen Suchbegriffen durchsuchen. Als ‚Blogosphäre' bezeichnet man schließlich die Menge aller Weblogs einschließlich ihrer Verbindungen untereinander (vgl. Ebersbach u. a. 2011: 73–75). Blogs fördern einerseits das Informationsmanagement – man gelangt an Informationen, die so in anderen Medien nicht in der Art verfügbar sind – und andererseits stärken sie soziale Beziehungen. Dies kann beispielsweise durch die sog. *blogrolls* geschehen; das sind Verweise auf Quellen oder Kommentare von Beiträgen (vgl. Ebersbach u. a. 2011: 72).

Microblogs ermöglichen es dem Nutzer, ultrakurze Nachrichten[52] auf einer Website zu veröffentlichen. Im Folgenden werden die allgemeinen Ausführungen mit Hilfe des *Microblog*-Anbieter „Twitter" erklärt, da es sich hier um den meistgenutzten *Microblogging*-Dienst handelt. Meldungen eines *microblogs* können von den sog. *followers* (einer Gruppe von Freunden und Bekannten) gelesen, „gefolgt" und bei Bedarf beantwortet werden. Im Vordergrund stehen tagesaktuelle Beiträge. Die Inhalte sind eher expressiv, appellativ, koordinierend und verweisend. Dabei ist es möglich, externe Nachrichten zu kommentieren und zu verbreiten. Diese Übernahmefunktion wird auch als ‚*retweet*' bezeichnet. Indem spezielle Schlagworte für eine Nachricht vergeben werden, ist das Senden und Abonnieren im speziellen, eigenen, temporären Nachrichtenkanal möglich, der nicht nur abonniert, sondern auch gezielt mit Nachrichten beschickt werden kann. „Twitter" lässt sich auf vielfältige Art und Weise nutzen: Bei Nachrichten von Privatpersonen können sogar Informationen gleich an mehrere Personen weitergegeben werden. Es können aber auch allgemeine relevante Nachrichten – insbesondere auch Augenzeugenberichte – verbreitet werden. Wenn *microblogging* als Quelle und Koordinationsinstrument politischer und sozialer Bewegungen verwendet wird, dient es somit der politischen Mobilisierung. Außerdem eignet es sich auch zum Austausch von Fachinformationen, zum Beispiel bei Konferenzen auf sog. *twitterwalls*, wo laufende Veranstaltungen kommentiert, Zusatzinformationen ausgetauscht, offene Fragen formuliert und Stimmungsbilder gezeichnet werden. Es ist auch zur Kundenkommunikation geeignet, indem zum Beispiel bekannte Marken über Twitter exklusive Sonderangebote anbieten und so einen großen *follower*-Kreis aufbauen (vgl. Ebersbach u. a. 2011: 84–95; Huber 2010: 110–119).

Bei **sozialen Netzwerken** stehen (anders als bei den zuvor skizzierten Anwendungen) nicht ein bestimmtes Thema oder Ziel im Mittelpunkt, sondern der Mensch und seine Beziehungen. Sie dienen dazu Freundes- und Bekanntenkreise miteinander zu verbinden[53]. Es existieren sowohl be-

---

ein Weblog seine Inhalte hauptsächlich mittels Audiodateien verbreitet, nennt man diesen „Podcast". Podcasts erscheinen regelmäßig als Sendungen im Internet, können von den Hörern mittels eines sog. Podcatchers abonniert werden und jederzeit (z.B. mit einem MP3-Player) abgespielt werden. (vgl. Ebersbach u. a. 2011: 77–80).
[51] Von Unternehmen geführte Blogs werden als *Corporate* Blogs bezeichnet. Blogs, die in Schulen als Lerntagebücher verwendet werden, heißen *edublogs*. Private Blogs fokussieren häufig auf Ansichten und Meinungen einer Person (vgl. Ebersbach u. a. 2011: 65f.).
[52] Bei „Twitter", dem bekanntesten Anbieter, sind max. 140 Zeichen pro Nachricht (*tweet*) erlaubt.
[53] Soziale Netzwerke waren schon vor der Entstehung des Web 2.0 und des Internet überhaupt von wissenschaftlichem Interesse. Vgl. hierzu die Ausführungen zu Granovetters Modell *Stregth of weak Ties* (vgl. Granovetter 1973: 1360–1380) im Unterpunkt 2.2.2) Auch in sozialen Online Netzwerken spielt die Qualität der Beziehungen eine Rolle. Während bei den sog.

ruflich als auch privat orientierte Netzwerke. Beispiel für erstere sind „LinkedIn" und „Xing". Vertreter der zweiten Kategorie sind „Facebook", „StudiVZ", „Wer-kennt-wen", „My Space" u.a. Allen Netzwerken ist gemeinsam, dass eine Registrierung erforderlich ist, ein persönliches Profil mit Interessen und Tätigkeiten erstellt wird, die eingegebenen Daten in strukturierter Form vorliegen[54], Beziehungen zu anderen – auch noch nicht miteinander verlinkten – Personen visualisiert dargestellt werden und ein hoher Bezug zu bereits existierenden realen sozialen Beziehungen vorhanden ist (vgl. Alby 2007: 101–104; Ebersbach u. a. 2011: 96–117). Die Repräsentation der eigenen Person kann als eine der wichtigsten Funktion eines sozialen Netzwerks gesehen werden. Die aufgeführten Eigenschaften sind zwar generell bei jedem sozialen Netzwerk zu finden, unterscheiden sich jedoch in ihrer konkreten Ausprägung je nach Anwendung (vgl. Ebersbach u. a. 2011: 102–113). Kontakte können in diesen Netzwerken auf verschiedene Art und Weise gepflegt werden: Möglich sind – je nach Anbieter differenziert – das Versenden persönlicher privater Nachrichten, das sog. „Anstupsen", das Erstellen eines Gästebuch- bzw. Pinnwandeintrags, das Kommentieren eines Eintrags und das Herausgeben eigener *microblog*-ähnlicher Statusmeldungen (vgl. Ebersbach u. a. 2011: 102–110; Huber 2010: 64–73).

Als *social sharing* werden Plattformen bezeichnet, bei der verschiedene Ressourcen zur Verfügung gestellt werden, wie Links (z.B. die Verwaltung von lesezeichenartigen (*bookmark-*) Sammlungen im Internet[55]), Fotos und Videos. Die zur Verfügung gestellten Ressourcen können mittels Kategorisierung und Verschlagwortung (Tagging) geordnet und auch bewertet werden. Hierzu zählen auch Produktbewertungen. Bei den online geteilten Daten kann festgelegt werden, wer darauf Zugriff haben darf. Private Daten dürfen nur von der Person eingesehen werden, die diese ins Internet eingestellt hat. Interne Daten werden ausschließlich einem ausgewählten Kreis an Menschen (zum Beispiel nur direkt eingeladenen Teilnehmern) zur Verfügung gestellt. Öffentliche Daten können von jedem angeschaut werden. Eine Personalisierung ist auf solchen Plattformen optional, das heißt man muss nicht unbedingt ein persönliches Profil anlegen, um die Dienste einer Plattform nutzen zu können (vgl. Ebersbach u. a. 2011: 117–141). Im Internet existieren eine Vielzahl an *social sharing*-Angeboten: Bekannte *bookmarking*-Plattformen sind „Delicious", „Oneview", „Mister Wong", aber auch „CiteULike", eine Sammlung akademischer Publikationen. Fotos können auf Plattformen wie „Flickr" oder dem „Picasa Webalbum" geteilt werden. Das Teilen auditiver Inhalte wird meist mit Webradios verbunden, wo Titel (z.B. auf „last.fm") direkt nacheinander angehört werden können. Videos können beispielsweise auf „YouTube", „MyVideo" oder „Learn2use"(dies ist eine Plattform für Videoanleitungen zu einem breiten Spektrum an Computerthemen) online

---

strong ties das soziale Kapital – damit sind in Anlehnung an Bourdieu (1983: 183–198) alle aktuellen und potenziellen Ressourcen gemeint, die mit der Teilhabe an einem Netz sozialer Beziehungen gegenseitigen Kennens verbunden sein können – dann hoch ist, wenn die Beziehungen eng sind, steigt es bei den *weak ties*, je mehr Kontakte ein Teilnehmer zu anderen Netzwerkteilnehmern besitzt, die untereinander unverbunden sind (vgl. Ebersbach u. a. 2011: 97–99; Granovetter 1973: 1360–1380).

[54] So können zum Beispiel bei StudiVZ unter der Maßgabe bestimmter Eigenschaften wie Hochschule und Wohnort alle betreffenden Personen im Online-Netzwerk gesucht werden.

[55] Diese Sammlungen von *bookmarks* sind vergleichbar mit den traditionellen Lesezeichenlisten im Webbrowser, auf welche jedoch nur im jeweiligen Browser auf einem einzelnen Rechner zugegriffen werden konnte. Diese Sammlungen können aber „jetzt" online von überall aus verwaltet und auch anderen Internetnutzern zugänglich gemacht werden. Wie auch bei den traditionellen Lesezeichen können diese *bookmarks* mit Kategorien und Schlagwörtern versehen werden, so dass mit der Zeit neue Informationssammlungen entstehen (vgl. Ebersbach u. a. 2011: 126–130).

gestellt werden. Zwei speziell auf Präsentationen bezogene Dienste sind „SlideShare" und „Prezi"[56] (vgl. Alby 2007: 94–101; 108–111; Ebersbach u. a. 2011: 117–141).

Weitere Konzepte, die auf verschiedenen Plattformen zu finden sind und die die bereits vorgestellten Anwendungen übergreifend bedienen bzw. ergänzen, sind das Tagging, Newsfeeds, *mashups* und E-Portfolios. **Tagging** umfasst die intellektuelle Verschlagwortung und Interpretation von Inhalten, die durch eine große Anzahl von Nutzern zu einer effektiveren Suche führt. Das besondere und zugleich auch problematische daran ist, dass beliebig viele Schlagwörter ganz frei ohne festgelegte Regeln vergeben werden können. Möglich sind sowohl allgemeine als auch spezielle Kategorien. Die durch gemeinschaftliches Indexieren erstellten Sammlungen von sog. 'Tags' heißen auch 'Folksonomien'. Folksonomien werden häufig mittels *tag clound*, einer Schlagwortwolke, visualisiert (vgl. Alby 2007: 115–127; Breslin u. a. 2009: 38f.; Ebersbach u. a. 2011: 142–147). '**Newsfeeds**' ist ein Werkzeug, das ermöglicht, Nachrichten und andere Webinhalte auszutauschen. Auf diese Art und Weise können Webseiten schnell auf Änderungen und aktuelle Inhalte untersucht werden, ohne diese jedes Mal besuchen zu müssen. Newsfeeds kann man beziehen (abonnieren) oder auch selbst solche produzieren und mittels 'Feed' zur Verfügung stellen. Abonnieren kann man z.B. Nachrichten, Blogbeiträge oder neue Angebote wie freie Jobs oder neue Produkte diverser Internethops. (vgl. Alby 2007: 48–57; Ebersbach u. a. 2011: 149–153). **Mashups** sind Applikationen, auf der Informationen aus verschiedenen Webressourcen zusammengestellt und daraus eine eigene Anwendung entwickelt wird. Ein Beispiel sind sog. *mapping-mashups*, mit denen auf Landkarten alle möglichen Daten wie zum Beispiel Wikipedia-Einträge oder Bilder abgebildet werden können (vgl. Breslin u. a. 2009: 28–30; Ebersbach u. a. 2011: 154–157). **E-Portfolios** sind wiki- oder blogbasierte Portfolios, die einen Materialkorpus von Aufsätzen, Referaten, Mindmaps, Lernberichten usw. enthalten und häufig zu pädagogischen Zwecken erstellt werden. Sie können lokal vorgehalten oder auch online hinterlegt werden (vgl. Ebersbach u. a. 2011: 237–240).

Nachdem die Grundlagen verschiedener Web 2.0-Anwendungen skizziert wurden, kann nun die aktuelle (fremdsprachen-) didaktische Diskussion um den Einsatz des Web 2.0 in der Schule besser nachvollzogen werden. Im nächsten Kapitel wird der aktuelle Forschungsstand ausgewählter Aspekte dargelegt.

3. Einsatzbereiche von Web 2.0 in schulischen Kontexten

Dieses Kapitel gibt einen Überblick über den aktuellen Diskussionsstand zum Einsatz des Web 2.0 in schulischen Kontexten. Zunächst wird in einem kurzen Abriss dargestellt, welche allgemeinen pädagogischen Herausforderungen und fremdsprachendidaktischen Aspekte im Zusammenhang mit dem Einsatz des Web 2.0 in der Schule diskutiert werden. Daran anschließend, wird der aktuelle Forschungsstand zur Förderung von Lese- und Schreibkompetenz durch Einsatz von Web 2.0-Anwendungen dargestellt. Abschließend werden zwei exemplarische Lernaufgaben zur Nutzung

---

[56] Auf der Plattform von „SlideShare" kann man Präsentationen aus PowerPoint-, Impress- oder PDF-Dateien hochladen und verschlagworten, so dass diese online geteilt werden können. Mit Hilfe von „Prezi" lassen sich nicht lineare Präsentationen wie auf einem großen virtuellen Blatt Papier online erstellen, mittels Zoom Ausschnitte daraus vorstellen und veröffentlichen.

des Web 2.0 im Fremdsprachenunterricht mit Fokus auf der Lese- und Schreibkompetenzförderung vorgestellt.

Web 2.0-Anwendungen haben in den letzten Jahren in vielen gesellschaftlichen Bereichen große Aufmerksamkeit erfahren (vgl. Davies und Merchant 2009: IX–XI), dies gilt zum Teil auch für den Bildungsbereich (vgl. Klebl und Borst 2010: 239).

In bildungspolitischer Sicht wird das Web 2.0 sogar als treibende Kraft von Innovation im Bildungswesen und in der Arbeitswelt gesehen (vgl. Bundesministerium für Bildung und Forschung 2007). Aus diesem Grunde soll der Staat

> die hierzu notwendigen Bildungsprozesse (schulische, außerschulische und berufliche Bildung sowie Weiterbildung) initiieren und sie zur Bewältigung sozialer Probleme der Gesellschaft (Überwindung der digitalen Spaltung, Migrationsprobleme, Anpassung an die Bedürfnisse von Senioren etc.) nutzen (Bundesministerium für Bildung und Forschung 2007: 5).

Das Bundesministerium für Bildung und Forschung gesteht Bildung und Wissenschaft eine besondere Rolle als Ideengeber und Pionier im

> Umgang mit Informationen und Wissen, dem Lehren, dem Lernen und dem Publizieren mit digitalen Medien...(Bundesministerium für Bildung und Forschung 2007: 5)

zu, der in dieser Funktion wichtige Impulse für Innovation gibt.

Selbstverständlich gibt es gegenüber dem Web 2.0 auch kritische Stimmen, die z.B. auf Probleme wie Urheberrechtsverletzungen, Übergriffe in die Privatsphäre u.a. hinweisen. Davies und Merchant sind hier jedoch der Auffassung, dass die Vorteile eines schulischen Einsatzes überwiegen, diese Potenziale für Lernprozesse nutzbar gemacht werden sollten und dass auch gerade diese kritischen Punkte zur Beschäftigung mit dem Web 2.0 im Unterricht führen sollten. Weiterhin vertreten sie die Meinung, dass Argumente gegen das Web 2.0 durch Pro-Argumente aufgehoben werden. Beispielsweise kann die Befürchtung, dass das Web 2.0 potenziell für Kinder und Jugendlich gefährdend ist und diese demzufolge beschützt werden müssen, mit dem Argument aufgehoben werden, dass im Rahmen von Bildungsprozessen Risiken und Möglichkeiten des Web 2.0 entdeckt werden können, in dem man sich eben damit beschäftigt (vgl. Davies und Merchant 2009: 6–9).

In erziehungswissenschaftlicher und fremdsprachendidaktischer Hinsicht wird diskutiert, inwieweit der Einsatz des Web 2.0 bestimmte Paradigmen fördern bzw. inwieweit sich bestehende Unterrichtskonzeptionen durch den Einsatz von Web 2.0-Anwendungen verändern. So wird untersucht, in welchem Maß sich das bereits bestehende Konzept des E-Learning durch die Integration von Web 2.0-Anwendungen verändert[57]. Zum Teil wird in diesem Zusammenhang vom ‚E-Learning 2.0' gesprochen.

> Von eLearning 2.0. kann dann gesprochen werden, wenn unter Einsatz von Web2.0-Medien [...] Lernende in kollaborativen Lernaktivitäten Inhalte selbständig erarbeiten und erstellen und für ihre Lernziele verwenden. Gemäß dieser Definition wird ein wesentliches Merkmal eines eLearning2.0 [sic!] klar erkennbar: die Selbständigkeit der Lernenden beim Wissenserwerb (Wageneder und Jadin 2006).

In einem Vergleich zwischen ‚E-Learning 1.0' und ‚E-Learning 2.0' stellt es sich vor allem als bedeutsam heraus, dass bei der ersten Konzeption der Lerner die vorgegebenen Inhalte und Werk-

---

[57] In Ausführungen zum Online Lernen tauchen zwar vereinzelt Web 2.0-Anwendungen wie Wikis oder Blogs auf, diese werden jedoch weder als solche gekennzeichnet noch differenziert diskutiert Vgl. hier zu z.B. das Handbuch „Online Lernen" (vgl. Issing und Klimsa 2011).

zeuge nutzt, während beim E-Learning 2.0 der Lerner seinen persönliche Lern- und Arbeitsumgebung konfiguriert In diesem Kontext wird auch diskutiert, inwieweit Web 2.0-Anwendungen Teil einer so genannten ‚persönlichen Lernumgebung' sind (vgl. Bernhardt und Kirchner 2007: 54–85; Iberer 2010: 134f). Als eine persönliche Lernumgebung wird im Allgemeinen ein System verschiedener PC-Anwendungen bezeichnet, die zum Lernen geeignet sind. Grundgedanke ist, dass Lernen in verschiedenen Kontexten und Situationen stattfindet und nicht von einem einzelnen Lernprovider zur Verfügung gestellt wird. Die ‚persönliche Lernumgebung' bleibt – unabhängig von der Institution – für den Nutzer erhalten und zugänglich und wächst mit ihm mit (vgl. Arnold u. a. 2011: 73–76; Attwell 2007: 1–8; Bernhardt und Kirchner 2007: 27–32; Iberer 2010: 134f; Meister und Meise 2010: 192f.).

An anderen Stellen wird wiederum überlegt, welche Konzeptionen von Unterricht überhaupt den Einsatz des Web 2.0 in der Schule ermöglichen bzw. begünstigen. Exemplarisch seien hier die Prinzipien der ‚Handlungs-, und ‚Aufgabenorientierung' genannt (vgl. Abfalterer 2007: 104–112; Müller-Hartmann und Raith 2008: 4; Rüschoff 2011: 42–59). Digitale Medien begünstigen nach Rüschoff Unterrichtsprinzipien, die eine Authentizität in Inhalten, Kontexten und Aufgaben fokussieren, und somit für Lerner anregende Lernszenarien bereitstellen (vgl. Rüschoff 2011: 43). Im (Fremdsprachen-) Unterricht fungiert das Web 2.0 auch als Publikationsmöglichkeit einer outputorientierten Projektarbeit (vgl. Rüschoff 2011: 56):

> Web-enhanced tools […] facilitate not only access to authentic materials as well as the processing of such materials, but also the provision of authentic frameworks with a focus on the production and publication of sharable output (Rüschoff 2011: 50).

Weiterhin begünstigen Web 2.0-Anwendungen interaktives und kooperatives Lernen, wobei hier einerseits die Grundbedingungen beachtet werden müssen, die für die analogen Formen dieses Lernens gelten und andererseits weitere spezielle Anforderungen zu beachten sind (vgl. Abfalterer 2007: 100–103; Bodemer u. a. 2011: 152; Rüschoff 2011: 44; Wiesner-Steiner u. a. 2010: 151–165)[58].

Häufig tauchen im Kontext von Web 2.0 auch Schlagworte wie ‚Partizipation', ‚Selbstbestimmung', ‚Selbstgestaltung' u.a. auf (vgl. Grünewald 2010b: 43; Reinmann 2010: 75–78; Rösler 2010: 288). Oft sind damit nach Auffassung von Reinmann auch positive Konnotationen von ‚Selbstorganisation' der Lernenden verbunden. Sie warnt allerdings vor einer undifferenzierten Begriffsbetrachtung – sie selbst unterteilt ‚selbstreguliertes Lernen', ‚selbstgesteuertes Lernen' und ‚selbstbestimmtes Lernen' – und davor, zu glauben, dass diese Fähigkeiten voraussetzungslos (d.h. ohne personale und institutionelle Faktoren zu berücksichtigen) sind und keiner gezielten Vermittlung bedürften. Gerade im Umgang mit dem Web 2.0 sind nur eine Minderheit der Jugendlichen in der Lage, diese drei aufgeführten Arten des Lernens selbst anzuwenden (vgl. Reinmann 2010: 75–

---

[58] Bodemer et al bestätigen nicht nur diese Annahme zum kooperativen Lernen, sondern führen auch einige spezielle Anforderungen virtueller Kooperation auf, wie z.B. eine fehlende sozio-emotionale Kontextualisierung und fehlende externe Repräsentationen zur Veranschaulichung der eigenen Position. Im Anschluss daran zeigen sie Möglichkeiten der Unterstützung des kooperativen netzbasierten Lernens auf (vgl. Bodemer u. a. 2011: 151-158).
Wiesner-Steiner et al gehen auch über eine unkritische Darstellung interaktiven Lernens hinaus. In ihrer Studie zum Einsatz von Wikis für interaktive Lernprojekte in verschiedenen Unterrichtsfächern erheben sie außerdem, wem diese Art des Lernens besonders zugute kommt und wie es für verschiedene Schülergruppen gesteuert sein muss, damit diese die aufgestellten Lernziele erreichen können (vgl. Wiesner-Steiner u. a. 2010: 151-165).

89). Eine Unterrichtsreihe, in der versucht wird, selbstorganisiertes Lernen von Schülern mit einem Wiki in der Sekundarstufe II zu fördern, schildert Seemann (vgl. Seemann 2009).

Abgesehen von den eben dargestellten Skizzierungen finden sich eine Reihe weiterer Diskurse, die sich beispielsweise mit dem Erlernen von Teamfähigkeit, dem ‚informellen Lernen' oder der Erhöhung der sog. Verarbeitungstiefe bei der Informationsverarbeitung etc. befassen (vgl. Döbeling Honegger 2007: 39–41; Meister und Meise 2010: 187). Zum Teil wird auch diskutiert, dass und auf welche Art und Weise eine Veränderung der Lernkultur stattfindet bzw. stattgefunden hat (vgl. Abreu 2011: 80f.; Arnold u. a. 2011: 169f.).

In der Fremdsprachendidaktik wird der Einsatz von Web 2.0-Anwendungen im Rahmen des *Computer Assisted Language Learnings*[59] (ein computergestütztes Lernarrangement, in dessen Mittelpunkt das interaktive und individualisierte Fremdsprachenlernen steht) diskutiert[60]. Sie sind – der Einteilung Grünewalds folgend – Teil der internetbasierten Lernszenarien und unterscheiden sich von den softwaregebundenen Realisierungsformen des *CALL* dadurch, dass sie nur online benutzt werden können (vgl. Grünewald 2010a: 28–30).

Weiterhin wird untersucht, mit welchem Erfolg die Integration von verschiedenen Web 2.0-Anwendungen in den FSU den Wortschatzerwerb (vgl. Loucky 2009: 388–390) und den Erwerb der mündlichen Kompetenzen ‚Sprechen' und ‚Hören' (besonders mit Hilfe von Podcasts) fördern (vgl. Ang Lu 2009; Grünewald 2010b: 44; Travis und Joseph 2009). Mit Hilfe von Web 2.0-Anwendungen[61] können aber nicht nur einzelne Kompetenzen, sondern Kommunikation zwischen Lernenden in besonderem Maße gefördert werden. Durch derartige Kommunikationsmedien

> lassen sich Lerner technisch leicht und kostengünstig in Kontakt bringen und im Prinzip alle Möglichkeiten der Präsenzkommunikation realisieren (Roche 2011: 395).

Zum Erwerb einer kommunikativen Kompetenz, die sich in der realen fremdsprachlichen Welt bewähren soll, plädiert Roche (2011: 395f) für einen Einsatz vielfältiger authentischer Kommunikationsmedien, der im FSU die im Alltag vorkommenden Medien mit deren – teils interkulturell verschiedenen – Nutzungsregeln abbilden soll.

Schließlich eröffnen Web 2.0-Anwendungen neue Möglichkeiten zur Erforschung des Spracherwerbs: Sie machen sowohl den Prozess des Schaffens und Publizierens von Texten nachvollziehbar, als auch das Produkt selbst im Internet sichtbar (vgl. Rüschoff 2011: 43)[62].

---

[59] Im Folgenden als „*CALL*" bezeichnet.
[60] In der englischsprachigen Forschung wird die Anwendung von Web 2.0 z.T. auch im Rahmen des *Technology Enhanced Language Learning (TELL)* aufgegriffen. Allerdings wird häufig nur unscharf zwischen diesen beiden Begriffen unterschieden. Ihnen ist gemeinsam, dass sie die unterstützende und begünstigende Funktion des Computers betonen. Digitalen Medien haben die Rolle eines ‚Mediums zum Lernen' (vgl. Rüschoff 2011: 42–59). Weiterhin wird teilweise untersucht, wie sich *Computer Mediated Communication (CMC)* durch das Web 2.0 verändert und welche positiven Auswirkungen (wie z.B. Zusammenarbeit, Austausch von Ideen, Kreativität) diese für das Fremdsprachenlernen mit sich bringen (vgl. Rasulo 2009: 80–85).
[61] Das gilt auch für andere Online-Anwendungen. Roche (2011: 395f) führt hier lediglich einige Web 2.0-Anwendungen auf, ohne diese jedoch explizit als solche zu kennzeichnen, für die auch die von ihm aufgeführten Darstellungen zum Sachverhalt der Kommunikationsmittel gelten.
[62] In diesem Sinne – als möglichen Beitrag zur Spracherwerbsforschung – kann man auch Roches Auffassung interpretieren, der darlegt, dass Lernsysteme mit der Möglichkeit einer Freitexteingabe erlauben können, die Fehlerhäufigkeit, die Art der Fehler und die Rolle der Erstsprache zu untersuchen (vgl. Roche 2011: 396).

Bisher gibt es kaum Publikationen, die sich explizit damit befassen, inwieweit das Web 2.0 zur Förderung von Lese- bzw. Schreibkompetenz einen Beitrag leisten kann. Die Folgenden Aspekte werden in der aktuellen wissenschaftlichen Diskussion nur vereinzelt abgehandelt

Die Frage, ob Web 2.0-Anwendungen im (Fremdsprachen-) Unterricht zur Lese- und Schreibförderung eingesetzt werden sollten, wird lebhaft diskutiert: Davies und Merchant befassen sich mit der Frage, ob der Einsatz von Web 2.0-Anwendungen zu einem Verfall der Lese- und Schreibfähigkeit (*'literacy'*) führt. Sie mahnen zunächst eine differenziertere Betrachtungsweise an, da Lesen und Schreiben als soziale Phänomene generell einem Wandel unterliegen. Sie gehen weiterhin kaum von einem negativen Einfluss neuer Medien auf Lese- und Schreibfähigkeiten aus. Vielmehr vertreten sie die Auffassung, dass SuS „heutzutage" mehr lesen und schreiben als vorige Generationen, weil sie sich häufig in „textreichen" Onlineumgebungen aufhalten. Ausgehend von der Annahme, dass viele Web 2.0-Praktiken von schriftlicher Kommunikation abhängig sind, sprechen sie sich für einen Einsatz von Web 2.0-Anwendungen im Unterricht aus (vgl. Davies und Merchant 2009: 111f.). Auch Baier spricht sich dafür aus, Internetanwendungen im (Fremdsprachen-) Unterricht zur Förderung von Lese- und Schreibkompetenz einzusetzen. Er begründet es damit, dass zum Erreichen des Ziels ‚Umgang mit Texten' auch

> das Spektrum der für den Fremdsprachenunterricht relevanten Textsorten um die mit den digitalen Medien entstandenen Textsorten erweitert werden muss (Baier 2009: 260).[63]

Etwas kritischer sieht das Rösler, gerade dann, wenn es auch um das Publizieren von Lernertexten geht. Er befürchtet eine Bloßstellung des Lernenden vor der mitlesenden Welt (eines Blogs oder offenen Wikis), da die Leser schon in relativ frühen Stadien der Entwicklung des Lerners an seinen „[…] inhaltlichen Irrungen und sprachlichen Abweichungen von Normen […] (Rösler 2007b: 183)" teilhaben. Er kritisiert, dass somit die didaktische Schutzfunktion, die ein Lehrer einer Gruppe von Lernenden gegenüber hat, außer Acht gelassen wird, sieht aber nichts desto trotz auch mögliche – zum Publikationszeitpunkt noch nicht abschließend feststellbare – Potenziale bes. zur Schreibförderung (vgl. Rösler 2007b: 180–184).

An einigen Stellen wird beschrieben, dass der Einsatz von Web 2.0-Technologien das (Online)Lesen fördern kann (vgl. Henrichwark 2008: 10f.; Loucky 2009: 385–409). So plädiert Henrichwark dafür, dass der Weg zur Lesekompetenz auch über digitale Leseerfahrungen (zu denen auch solche des Web 2.0 zählen) gehen sollte. Sie vertritt dabei die Auffassung, dass gerade auch über multimediale Leseumgebungen ein Zugang zu traditionellen Printmedien gewonnen werden und so eine Förderung der Lesemotivation stattfinden kann (vgl. 2008: 6–11). So kann etwa Lesekompetenz – und auch Schreibkompetenz – durch das Verfassen eines Blogs verbessert werden, in dem z.B. im Deutschunterricht Aufsätze oder Buchkritiken verfasst werden oder im Fremdsprachenunterricht auf diese Art und Weise eine interaktive Kommunikation in der Fremdsprache ermöglicht wird (vgl. Ketter 2007: 31). Der Einsatz von Blogs im FSU – besonders von Textblogs – ist auch deshalb so besonders geeignet, weil Lernern

---

[63] Einschränkend ist jedoch zu sagen, dass er das Web 2.0 nicht explizit erwähnt und nur durch das Erscheinungsdatum seiner Monographie darauf geschlossen werden kann, dass Web 2.0-Anwendungen für ihn mit zu den sog. ‚digitalen Medien' dazu zählen (vgl. Baier 2009).

can be offered real texts in the form of blogs which are authored by people with a very individual touch and intended to share opinions, experiences, and viewpoints. Such electronic texts offer a more personal insight into the cultural and social contexts within which the target language is used (Rüschoff 2011: 51)

Generell – so nach Rössler – kann man zur Förderung von Lesekompetenz im Online-Kontext festhalten, dass viele Übungen- und Aufgabenformate (z.B. Aufgaben zur Schaffung eines Vorverständnisses oder zur Texterschließung) die im Rahmen der allgemeinen (Print-) Leseverstehensdiskussion erarbeitet wurden, auch auf das Arbeiten im Netz übertragen werden können (vgl. Rösler 2007a: 119–123).

Der umgekehrte Übertragungsweg ist bezüglich verschiedener Textsorten möglich: Teilweise lassen sich Online-Genres auf Offline-Genres zurückführen. Diese Auffassung kann – im Wissen um die Funktionen, Vorzüge und Problempunkte eines Online-Mediums – als Ausgangspunkt für die passende Medienauswahl zur Bewältigung verschiedener Lehraufgaben herangezogen werden. Vorteilhaft an dieser Vorgangsweise ist auch, dass SuS derartige Textsorten schon kennen. Denkbar sind solche Übertragungen beispielsweise im Falle von Wikis oder Blogs (vgl. Abfalterer 2007: 82–85).

In verschiedenen Web 2.0-Anwendungen werden auch Hypertexte verwendet. Im Unterricht können Hypertexte die vielfältigen Verzweigungen und Aspekte eines Lerngegenstandes (d.h. die nicht sichtbaren kognitiven Vorgänge) hervorheben und Lern- bzw. Lesestrategien aktivieren, die zu einer individualisierten Informationsaufnahme, -verarbeitung und -produktion führen (vgl. Overmann 2009: 80; Roche 2011: 399). Mittels eines Hypertextes können Erklärungen, bereits aufbereitete potenzielle Schwierigkeiten[64] und weiterführende Themen im Hintergrund bereitgehalten werden. Im Umgang mit einem Wiki können die SuS die Hypertextfunktionalitäten kennen lernen: Sie sind gerade dafür geeignet, weil die konzeptionellen Anforderungen der nicht-linearen, multimodalen Präsentation von Inhalten schnell in den Blick geraten können. (vgl. Beißwanger und Storrer 2010: 33f.). Loucky (2009: 393) gibt dann auch einige Grundsätze für das Schreiben dieser Texte aus, unter denen heraussticht, dass Texte in einem klaren und zusammenfassenden Stil geschrieben sein sollten. Auf etwaige Textsortenspezifika und die Kompetenzen der Lernenden geht er nicht näher ein.

Die Arbeit mit Web 2.0-Anwendungen ermöglicht auch eine Autor-Leser-Interaktion wie sie bei der Rezeption von Printtexten nicht möglich ist: Beispielsweise kann im Rahmen eines Wikis der Text eines Autors verändert, bearbeitet und diskutiert werden. Der originale Autor kann wiederum auf die Veränderung reagieren usw. (vgl. Döbeling Honegger 2007: 39–41). Bei einem Blog kann der Rezipient durch Kommentare und Hyperlinks mit dem Autor – und weiteren Lesern – interagieren(vgl. Rösler 2007b: 182). Diese haben – gemeinsam mit dem selbstständigen Posten eines neuen Beitrags – Anteil an der gemeinsamen sozialen Konstruktion von Bedeutung. Gleichzeitig wird durch diese Form des Schreibens – Davies und Merchant bezeichnen es als ‚verbindendes Schreiben' – auch ein aktives, aufmerksames Lesen gefördert (vgl. Davies und Merchant 2009: 31–33). Auch auf einigen *social sharing*-Plattformen ist eine solche Interaktion möglich. Auf YouTube

---

[64] So können beispielsweise Online-Anmerkungen in Form eines Links den SuS (hier: SuS für Englisch als Fremdsprache) helfen, schnell unbekannte Wörter zu verstehen, so dass sie sich beim Lesen auf die sog. *higher level skills* konzentrieren können (vgl. Loucky 2009: 391).

kann der Zuschauer auf Videos antworten, indem er einen Kommentar bzw. Einschätzung hinterlässt[65] (vgl. Davies und Merchant 2009: 55).

Mit einzelnen Web 2.0-Anwendungen kann auch sehr gut das kollaborative und interaktive Schreiben in gemeinsamer Autorschaft geübt werden: Mit Hilfe der Wikitechnologie können (Hyper-)Texte kollaborativ erstellt werden. Durch das Verknüpfen von verschiedenen Texten zu einem Hypertext ist die Herstellung intertextueller Bezüge zu anderen Websites möglich. Das Setzen von Verweisen auf andere Schülertexte innerhalb eines Wiki ermöglicht gleichzeitig auch eine Reflexion der eigenen Arbeit – im Verhältnis zur Sichtweise anderer – sowie das Lesen und die Auseinandersetzung mit den Arbeiten der anderen. Das Bearbeiten ist mit Hilfe einer einfachen Syntax möglich (vgl. Baumann 2007: 42–45; Döbeling Honegger 2007: 39–41). Das Hypertextprinzip ermöglicht gleichzeitig das Einbinden von Bild-, Ton- und Videodateien (vgl. Davies und Merchant 2009: 55). Über Checkboxen lassen sich zwei Versionen auswählen und automatisch gegenüberstellen, wobei Textänderungen (Löschungen, Hinzufügungen etc.) graphisch und farblich hervorgehoben werden. So kann schnell und unkompliziert rekonstruiert werden, welcher Bearbeiter einer Seite zu welchem Zeitpunkt welche Änderungen durchgeführt hat (vgl. Beißwanger und Storrer 2010: 14–16). Revisions- und Überarbeitungsprozesse sind somit sehr gut beobachtbar. Kooperative Textproduktion bedarf der Koordination zwischen den Schreibern. Deswegen wird zu jeder angelegten Wiki-Seite automatisch eine Diskussionsseite mit angelegt, auf der sich die Bearbeiter eines Artikels austauschen und die gemeinsame Arbeit abstimmen können. In pädagogischen Prozessen können Diskussionsseiten z.B. der Kommentierung von Zwischenergebnissen oder der wechselseitigen Kommentierung von Textqualitäten im Rahmen von Schreibkonferenzen dienen (vgl. Beißwanger und Storrer 2010: 16). Eine gegenseitige Überarbeitung der Schülertexte, gerade auch auf Satz- und Textebene führt zu einer autorenseitigen Explizierung des Gemeinten und zu einer interaktiven Aushandlung für dessen sprachliche Darstellung (vgl. Beißwanger und Storrer 2010: 32). Dieses gegenseitige Überarbeiten fördert auch das Reden über die Textproduktion und ist eine wichtige Vorbereitung für das kollaborative Schreiben in Beruf und Wissenschaft. Ganz konkret schlägt Grünewald (2010b: 42–45) beispielsweise vor, dass ein gemeinsames Wiki zu einem Spielfilm oder einer Lektüre verfasst wird, in dem die Personenkonstellation dargelegt wird, Informationen zum Autor bzw. Regisseur gegeben werden und Texte zum Inhalt und zur zeitlichen Einbettung des Plots entstehen. Den Vorteil des Schreibens eines Wikis gegenüber einem Chat oder ähnlichem sieht Rösler v.a. darin, dass es sich nicht um eine schriftlich realisierte Dialogvariante handelt (die konzeptionell eher mündlich geartet ist), sondern um die Produktion eines schriftsprachlich konzeptionierten Texts (vgl. Rösler 2007b: 183f.).

Einzelne Web 2.0-Anwendungen können auch helfen, den Schreibprozess transparent zu machen: Veränderungen im (Schreib-) Prozess werden mit Hilfe der Versionsverwaltung eines Wikis nachvollziehbar. Alle Seitenversionen sind dort chronologisch geordnet und ermöglichen einen Einblick in die verschiedenen Stadien des Lernprozesses mit all seinen Veränderungen. Sie eignen sich somit sehr gut zum Nachdenken über Schreibprozesse (vgl. Beißwanger und Storrer 2010: 14–

---

[65] Genauer gesagt handelt es sich hier um eine Interaktion zwischen Regisseur und Publikum.

16; Döbeling Honegger 2007: 39–41). Der ganze Textentstehungsprozess kann den SuS also bewusst gemacht werden (vgl. Davies und Merchant 2009: 89–102). Mit einem Wiki kann können Texte auch sehr gut über- und weiterverarbeitet werden. Zwischenergebnisse können von Schülern im Sinne einer prozessorientierten Schreibdidaktik gegengelesen werden und es kann ein gegenseitiges Austauschen und Kommentieren – auch über Form und Stil – erfolgen. Schüler können somit ihre eigenen Texte überarbeiten (vgl. Döbeling Honegger 2007: 39–41). Produktorientiertes Schreiben wird damit in einem hohen Maße möglich.

Dass man mit Hilfe von Web 2.0-Anwendungen sogar kreatives Schreiben fördern kann, zeigt Porombka (2012) sehr anschaulich und unkonventionell auf[66]: So wird beispielsweise mit Hilfe von Twitter Alltägliches erzählt und Literatur in „Twitteratur" (das ist ein literarisches Werk im Tweetformat) umgewandelt (vgl. Porombka 2012: 46–61). In Facebook werden die Statusmeldungen zu einer Autobiographiewerkstatt (so berichtet der Autor auf kunstvolle Art und Weise über Bruchstücke des eigenen Lebens) und die darauf bezogenen Kommentare anderer Facebook-Freunde lassen aus diesen autobiographischen Darstellungen eine Fantasiefigur entstehen (vgl. Porombka 2012: 104–120). In diesem Zusammenhang ist jedoch zu erwähnen, dass Porombka seine Ausführungen nicht didaktisch und kritisch reflektiert, es entsteht der Eindruck, dass er „einfach" zum Mitmachen und Ausprobieren einladen will.

Web 2.0-Anwendungen haben nicht nur den Vorteil, dass sie ein produktorientiertes Schreiben ermöglichen, sondern dass Lernertexte (die auf einem Lehrwerkstext basieren) auch als Ausgangstexte für zukünftige Lerner besser verfügbar gemacht werden könnten, quasi als *user generated content* (also als Lernerinhalte) auf der Ebene von Lehrwerkstexten dienen könnten. Diese könnten wiederum anderen Lernern als Ausgangspunkt für Lese- und Schreibförderung zur Seite stehen und so neben dem Lehrbuchtext den SuS weitere Paralleltexte zur Verfügung stellen. Hintergrund dieser Überlegung ist der Sachverhalt, dass gängigen Lehrwerkstexten wohl häufig der Lernerbezug fehlt und diese deswegen oft an den Interessen der Lernenden „vorbeigehen". Rösler sieht den dargestellten Sachverhalt noch nicht als Ist-Zustand an, sondern als Beschreibung, lernergenerierte Textproduktion vermehrt zu initiieren und die daraus resultierende Textverarbeitung der neuen Lernenden zu untersuchen, besonders auch im Hinblick darauf, inwieweit sie sich von der Verarbeitung eines traditionellen Lehrwerkstextes unterscheidet (vgl. Rösler 2007b: 184–186).

Web 2.0-Anwendungen leisten auch einen wichtigen Beitrag zur Förderung von (Schreib-)Motivation. Rüschoff ist der Auffassung, dass die Notwendigkeit, einen Inhalt zu publizieren und mitzuteilen, ein wichtiger motivationaler Faktor ist (vgl. Rüschoff 2011: 52). Auch Döbeling Honegger vertritt die Meinung, dass für den Schüler interessante Anwendungskontexte und Publikationsmöglichkeiten die Schreibmotivation fördern. Bei einem Wiki ist dies z.B. sehr gut möglich, da die Texte aufgrund ihrer Internetbasiertheit – sofern die Ansicht nicht eingeschränkt wurde – stets nach „draußen" gelangen und sie jeder sehen kann (vgl. Döbeling Honegger 2007: 39–41). Kritik an

---

[66] Seine Ausführungen bezieht er jedoch nicht explizit auf den Einsatz in schulischen Kontexten. Aus diesem Grund, wird die entsprechende Darstellung im Rahmen dieses Buches kurz gehalten. Es geht der Autorin nur darum, aufzuzeigen, dass mit Web 2.0-Anwendungen auch kreatives Schreiben gefördert werden kann. Entsprechende Didaktisierungen fehlen noch.

diesem Sachverhalt (dass Motivation dadurch entsteht, dass vom Lehrer verschiedene Personen den verfassten Text lesen können) wurde schon in den Konzepten des *Computer Assisted Languaage Learning* geübt. Elektronisches Publizieren von Schülertexten im Internet ist demnach kein „Zaubermittel", um Schreibaktivitäten für Lerner wirklicher und echter erscheinen zu lassen. Im Rahmen guter Vorbereitung und Durchführung des Schreibprozesses, stellt es jedoch **ein** Mittel unter anderen dar, um Schreiben mehr als eine bloße Übung, die für den Lehrer angefertigt wird, erscheinen zu lassen (vgl. Lewandowska-Tomaszczyk u. a. 2001: 120–123). Grünewald betont in diesem Zusammenhang, dass der Computer und das Internet unter Umständen lediglich die Einstiegsmotivation[67] bieten, während die Motivationspersistenz i.d.R. von den Lerninhalten – damit ist die Frage verbunden, ob die Lernenden in dem zu lernenden Gegenstand selbst ein Lernmotiv erkennen – abhängt (vgl. Grünewald 2010a: 28–30).

In Bezug auf den allgemeinen Umgang mit digitalen Medien hebt Rösler schließlich noch folgendes hervor: Er betont, dass die allgemeine Debatte um Privatheit und Öffentlichkeit, die durch die digitalen Medien aufgekommen ist, auch für den Einsatz von digitalen Medien im Fremdsprachenunterricht ein relevantes Thema ist:

> Das Verlassen des Schutzraums Klassenzimmer muss im Unterricht begleitet werden von einer Reflexion der Arbeitsweisen und einer Stärkung der Medienkompetenz (Rösler 2010: 288).

Daran schließt die erste Lernaufgabe von Vernal Schmidt an: Die SuS (eines dritten Lernjahres, die für diese Lernaufgabe mindestens das Niveau B1 erreicht haben sollten) arbeiten mit der spanischsprachigen Version von Facebook[68], erweitern sowohl ihre Medien- und Sozialkompetenz als auch ihren Wortschatz und verbessern ihre Ausdrucksfähigkeit in der Fremdsprache (vgl. Vernal Schmidt 2011: 36–41). Nach der vorbereitenden Wortschatzerarbeitung in Lerntandems und im Plenum mittels verschiedener Methoden zum Thema „*redes sociales*" (die SuS sollen sich im Rahmen einer Hausaufgabe auch ein spanischsprachiges Profil von Facebook anlegen, mit dem im Rahmen dieser Einheit gearbeitet wird[69]) sollen die Lerntandems eine E-Mail an einen Freund verfassen, in dem sie ihm erklären wie er ein Profil bei Facebook eröffnen und in Kontakt mit Freunden bzw. Familie treten kann. Textgrundlage und -vorbild ist eine E-Mail dieses Freundes, der seine Situation erklärt. Die SuS sollen diese E-Mail verfassen, indem sie die Prozesse des Planens, Formulierens und Überarbeitens als einen mehrmals zu absolvierenden Zirkel durchlaufen. Der Lehrer nimmt in der Texterstellungsphase eine beratende Funktion ein. Darauf aufbauend erstellen sie anschließend auf kreative Art und Weise ein Manual zum Gebrauch von Facebook (incl. Darstellung von zwei Spezialaspekten, die sich die SuS aus einer vorgegebenen Liste frei aussuchen bzw. auch frei ergänzen dürfen). Diese Textprodukte werden auf einem Poster kreativ verarbeitet. Das beste Poster wird schließlich im Rahmen eines „Markes der Möglichkeiten", wobei jedes Tandem sein

---

[67] Rösler spricht in diesem Zusammenhang von einer „[...] kurzfristigen Nutzbarmachung eines motivationalen Extraprofits [....]" (S. Rösler 2007b: 182) und bestätigt damit ebenfalls die Auffassung der Einstiegsmotivation.
[68] Die Arbeit mit dem sozialen Netzwerk „Facebook" wird damit begründet, dass es unentgeltlich ist, eine spanischsprachige Version zur Verfügung steht und die SuS wahrscheinlich schon über Erfahrungen im Umgang mit diesem Medium verfügen. Weiterhin begründet die Autorin des Zeitschriftenartikels damit, dass Facebook sehr vielfältig ist und somit eine hohe Zahl an unterschiedlich komplexen Aufgaben –auch für binnendifferenzierendes Arbeiten – entwickelt werden kann (vgl. Vernal Schmidt 2011: 37).
[69] Welche z.B. rechtlichen Sachverhalte – gerade auch im Umgang mit Daten und minderjährigen Schülern – zu beachten sind, führt Vernal Schmidt genau aus und zeigt Handlungsalternativen auf (vgl. Vernal Schmidt 2011: 38).

Lernprojekt mündlich präsentiert, durch die Klasse prämiert. Die sich daran anschließende Reflexion über den Lernprozess mit Hilfe eines *One-Minute-Papers* muss nicht auf Spanisch erfolgen. Am Ende der Lernaufgabe bietet es sich an, einen Fokus auf einige häufig vorkommende grammatische Formen wie beispielsweise Handlungsanweisungen, die wahrscheinlich häufig in den E-Mails verwendet wurden, zu legen. Diese Lernaufgabe dauert insgesamt mindestens fünf Unterrichtsstunden und kann in Bezug auf die Lerngruppe variiert und mit unterschiedlichen Schwerpunkten besetzt werden (vgl. Vernal Schmidt 2011: 38–41). Sie kann in mehrerlei Hinsicht als vorbildliches Beispiel für den Einsatz einer Web 2.0-Anwendung im FSU gesehen werden: Wie ihrem Artikel zu entnehmen ist, werden in dieser Lernaufgabe sowohl sprachliche Kompetenzen – ‚Lesen', ‚Schreiben' und ‚Sprechen' – geschult, als auch Medien- und Sozialkompetenzen. Die SuS arbeiten in dieser Lernaufgabe auch weitestgehend selbstreguliert und interaktiv. Außerdem berücksichtigt die Autorin viele der in 2.1 und 3. dargestellten Aspekte zur Förderung von Lese- und Schreibkompetenz und stellt die einzelnen Teilaufgaben in einem komplexen, aufgabenorientierten und für die SuS lebensweltlich-authentischen Gesamtkontext.

Die zweite Lernaufgabe umfasst das kollaborative Schreiben eines Wikis (das in die Lernplattform Moodle integriert ist[70]) im Spanischunterricht für SuS ab dem Niveau B1 (vgl. Barquero 2011: 42–46). Dabei wird für die Darstellung in dieses Buches **ein** Lernszenarium aus Barqueros Artikel ausgewählt, das mögliche Unzulänglichkeiten im Einsatz einer Web 2.0-Anwendung aufzeigt.

Zuerst wird die Geschichte – (*La Sirenita* von Hans-Christian-Anderson[71]) den SuS per Link im Wiki zur Verfügung gestellt. Diese sollen sie als Hausaufgabe selbstständig und mit einem Arbeitsauftrag lesen. Dieser beinhaltet das Verfassen eines Kommentars, der darauf eingeht, ob die SuS die Geschichte kennen und inwieweit die spanische Version sich von ihnen anderen bekannten Versionen unterscheidet. Anschließend findet darüber eine kurze vom Lehrer moderierte Diskussion im Wiki statt und dann stellt der Lehrer für jedes Schülerpaar ein Bild ein, dass eine Art alternative Handlung zu der gelesenen Geschichte darstellt[72]. Dazu sollen die SuS diese Erzählung, ausgehend vom Bild, kreativ fortschreiben. In der Partnerarbeit schreibt jedes „Paar" seine eigene fiktive Fortsetzung. Anschließend werden die Texte weitergegeben und von einer anderen Gruppe verändert, erweitert oder korrigiert, wobei der Lehrer über die Diskussionsseite des Wikis die SuS unterstützt. Ziel dieses Vorgehens ist nach Autorangaben, dass sich die SuS mit dem Schreiben in gemeinsamer Autorschaft vertraut machen. Am Schluss soll der beste Text ausgewählt werden. Dafür publiziert der Lehrer eine Seite mit den Evaluationskriterien, an deren Ausarbeitung die SuS evtl. teilhaben können. Die formalen und pragmatischen Kriterien sollen jedoch ausschließlich durch den Lehrer bewertet werden. Auf einer Diskussionsseite wird nun die beste Geschichte ermittelt. Der Lehrer korrigiert nun noch die Fehler auf eine ihm angemessene Art und Weise und kommentiert

---

[70] Warum für die dargestellten Aufgaben ein Wiki im Rahmen der Lernplattform Moodle verwendet wurde, wird von Barquero nicht näher begründet. Er gibt zu, dass der Lehrer im Falle eines moodlebasierten Wikis die Autonomie im Umgang mit den verschiedenen Wiki-Komponenten erweitern oder auch beschränken kann (vgl. Barquero 2011: 44). Ist zweites der Fall, können viele positive Merkmale des zuvor aufgeführten Schreibens mit einem Wiki nicht genutzt werden.
[71] Aus welchem Grund genau diese Geschichte eines nicht-spanischsprachigen Autors im FSU Spanisch bearbeitet werden soll, wird nicht näher begründet.
[72] Der Autor spricht hier von einem Bild, das eine sog. *ucronía* widerspiegelt (vgl. Barquero 2011: 43).

die Texte auf der Diskussionsseite. Falls diese Aktivität noch einmal in einer anderen Lerngruppe durchgeführt wird, kann die beste Geschichte in das Wiki der anderen Lerngruppe integriert werden, damit sie von den SuS der anderen Lerngruppe kommentiert werden kann (vgl. Barquero 2011: 43). Der Autor empfiehlt diese Aufgabe besonders zur Wiederholung bzw. Entwicklung der erzählenden Vergangenheit einzusetzen (vgl. Barquero 2011: 44).

Diese Lernaufgabe bindet bereits auf gute Art und Weise einige (schreib-) didaktische Grundlagen wie beispielsweise die Förderung des kollaborativen und kreativen Schreibens, die Transparenzmachung von Evaluationskriterien und die mögliche Weiterverwendung der Lernertexte als Ausgangstexte für andere Lerner ein. Allerdings sind hier auch einige kritische Anmerkungen zu den Ausführungen des Autors notwendig: Er begründet nicht bzw. unzulänglich, warum der verwendete Text als Lerngegenstand und das Medium des Wikis eingesetzt werden. So erscheint das Verfassen eines Textes zum Üben sprachlicher Mittel (vgl. Barquero 2011: 44) mehr als fragwürdig, weil es damit bildungspolitischen Setzungen – die sprachlichen Mitteln eine dienende Funktion zusprechen und sie nicht als Selbstzweck sehen – und der Auffassung vom Vorrang des produkt- gegenüber dem prozessorientierten Schreiben widerspricht. Die Moderation und Steuerung der Diskussion – Warum wird diese eigentlich nicht mündlich geführt um eine Integration verschiedener Fertigkeiten in den Unterricht zu erreichen? – durch den Lehrer, hat eine Einschränkung der zu diskutierenden Themen auf solche Aspekte, die dem Lehrer – nicht dem Schüler – als bedeutsam erscheinen und eine Reduktion der Partizipationsmögichkeiten der SuS zur Folge. Durch das Rotieren der Texte überarbeiten die Schüler nicht ihre eigenen Texte, woraus resultieren kann, dass sie sich ihres eigenen Schreibprozesses – dass dieser aus mehreren Phasen besteht – nicht bewusst werden können. Außerdem ist keine Arbeitsphase der Schreibprozessplanung vorgesehen. Fraglich ist auch, dass nach der Textkorrektur durch den Lehrer am Ende der Einheit die Texte nicht noch einmal von den SuS überarbeitet werden, da die Überarbeitung – des eigenen Textes – ja eigentlich elementarer Bestandteil des Schreibprozesses ist. Kritisch damit verbunden ist auch der Sachverhalt, dass bestimmte Kriterien zur Textbewertung ausschließlich durch den Lehrer aufgestellt werden. Dies hat eine Einschränkung der Partizipation der SuS zur Folge. Begründet wird diese Maßnahme vom Autor nicht.

Die zwei skizzierten Lernaufgaben (vgl. Barquero 2011; Vernal Schmidt 2011)[73] zeigen auf anschauliche Art und Weise, dass der Einsatz von Web 2.0-Anwendungen im FSU – auch besonders zur Förderung kommunikativer Kompetenzen – sinnvoll ist:

> If communication lies at the heart of the educational process, then new technologies present exciting possibilities (Davies und Merchant 2009: 2).

Die Verwendung von Web 2.0-Anwendungen allein führt jedoch nicht zwingend zum Lernerfolg bzw. einer Lese- und Schreibförderung, die aktuellen (fremdsprachen-) fachdidaktischen Prinzipien entspricht. Das zeigt die zweite Lernaufgabe. Das dieses Kapitel abschließende Zitat fasst prägnant zusammen, was (u.a.) von (Fremdsprachen-) Lehrenden beachtet werden sollte:

---

[73] Weitere Lernaufgaben zum Einsatz von Wikis, Blogs und z.T. auch von sozialen Netzwerken finden sich besonders in den Zeitschriften „Der fremdsprachliche Unterricht Spanisch" (33/ 2011) und „Der fremdsprachliche Unterricht Englisch" (96/2008). Dabei sind Wikis und Blogs jedoch häufiger Diskussionsgegenstand als etwa Microblogs und andere Web 2.0-Anwendungen.

In jedem Fall aber gilt: Beim Einsatz der unterschiedlichen Formen von E-Learning-Inhalten [hierzu zählen auch die aufgeführten Web 2.0-Anwendungen] im Rahmen von Bildungsveranstaltungen ist ein didaktisch schlüssiges Gesamtkonzept und eine zielgruppenorientierte Produktion bzw. Auswahl und Kombination der eingesetzten medialen Elemente von entscheidender Bedeutung [...]. Bildungsressourcen sollten die Lernenden weder über- noch unterfordern und ihnen Inhalte nicht nur präsentieren, sondern sie zur aktiven Bearbeitung motivieren und anregen – und dazu genügend Freiraum und Möglichkeiten der Nutzersteuerung und auch zur eigenen Gestaltung lassen. Aufgabe der Betreuer ist es, individuelle und gemeinsame Lernprozesse und vor allem die Ausbildung geeigneter Lernstrategien im Umgang mit den verschiedenen digitalen Lernmedien zu unterstützen (Arnold u. a. 2011: 194).

Web 2.0-Anwendungen müssen also in ein didaktisches Gesamtkonzept passen, sorgfältig ausgewählt und auf die Bedürfnisse des Lerners abgestimmt sein.

Im nächsten Kapitel wird das hier angerissene Feld der Lese- und Schreibkompetenzförderung durch das Web 2.0 um eigene Analysen ergänzt.

4. Eigene Gegenstandsanalyse bestimmter Web 2.0-Anwendungen unterschiedlicher textueller Verfasstheit

In diesem Kapitel werden eigene Forschungsperspektiven für den schulischen Einsatz von Web 2.0 entwickelt. Nachdem die Forschungsfrage im ersten Abschnitt expliziert wurde, wird die Auswahl der Items (der konkreten Web 2.0-Anwendungen) erklärt und begründet. In einem dritten Teil erfolgt die Beschreibung der Durchführung der Analyse einschließlich einer Begründung des gewählten Verfahrens. Im letzten Abschnitt erfahren die ermittelten Ergebnisse schließlich eine (kritische) Auswertung.

Im Folgenden wird nun das Forschungsvorhaben genau erklärt.

4.1 Explikation der Forschungsfrage

Im Rahmen einer eigenen Analyse soll herausgefunden werden, welches didaktische Potenzial ausgewählte Web 2.0-Anwendungen – bezogen auf ihre medienspezifischen Bestimmungen und Merkmale wie sie in 2.2 vorgenommen wurden – im schulischen[74] Spanischunterricht – in Deutschland[75] – zur Förderung der funktionalen kommunikativen Kompetenzen 'Lesen' und 'Schreiben' bieten. Darauf aufbauend soll geschaut werden, inwieweit sie zusätzliche Lerngelegenheiten bereit halten, die über die bildungspolitischen Vorgaben hinausgehen und somit auf Weiterentwicklungsmöglichkeiten dieser Kompetenzmodellierungen hinweisen.

Die Begrenzung der Untersuchung auf die schriftlichen Kompetenzen 'Lesen' **und** 'Schreiben' wird für diese Studie aus verschiedenen Blickrichtungen begründet. Im Hinblick auf die formalen Rahmenbedingungen dieses Buches ist eine Eingrenzung auf bestimmte funktionale kommunikative Kompetenzen notwendig. Die Berücksichtigung von 'Lesen', 'Schreiben', 'Sprechen' und 'Hören' würde schlichtweg den geforderten Umfang des Buches untergraben bzw. müsste sich in oberflächlichen Darstellungen begnügen. Da in der fachdidaktischen Literatur

---

[74] Dies impliziert die Zielgruppe der 12-19 Jährigen.
[75] Diese geographische Eingrenzung ist notwendig, da die bildungspolitischen Vorgaben zum Erwerb von Lese- und Schreibkompetenz sich – im Falle der Nationalen Bildungsstandards und der Berliner Rahmenlehrpläne für den Spanischunterricht in der Sek I bzw. Sek II – auf Deutschland bzw. einen lokal umgrenzten deutschen Raum beziehen.

mehrfach eine enge Verbindung von Lese- und Schreibprozessen bzw. Sprech- und Hörprozessen in der alltagspraktischen Realität hervorgehoben wurde und somit der Aspekt der Interaktion sehr bedeutsam ist – vgl. hier zu auch 2.1.3 und 2.1.4 dieses Werkes – scheint die Untersuchung einer – verkürzt bezeichneten – "rezeptiven" –in Verbindung mit einer "produktiven" Kompetenz sehr lohnenswert. Damit wurde die Analyse der "Kompetenzpaare" 'Sprechen' und 'Schreiben' bzw. 'Hören' und 'Lesen' ausgeschlossen. Da das Web 2.0 als Weiterentwicklung des Internet zu einem "*read-write*" Web (vgl. Breslin u. a. 2009: 22) – und **nicht** zu einem "*listen-speak*" Web – gekennzeichnet ist, erscheint in Bezug auf das Untersuchungsfeld eine Beschränkung auf die schriftlichen Kompetenzen 'Lesen' und 'Schreiben' sinnvoll. Auch im Rahmen einer *information literacy* sind gerade Lese- und Schreibfähigkeiten sehr bedeutsam:

> Information literacy is thus a collection of different cognitive and social skills [...] that enable the individual to successfully take part in the information society. All these skills are based upon a good foundation of reading and writing skills; i.e. reading and writing in the Web 2.0 age have become such compulsive universal activities and are more fact of everyday life than they have ever been (Armbrüster 2010: 35).

Die tendenziell wichtiger werdenden schriftlichen Kompetenzen und auch gerade die in im Punkt 2.1.4 beschriebene Veränderung der Schriftlichkeit sollten Eingang in (auch in fremdsprachliche) Unterrichtsprozesse finden. Eine genaue Analyse des Potenzials des Web 2.0 im Hinblick auf diese beiden Kompetenzen ist nach Auffassung der Autorin für eine reflektierte Unterrichtspraxis, die ein begründetes Auswählen von Lehr- und Lernzielen mit einschließt, eine wichtige Voraussetzung.

Die nachfolgende Abbildung veranschaulicht den Auswahlprozess:

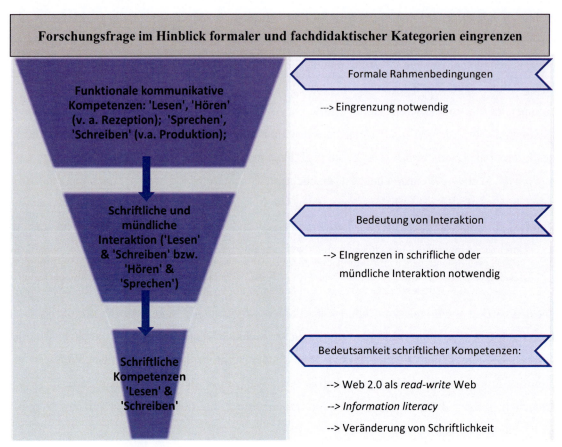

Abbildung 2: Eingrenzung der Forschungsfrage (Quelle: eigene Darstellung)

Im Folgenden wird nun die Auswahl der Analysegegenstände begründet.

4.2 Auswahl der Analysegegenstände

Bei der Auswahl der Analysegegenstände wird das Konzept des Sampling zu Grunde gelegt, das in den empirischen, qualitativ orientierten Sozialwissenschaften angewendet wird. Prinzipiell beschreibt es die

> Auswahl einer Untergruppe von Fällen, d.h. von Personen, Gruppen [...], die [...] untersucht werden sollen und die für eine bestimmte Population, Grundgesamtheit oder einen bestimmten Sachverhalt [...] stehen (Przyborski und Wohlrab-Sahr 2009: 174).

Von einem Ausschnitt wird dabei auf die Beschaffenheit des Ganzen geschlossen, der Einzelfall **steht für** etwas, repräsentiert etwas. Ziel ist es, die Befunde qualitativer Herangehensweisen verallgemeinerbar zu machen (vgl. Kelle und Kluge 2010: 41–55; Przyborski und Wohlrab-Sahr 2009: 175). Im Fall dieser Untersuchung soll also durch eine intelligente Auswahl der konkreten Web 2.0-Anwendungen versucht werden, ein möglichst umfassendes Bild zum didaktischen Potenzial des Web 2.0 in seiner Heterogenität zu erhalten, das nicht nur interessante Einzelfälle abbildet, sondern gewisse Verallgemeinerungen erlaubt.

Die konkrete Auswahl der Web 2.0-Anwendungen ist durch die Prozedur des "Sampling nach bestimmten, vorab festgelegten Kriterien" (vgl. Przyborski und Wohlrab-Sahr 2009: 178–180) bzw. des "selektiven Sampling" (vgl. Kelle und Kluge 2010: 41–55) vorgenommen wurden. Diese Form des Sampling steht für ein Vorgehen,

> bei dem auf Grundlage vorhandener Forschungsergebnisse und nach bestimmten Kriterien gezielt eine Untersuchungsgruppe zusammengestellt wird (Przyborski und Wohlrab-Sahr 2009: 179).

Das heißt, der Stichprobenumfang und die Ziehungskriterien sind vor der Erhebung der Daten festgelegt wurden. Die Auswahlkriterien orientierten sich dabei an der Untersuchungsfragestellung (vgl. 4.1), theoretischen Vorüberlegungen (vgl. 2.1) und dem Vorwissen über das Untersuchungsfeld (vgl. 2.2) (vgl. Kelle und Kluge 2010: 50–55).

Der Auswahlprozess über die zu analysierenden Web 2.0-Anwendungen wurde unter Berücksichtigung verschiedener theoretischer Kriterien und einer Mediennutzungsstudie durchgeführt. **Alle ausgewählten** Web 2.0 –Anwendungen sollen den zuvor im Theorieteil dieses Buches **verschiedenen** Prototypen angehören. Ziel dieses Kriteriums ist es, Anwendungen mit möglichst unterschiedlicher textueller Verfasstheit zu analysieren und Aussagen für mehrere Web 2.0-Kategorien treffen zu können. Da es um einen möglichen Einsatz dieser Anwendungen für den Spanischunterricht geht, müssen ebenfalls **all diese** Anwendungen in spanischer Sprache verfügbar sein, wodurch z.B. bestimmte im deutschsprachigen Raum weit verbreitete soziale Netzwerke für die Analyse nicht geeignet sind. Außerdem müssen **alle** ausgewählten Web 2.0 - Anwendungen Lesen bzw. Schreiben von Texten als konstituierendes Element aufweisen. Dieses Kriterium mag zwar recht trennunscharf anmuten, aber dadurch lassen sich Anwendungen wie Podcasts ausschließen und Textblogs mit berücksichtigen. **Zusätzlich** sollen die ausgewählten Anwendungen **entweder** von Jugendlichen in Deutschland in besonders hohem Maße verwendet werden **oder** soll deren Einsatz in der fremdsprachendidaktischen Literatur schon differenziert beschrieben wurden sein. Das Kriterium der hohen aktuellen Mediennutzung durch Jugendliche kann folgendermaßen begründet werden: Schule hat nach Auffassung von Herzig und Grafe die Aufgabe, Verbindungen zwischen den außerschulischen und schulischen Lernwelten herzustellen. Dabei geht es ihnen weniger darum, neue Aufgabenbereiche der Medienerziehung als Folge der aktuellen technischen und gesellschaftlichen Entwicklungen zu benennen, als jeweils Umsetzungsbeispiele in der Schule zu entwickeln, die die kulturellen Mediennutzungspraxen der Kinder und Jugendlichen aufgreifen und in den schulischen Kontext stellen. Diese Aufgaben müssten Fachdidaktiken und Medienbildung gemeinsam angehen (vgl. Herzig und Grafe 2010: 124–126). Zwei Anwendungen, die von 12-19 jährigen im Allgemeinen sehr häufig genutzt werden, sind "YouTube" und "Facebook". Nur sehr wenige Jugendliche benutzen Twitter. Das im spanischen Raum verbreitete soziale Netzwerk "Tuenti"[76] scheint ebenfalls von deutschen Schülern nicht verwendet zu werden. Auf diesem Sachverhalt basierend, werden "Tuenti" und "Twitter" im Rahmen der Analyse nicht berücksichtigt (vgl. Medienpädagogischer Forschungsverbund Südwest 2011). Der Sachverhalt, dass die zu analysierende Anwendung bereits differenziert in der fremdsprachendidaktischen Litera-

---

[76] Vgl. http://www.tuenti.com/?m=login (01.12.2011).

tur beschrieben sind, soll eine Anschlussfähigkeit der Analyse an aktuelle (fremdsprachen)didaktische Diskussionen gewährleisten und auf diese Weise eine Erweiterung des aktuellen Kenntnisstandes und eine Beurteilung dieser Anwendungen unter zusätzlichen Aspekten ermöglichen. In Bezug auf Lese- und Schreibförderung wurde besonders der Einsatz von Weblogs und Wikis diskutiert, weswegen diese zwei Anwendungen ebenfalls analysiert werden (vgl. Kapitel 3 dieser Buches). Im Rahmen dieser Studie werden also "Facebook", "YouTube", (Text)Blogs und Wikis analysiert. Im folgenden Abschnitt wird nun das Vorgehen der Analyse näher beschrieben.

Die folgende Abbildung veranschaulicht den Auswahlprozess:

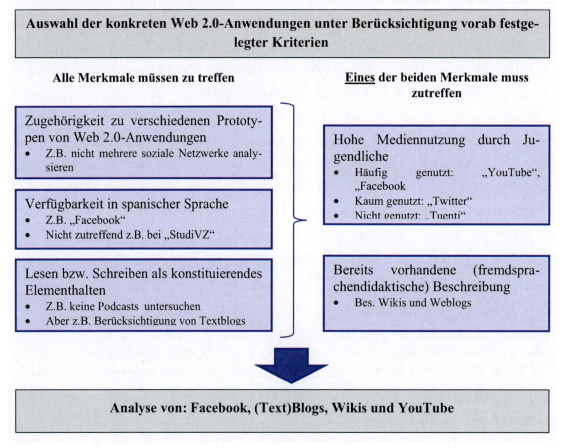

Abbildung 3: Auswahl der Web 2.0-Anwendungen (Quelle: eigene Darstellung)

4.3 Durchführung der Analyse

Nachdem die Analysegegenstände unter Zuhilfenahme der vorher explizierten Kriterien ausgewählt wurden, werden sie hinsichtlich der aufgestellten Fragestellungen (vgl. 4.1) untersucht. Die folgende Abbildung illustriert das Vorgehen der Analyse:

Analysedurchführung in methodologischer und methodischer Hinsicht			
Methodologie	Schritt 1:	Forschungsstrategie - Untersuchungsdesign	**Methode**
	Rekonstruktion	Fallstudie anhand 4 konkreter Web 2.0-Anwendungen	
	Schritt 2:	Datentyp - Erhebungsinstrument	
	Qualitativ	Analysebogen	
	Schritt 3	Schlusslogik - Analysemethode	
	Deduktiv-subsumptionslogisch-	Analysekategorien hergeleitet aus den theoretischen Konstrukten und Teilbereichen von ‚Lese-' und ‚Schreibkompetenz'	

Abbildung 4: Analysedurchführung (Quelle: eigene Darstellung in Anlehnung an Bonnet 2010:69)

Da im Rahmen dieser Untersuchung nur das Potenzial einzelner Web 2.0-Anwendungen rekonstruiert werden und kein hypothesenprüfender Ansatz verfolg werden soll, wird die Analyse in Form einer Fallstudie durchgeführt (vgl. Bonnet 2010: 68). Im Rahmen dieser Fallstudie sollen qualitative Daten erhoben werden, die den Einzelfall – hier die konkrete Web 2.0-Anwendung – auf methodisch kontrollierte Weise mit vorhandenen allgemeinen – hier fremdsprachendidaktischen – Wissensbeständen in Beziehung setzen (vgl. Fatke 2003: 59).

Aus diesem Grund wird ein vorstrukturierter Analysebogen eingesetzt, der nach bestimmten Kategorien geordnet ist. Die „Merkmalskategorien" sind aus der in 2. – und da besonders unter 2.1. – gewonnenen Erkenntnisse deduktiv-subsumptionslogisch abgeleitet, d.h. in 2.1 wurden die dafür notwendigen Konstrukte theoretischen fundiert und hinsichtlich einzelner Teilbereiche konkretisiert. Aus diesen wurden dann die zu erhebenden Merkmale extrahiert (vgl. Bonnet 2010: 67–72). Eine Übersicht über die extrahierten Kategorien incl. ihrer verschiedenen inhaltlichen Füllungen bzw. Merkmale – auf deren Vorhandensein und Ausprägung die jeweilige Web 2.0-Anwendung hin untersucht wird – findet sich im Anhang 1 dieses Buches. Damit Relevanzsetzungen nicht durch die verwendeten Kategorien überblendet werden und bzw. diese sich dem Untersuchungsfeld aufzwängen (vgl. Kelle und Kluge 2010: 69–82), wurden die Antwortmöglichkeiten bewusst offen gelassen, damit weitere Ausprägungen an angegeben werden können. Die erfassten inhaltlichen Füllungen dienen somit lediglich als Orientierung für die Datenerhebung. Um den Forschungskontext einer Information genauer erheben zu können, wird dem Analysebogen eine dritte Spalte für Beispiele und eine vierte für etwaige Kommentar und Ergänzungen etc. angefügt. Die Analyse wird nach dem folgenden Muster durchgeführt. Die ausgefüllten Bögen selbst befinden sich im Anhang dieses Buches und können da eingesehen werden.

Web 2.0-Anwendung: _____

KATEGORIEN (= Analysekriterien)	DESKRIPTIVE MERKMALSERFASSUNG (MERKMALSAUSPRÄGUNG UND BESCHREIBUNG)	BEISPIEL	ANMERKUNG/ ERWEITERUNG/ KOMBINATION
Funktionale kommunikative Kompetenz „Lesen"			
1) Lesearten	• • •		
2) Förderung von *bottom-up* und *top-down*-Prozessen			
3) Textsorten			
4) Themenfelder			
5) Lesemotivation			
6) Sprachlicher Input			
7) Vorwissensaktivierung			
8) Emotionale Aspekte			
9) Textreflexion			
10) Anschlusskommunikation			
11) Übungstypen			
12) Textgestaltung, Struktur und Rezeption von Hypertexten			
Funktionale kommunikative Kompetenz „Schreiben"			
13) Schreibvarianten			
14) Phasen des Schreibprozesses (Planungs-, Formulierungs- und Überarbeitungsphase) nachvollziehbar und geübt			
15) Entwicklung von Schreibkompetenz			
16) Förderung kollaborativen Schreibens			
17) Textsorten			
18) Themenbereiche			

19) Vorwissen			
20) Motivation			
21) Textgestaltung & Hypertextproduktion			
22) Sprache			
Integrated skills, Interaktion und Kommunikation			
23) Separierte Kompetenzvermittlung allg.			
24) Integrierte Kompetenzvermittlung allg.			
25) Schriftliche (menschliche) Interaktion			
26) Kommunikationsform (synchron, asynchron, quasisynchron)			
27) Mensch-Maschine-Interaktion			

Abbildung 5: Muster Analysebogen (Quelle: eigene Darstellung)

Die Daten der Analyse erhebt die Autorin selbst, indem sie sie subsumptiv anhand des zuvor entwickelten Kategorienschemas kodiert (vgl. auch Kelle und Kluge 2010: 61–68). Die entsprechenden Erhebungen werden dabei vor allem durch eine genaue Betrachtung des Analysegegenstandes gewonnen. Zum Teil wird auch auf eigene Nutzungserfahrungen und Beobachtungen zurückgegriffen. Hierbei wird auch besonders darauf geschaut, inwieweit der spezielle Aufbau einer Web 2.0-Anwendung (vgl. 2.2) die Realisierung der verschiedenen Kategorien ermöglicht. Er wird somit als Einschätzungsgrundlage herangezogen. Auf die Verwendung von Sekundärliteratur wird weitestgehend verzichtet, außer da, wo die entsprechenden Daten selbst nicht so gut erhoben werden konnten. Um eine Web 2.0-Anwendung in ihrer kompletten gerade auch textsortenspezifischen, thematischen und sprachlichen Breite erfassen zu können, wird sich nicht auf eine einzelne konkrete Website bezogen, sondern werden dafür Metastudien und andere Sekundärliteratur herangezogen. Wo diese nicht verfügbar waren, wurde ein eigenes kleines Textkorpus erstellt, das direkt im Anhang direkt hinter den jeweiligen Analysebogen angefügt wird.

4.4 Auswertung und Interpretation der Analyseergebnisse

In diesem Unterkapitel werden die Ergebnisse der Analyse dargestellt und interpretiert. Die eingangs (vgl. 1. und 4.1 dieses Buches) gestellten Forschungsfragen werden beantwortet. Dafür wird zunächst wir das Vorgehen der Auswertung beschrieben, dann die Analyseergebnisse für jede Anwendung einzeln dargestellt. Anschließend werden aus diesen Einzelergebnissen Gesamttendenzen ermittel und ein Fazit gezogen.

4.4.1 Vorgehen der Auswertung

Die folgende Abbildung illustriert das Vorgehen der Auswertung:

Auswertung der erhobenen Daten

1. (Text-) Blogs
2. Facebook
3. YouTube
4. Wikis

Einzelergebnisse werden skizziert

Darstellung (zur ersten Forschungsfrage zugehörig)
- Bezogen auf die Analysekategorien und ihre Merkmale
- Potenziale dargestellt

Interpretation (Aufzeigen weiterer Zusammenhänge)
- Wechselwirkungen zwischen dem Aufbau einer Web 2.0-Anwendung und der praktischen Umsetzung einzelner Analysemerkmale
- Einschränkungen und Bedingungen, die das didaktische Potenzial einer Web 2.0-Anwendung als Ganzes beeinflussen

Weiterführende Lerngelegenheiten (zur zweiten Forschungsfrage gehörend)
- Über bildungspolitische Vorgaben hinausgehende Lerngelegenheiten

Auswertung für jede Web 2.0-Anwendung einzeln

Gesamtergebnisse werden aufgeführt
- Vor- und Nachteile jeder einzelnen Web 2.0-Anwendung werden in einer Übersichtstabelle dargestellt
- Beantwortung der Forschungsfragen in 4 Thesen
- Bezüge zur fremdsprachendidaktischen Diskussion
- Kritische Reflexion der Ergebnisse

Übersicht, Thesen, Theoriebezug, Reflexion

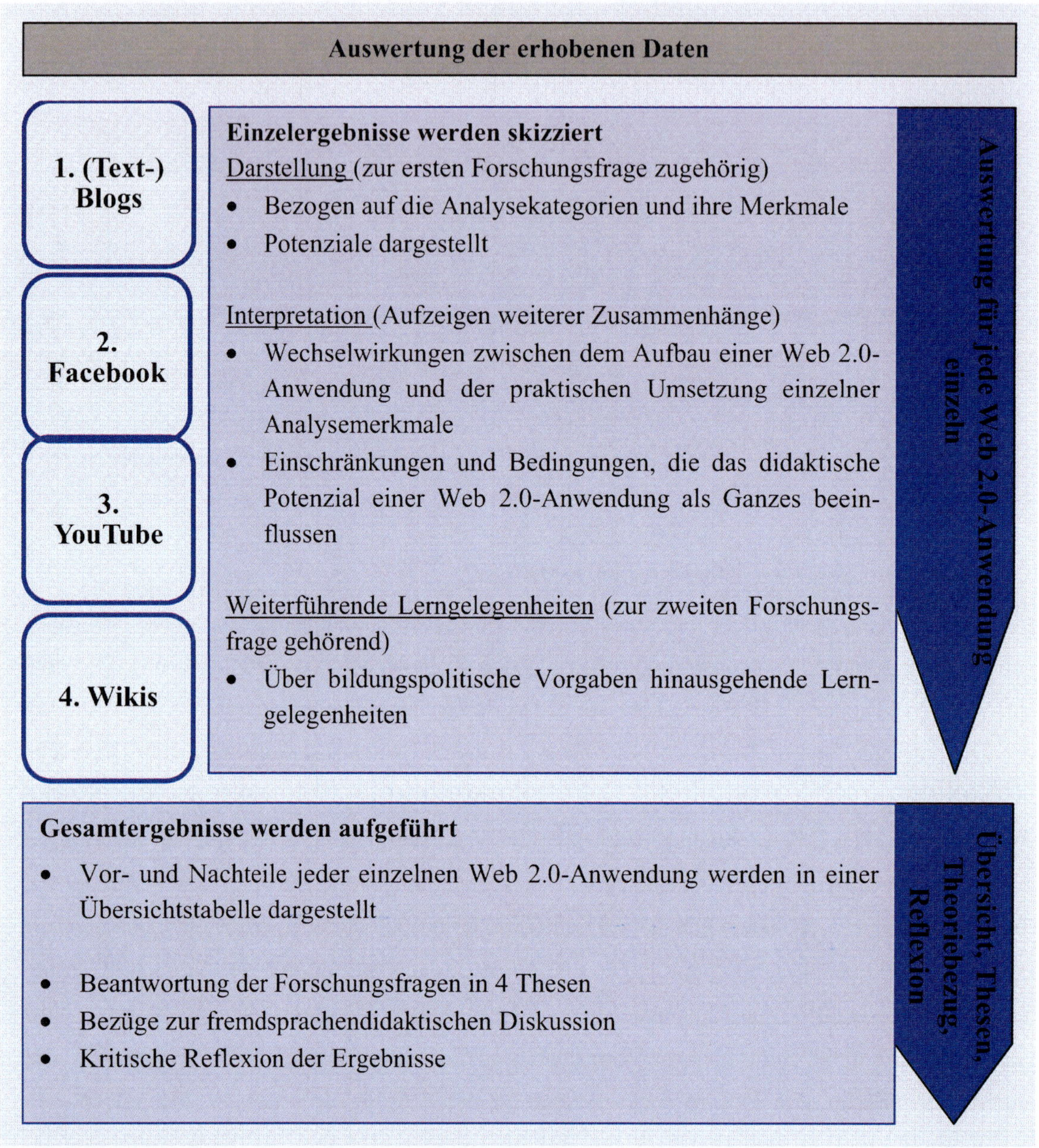

Abbildung 6: Vorgehen der Auswertung (Quelle: eigene Darstellung)

Angelehnt an Empfehlungen zur Auswertung qualitativer Daten, werden zunächst Einzelergebnisse skizziert, dann Gesamtergebnisse dargelegt (vgl. König und Bentler 2003: 94). Die Auswertung erfolgt deshalb zunächst für jede Web 2.0-Anwendung einzeln in einem Fließtext, um darzustellen, welche Lerngelegenheiten sie zum Erwerb und Förderung der einzelnen Kategorien bieten.

In einem darstellenden Abschnitt werden zunächst die jeweiligen Potenziale hinsichtlich der Förderung einzelner Kategorien von Lese- und Schreibkompetenz und ihrer inhaltlichen Ausprägungen dargestellt. In einem zweiten interpretativen Teil werden weiterführende Zusammenhänge aufgezeigt: Wechselwirkungen zwischen dem Aufbau einer Web 2.0-Anwendung und der praktischen Umsetzung der einzelnen Analysemerkmale sowie generelle Zusammenhänge, Einschränkungen und Bedingungen, die das didaktische Potenzial einer Web 2.0-Anwendung als Ganzes beeinflussen. Hier wird insbesondere auf die erhobenen Daten der vierten Spalte des jeweiligen Analysebogens rekurriert. Im Rahmen der Darstellung wird zu Gunsten einer besseren Lesbarkeit auf die Angabe von konkreten Beispielen verzichtet. Beispiele können aber jederzeit in den entsprechenden Analysebögen im Anhang eingesehen werden. Daran anschließend wird aufgezeigt, inwieweit die jeweilige Web 2.0-Anwendung zusätzliche – über bildungspolitische Vorgaben hinausgehende – Lerngelegenheiten bereithält. Um diese Frage beantworten zu können, wurden zuerst die inhaltlichen Merkmale der extrahierten Kategorien (vgl. Anhang 1) nach einem von der Buchautorin festgelegten Farbschema eingefärbt: Schwarz markierte Passagen bilden ausschließlich fachdidaktische Aspekte ab und **rote** ausschließlich curriculare Forderungen. **Blau** markierte Bereiche repräsentieren sowohl bildungspolitische, als auch fachdidaktische Modellierungen (dies kann aber jeweils in unterschiedlichem Maße sein). Grundlage für diese farblichen Markierungen bildeten die Teile 2.1, 2.3 und 2.4 dieses Buches. Diese farblich markierten Merkmale werden nun mit den erhobenen Daten der Analyse verglichen, um aufzuzeigen, welche zusätzlichen didaktischen Potenziale Web 2.0-Anwendungen im Vergleich zu bildungspolitischen Setzungen bereithalten.

Zusammenfassend werden die Vor- und Nachteile jeder einzelnen Web 2.0-Anwendung zur Förderung von Lese-und Schreibkompetenz als thematische Synopse in Form einer Übersichtstabelle dargestellt. Auf diese Art und Weise wird ein themenbezogener Fallvergleich möglich (vgl. Kelle und Kluge 2010: 79). So können „Kernpotenziale" für jede einzelne Web 2.0-Anwendung herausgearbeitet werden, um zu sehen, welches (auch im Vergleich zu anderen Web 2.0-Anwendungen) das besondere didaktische Potenzial einer jeweils konkreten Anwendung ist. Abschließend werden die Forschungsfragen in Form von vier Thesen beantwortet. Es werden Bezüge zur fachdidaktischen Diskussion (bes. auch zum Kapitel 3 dieses Werks) hergestellt und die Ergebnisse kritisch reflektiert.

4.4.2 Einzelergebnisse I - Das didaktische Potenzial von Blogs

Nachstehend wird nun das didaktische Potenzial von (Text-) Blogs[77] zur Förderung von Lese- und Schreibkompetenz dargestellt. Die Auswertung bezieht sich auf die Angaben im Anhang zwei und drei.

In Bezug auf die verschiedenen Lesarten können Blogs einen Beitrag zu allen Lesarten, teilweise sogar zum analytischen Lesen, leisten. In besonders hohem Maße wird dabei *skimming* und *scanning* gefördert, die für das Navigieren innerhalb eines Blogs essentiell sind. Wichtig ist hier, dass ein und derselbe Text in verschiedenen Lesarten gelesen werden kann, eine Lesart jedoch

---

[77] Im Folgenden werden Textblogs zur besseren Lesbarkeit einfach als „Blogs" bezeichnet.

nicht explizit vom Blog „gefordert" wird, sondern von der Leseintention abhängt (vgl. Merkmal[78] 1). Das Lesen eines Blogs kann sowohl *bottom-up* und *top-down*-Prozesse fördern, wobei konzeptgeleitete Prozesse durch sich evtl. anschließende Sprachproduktion nach außen hin abgebildet werden könnten. Diese können allerdings in geringerem Maße als den erstgenannten Prozessen gefördert werden, da besonders Verstehensprozesse durch implizite intertextuelle Bezüge erschwert sein können (vgl. M2). Beim Lesen und Schreiben kann eine gewisse Anzahl von Textsorten vorkommen. Das sind z.B. tagebuchartige (Online-)Aufzeichnungen, Leitartikel, Leserbriefe und Meinungsäußerungen (vgl. M3+17). Teilweise handelt es sich auch um strukturell einfachere Texte, die verfasst werden. Konventionen der Ausgangs- und Zielkultur können in Bezug auf die Textsorte jedoch nicht angemessen berücksichtigt werden (vgl. M17). Thematisch gesehen bieten Blogs ein sehr hohes Potenzial: Ein Blog kann prinzipiell zu jedem Thema erstellt werden. Es können vielfältige hispanophone Bezüge und soziokulturelle Erfahrungen und Einsichten in die Zielkultur gewonnen werden. Außerdem können Themen angesprochen werden, die einen Bezug zur Lebenswelt der Schüler aufweisen und die kognitive sowie affektive Auseinandersetzungen ermöglichen (vgl. M4+18). Ein sehr hohes didaktisches Potenzial weisen Blogs auch zur Lesemotivationsförderung auf. Folgender Teilaspekte sind dabei begünstigt: Anschlusskommunikation mit Gleichaltrigen ist möglich, es besteht ein echter Leseanreiz, da Lesen v.a. der Informationsentnahme dient und eine themen- sowie tätigkeitsspezifische Motivation entwickelt werden kann. Ferner kann interessegeleitetes Lesen ermöglicht und ein Erwartungshorizont über einen Text geschaffen werden (vgl. M5). Generell leisten Blogs einen wichtigen Beitrag zur Ermöglichung von Anschlusskommunikation. Es ist sowohl eine produktive Textverarbeitung, als auch eine soziale Interaktion mit anderen über das Gelesene möglich (vgl. M10). Texte in Blogs halten authentisches Sprachmaterial bereit, in dem in der Regel die Standardschreibung eingehalten wird. Hierbei ist jedoch zu erwähnen, dass es Blogs gibt, die sehr viele Merkmale konzeptionell mündlicher Sprache aufweisen und andere, die – neben einigen konzeptionell mündlichen Anteilen – verstärkt konzeptionell schriftliche Merkmale enthalten (vgl. M6), sie stellen somit auch Übungsfelder für die Anwendung neuer schriftsprachlicher Varianten dar. Bedeutsam für das Schreiben ist der Sachverhalt, dass der sprachliche Input im Falle einer Suchanfrage sprachliche korrekt sein muss (vgl. M22). Zum Teil können Blogs vor dem Lesen und Schreiben auch eine Vorwissensaktivierung fördern, (obwohl diese nicht explizit in einem Blog gefordert wird (vgl. M7+19)). Dies gilt insbesondere für thematisches Wissen (vgl. M7). Vor dem Schreiben können durch das Lesen eines Blogs besonders Textsortenwissen, sprachliches, thematisches und Diskurswissen aktiviert werden (vgl. M19). Zur Förderung emotionaler Aspekte von Lesekompetenz leisten Blogs einen wichtigen Beitrag: Sie sind durch stilistische Mittel emotional markiert, Texte können bedürfnisbezogen gelesen werden, es wird eine angstfreie Spracherwerbsumgebung zur Verfügung gestellt und sie behalten einen hohen Anregungsreichtum bereit (vgl. M8). Blogs tragen in hohem Maße zum Erwerb reflexiver Anteile von Lesekompetenz bei, da die Textinhalte überprüfbar gemacht werden können. Anhand von Blogs können intertextuelle und historische Kontexte aus anderen Texten reflektiert und bewertet werden bzw. kommen diese Kontexte

---

[78] Im Folgenden mit „M" abgekürzt.

auch in Blogtexten selbst vor. Außerdem kann ein Text im Blick eigener Erfahrungsbezüge bewertet werden (vgl. M9). Generell weisen alle Blogs einen ähnlichen (hypertextuellen) Aufbau auf. Mittels Einfügen externer Hyperlinks – das Einfügen interner Hyperlinks ist ebenfalls möglich – könne weitere multimediale Elemente eingebunden werden. Hypertextrezeption (und auch -produktion (vgl. M21) kann also in sehr hohem Maße geübt werden. Die potenzielle Gefahr des *cognitive overload* und *lost-in-hyperspace*, die durch die Multimedialität und den komplexen Aufbau von Blogs bedingt ist, wird durch Kohärenzbildungshilfen in Form von Tags abgemildert (vgl. M12+21). In Blogs selbst sind keine Übungen zu *pre-, while-* und *post-reading*-Phasen enthalten. Allerdings wären sie denkbar, da typische in den einzelnen Phasen vorkommende Aktivitäten – wie beispielsweise Textreflexion in der *while-reading*-Phase – generell möglich sind (vgl. M11).

Das Erstellen von Texten in Blogs leistet in sehr hohem Maße einen Beitrag zum produktorientierten Schreiben (im kommunikativen Kontext), das für einen echten Leserkreis inner- und außerhalb des Klassenzimmers bestimmt ist (vgl. M13). Das didaktische Potenzial von Blogs zur Förderung des Schreibprozesses ist als gering einzuschätzen. Planungs- und Überarbeitungsphase sind nur eingeschränkt umsetzbar, die Formulierungsphase kann entweder als Blogeintrag oder Kommentar realisiert werden (vgl. M14). Ein kollaboratives Schreiben eines Textes ist nicht möglich (vgl. M16). Zur Entwicklung von Schreibkompetenz können Blogs aber einen teilweise genutzt werden: Von Anfang an steht die inhaltliche Dimension des Schreibens im Vordergrund. Das Verfassen kleiner Texte ist möglich, die (isolierte) Reproduktion von Wörtern und Strukturen jedoch nicht. Eine freie Textproduktion ist nur in den strukturellen Grenzen von Blogs möglich (vgl. M15). Blogs leisten auch im Bereich des Schreibens einen wichtigen Anteil an der Motivationsförderung: Schreiben ist hier teilweise ein Ausdruck persönlicher Eindrücke und Erlebnisse und dient der Realisierung von Kommunikation, hat also einen klaren Sinn. Der eigene Text wird von einem Leserkreis inner- und außerhalb des Klassenzimmers gelesen (vgl. M20). Teilweise stützen Blogs auch die Notwendigkeit einer integrierten Kompetenzvermittlung (eine separierte wäre zwar möglich, ist aber nicht im Sinne dieser Web 2.0-Anwendung). Lese- und Schreibaktivitäten sind oft – aber nicht immer – in einem kommunikativen Kontext eingebettet. Mehrere Kompetenzen können in einer Aktivität geschult werden und abwechslungsreiches Wiederholen sprachlicher Aktivitäten ist zwar nicht in dieser Applikation selbst intendiert, ist jedoch denkbar. Das Beherrschen verschiedener interaktive Sprachverwendungssituationen kann mit dieser Anwendung jedoch weniger gefördert werden (vgl. M24). Blogs weisen schließlich auch ein hohes Potenzial zur Förderung von schriftlicher Interaktion auf: Es kann zu zeitversetzter, indirekter Interaktion kommen (vgl. M25). Damit weisen sich Blogs als asynchrone Kommunikationsformen aus (vgl. M26). Und schließlich enthalten Blogs auch Elemente einer elektronischen Interaktion bereit: Es kommt z.T. zu einer Bild-Text-Interaktion und es wird ersichtlich, dass der technisch-strukturelle Aufbau von Blogs die möglichen Eingaben und auch das Kommunikationsverhalten beeinflusst (vgl. M27). So beeinflusst er beispielsweise die zur Verfügung stehenden Textsorten, die vorhandenen medialen Elemente, das starke Vorhandensein hypertextueller Bausteine etc. Das Benutzen einer bestimmten Komponente – Blogeintrag oder Kommentar etc. – beeinflusst in hohem Maße schriftliche Interaktion, Kommunikation, Textsorte, Lese- und Schreibvarianten, Schreibprozess in seinen verschiedenen Phasen etc.

Abgesehen von den Zusammenhängen zwischen strukturellem Aufbau und didaktischer Leistung, gibt es zwei grundlegende Bedingungen, die das didaktische Potenzial von Blogs konstituieren: Die Anonymität der Nutzer und die Öffentlichkeit aller Beiträge. Die häufig fehlenden Angaben zum Blogautor erschweren nicht nur die Beurteilung einer Textintention, sondern auch die Beurteilung seines sprachlichen Inputs – wie diatopische Varietät, Register etc. – und seiner soziokulturellen Perspektive. Somit können vorfindliche Textsortenmerkmale auch schwer zu soziokulturellen Bedingungen in Verbindung gesetzt werden. Weiterhin können hispanophone Bezüge schwerer identifiziert und auf einen eventuell auftretenden Eurozentrismus hin untersucht werden. Dasselbe trifft für die Anonymität der Kommentatoren zu, die häufig einen Nickname verwenden. Ausgangs- und Zielkultur sind im Rahmen von Lese- und Schreibprozessen nur sehr schwer identifizierbar, so dass beispielsweise beim Schreiben die (Textsorten-)Konventionen der Ausgangs- und Zielkultur nicht berücksichtigt werden können. Generell ist jeder verfasste Blogeintrag oder Kommentar öffentlich sichtbar. Dies hat den Vorteil, dass alle Texte einem breiten Publikum verfügbar gemacht sind, was die thematische Breite von Blogs signifikant erhöht. Nachteilig ist es insofern, da eine direkte Kommunikation mit einer speziellen Person nicht möglich ist und die Kommunikation über die Kommentarfunktion durch andere Nutzer „durcheinander gebracht" (vgl. M25b, vierte Spalte) werden kann. Dies impliziert auch, dass Textsorten, die eine 1:1 Kommunikationssituation voraussetzen, nicht vorkommen. Zusammenfassend ist besonders das adressatengerechte Schreiben durch die zwei aufgeführten Bedingungen entscheiden (negativ) beeinträchtigt.

Im Vergleich zu curricularen Setzungen halten Blogs folgende zusätzliche Lerngelegenheiten bereit: In besonders hohem Maße weisen sie auf den Sachverhalt der Lese- und Schreibmotivation hin, deren Förderung in bildungspolitischen Rahmenvorgaben nicht als verbindliche Zielvorgabe erwähnt wird. Emotionale und reflexive Aspekte sowie Gelegenheiten zur Anschlusskommunikation zeigen mögliche Begriffserweiterungen von Lesekompetenz auf. Die häufig vorkommende Hypertextrezeption und -produktion impliziert eine Erweiterung von Lese- und Schreibkompetenz, insbesondere im Hinblick auf zu erlernende elektronische Textsorten und das Navigieren als beispielsweise neue Realisierungsform des überfliegenden Lesens. Die Analyse des sprachlichen Inputs weist auf das Vorkommen neuer schriftsprachlicher Varianten hin, die besonders auch konzeptionell mündlichen Anteile enthalten. Sie unterstützen die Forderung, Lesen und Schreiben nicht nur als „schriftsprachliche" Kompetenzen zu bezeichnen. Das Vorhandensein von *bottom-up* und *top-down*-Prozessen weist auch darauf hin, Lesen nicht als „rezeptive" Kompetenz zu bezeichnen. Weiterhin verweist das didaktische Potenzial von Blogs auch auf die Notwendigkeit, Kompetenzen integriert zu vermitteln und nicht separiert zu betrachten. Mehrere Merkmalsausprägungen treffen bei dieser Web 2.0-Anwendung zu. Diese Kategorie müsste, mehr als bisher, in curriculare Vorgaben integriert werden. Und schließlich zeigen Blogs auch die Notwendigkeit einer weiteren Begriffsentwicklung auf, des Begriffs der „Mensch-Maschine-Interaktion". Diese Kategorie kann mit Hilfe von Blogs gut realisiert werden, es fehlt hier aber noch an fundierten Begriffsbeschreibungen und Subkategorien (sowohl in curricularen Setzungen als auch in fremdsprachendidaktischer Literatur).

4.4.3 Einzelergebnisse II – Das didaktische Potenzial von Facebook

Auf den nachfolgenden Seiten wird nun das didaktische Potenzial von Facebook zur Förderung der funktionalen Kompetenzen Lesen und Schreiben erläutert. Die Auswertung bezieht sich auf die Angaben im Anhang vier.

Bezüglich der verschiedenen Lesarten kann Facebook, abgesehen vom analytischen Lesen, einen Beitrag zu fast allen Arten leisten. Auch eine Förderung kreativen und analytischen Lesens ist denkbar. Wichtig ist hier, dass ein und derselbe Text in verschiedenen Lesarten gelesen werden kann, eine Lesart jedoch nicht explizit von einem Text auf Facebook „gefordert" wird, sondern von der Leseintention abhängt (vgl. M1). Facebook kann auch die kognitiven Prozesse fördern, die während des Lesens ablaufen. Beim Lesen kommen hier beide vor, aber besonders *top-down*-Prozesse können durch evtl. sich anschließende Sprachproduktion nach außen hin abgebildet werden kann (vgl. M2). Textsortengemäßes Lesen und Schreiben kann an einer gewissen Anzahl von Textsorten geübt werden: Das sind v.a. private Nachrichten, Kommentare, Meinungsäußerungen, Diskussionen, Beratungsgespräche und Gästebucheinträge. Durch das Einbinden von Links ist ein Zugang zu weiteren Textsorten möglich. Allgemein handelt es sich hier eher um Textsorten, die der Unterhaltung und Kommunikation dienen. Für die einzelnen Facebook-Komponenten (Private Nachricht, Pinnwandeintrag etc.) gibt es keine sprachlichen Schablonen als Vorlage, es erfolgt eher eine Orientierung an analogen Textsorten (vgl. M3). Thematisch gesehen bietet Facebook nur eingeschränkte Potenziale (für Lesen und Schreiben), obwohl es prinzipiell keine thematischen Vorgaben seitens der Plattforminhaber gibt. Es stehen nicht so sehr Themen, sondern der Mensch und seine Beziehungen im Mittelpunkt. Thematische Abwechslung, vielfältige Bezüge zu hispanophonen Kulturen und soziokulturelle Erfahrungen und Einsichten können nur bedingt vermittelt werden (vgl. M4+18). Ein sehr hohes didaktisches Leistungsvermögen weist Facebook hingegen zur Förderung von Lesemotivation auf: Es hält, echte Leseanreize und lernerrelevante Inhalte bereit, ermöglicht eine Lektüreauswahl durch die Lernenden und kann insbesondere zur Förderung einer tätigkeitsspezifischen Motivation beitragen. Außerdem bietet es Aussicht auf Anschlusskommunikation mit Gleichaltrigen (vgl. M5). Generell ist Facebook ein sehr hohes Potenzial zur Förderung von Anschlusskommunikation inhärent: Soziale Interaktion und produktive Textverarbeitung über das Gelesene sind innerhalb dieser Web 2.0-Anwendung möglich (M10). Texte in Facebook halten authentisches Sprachmaterial bereit, dessen Gesamtheit von verschiedenen Personen geschaffen ist. Es kann konzeptionell schriftlichen oder mündlichen sprachlichen Input bereithalten. Verschiedene diatopische Varietäten sind denkbar, die soziolinguistisch im Allgemeinen jedoch eher dem *registro coloquial* zuzuordnen wären (vgl. M6). Facebook leistet weiterhin einen Beitrag zur Förderung emotionaler Aspekte von Lesekompetenz: Eine bedürfnisbezogene Textauswahl und eine angstfreie Spracherwerbsumgebung – außer wenn man unter Zeitdruck lesen muss, weil der Gesprächspartner im Chat auf eine Antwort wartet –, sowie eine anregungsreiche Lernumgebung werden in hohem Maße ermöglicht (vgl. M8). In Bezug auf Reflexionsprozesse ist sein Potenzial eingeschränkt: Ein Nachdenken und Bewerten eines Textes in der Perspektive eigener Erfahrungsbezüge ist möglich (vgl. M9). Übungstypen zur Leseförderung sind nicht explizit enthalten. Sie müssten im Rahmen einer didaktischen Aufbereitung erst integriert werden (vgl. M11). Durch seine Textgestaltung (die durch Multimedialität in Form von externen Hyperlinks, fehlende graphische Gestaltungsmöglichkeiten von Texten und (die immer als Rahmen fungierenden) Menüleisten gekennzeichnet ist) bietet es nur es mäßige Lerngelegenheiten zur Rezeption von Hypertexten und stellt teilweise Kohärenzbildungshilfen bereit. Durch die Multimedialität besteht auch die Gefahr eines *cognitive overload* (vgl. M12). Da das Setzen interner Links nicht möglich ist, ist eine „echte" Hypertextproduktion[79] nicht möglich (vgl. M21). Das Erstellen von Texten in Facebook leistet in sehr hohem Maße einen Beitrag zum produktorientierten Schreiben (im kommunikativen Kontext), das für einen echten Leserkreis inner- und außerhalb des Klassenzimmers bestimmt ist (vgl. M13). Das didaktische Potenzial zur Förderung des Schreibprozesses ist als gering einzuschätzen: Die Formulierungsphase ist gut anwendbar, das Planen und Überarbeiten eines Textes ist so gut wie nicht möglich. Am Textprodukt selbst, kann die Textentstehung nicht nachvollzogen werden (vgl. M14). Ein kollaboratives Schreiben ist ebenfalls nicht möglich (vgl. M16). Zur Entwicklung von Schreibkompetenz leistet Facebook aber einen teilweise wichtigen Beitrag: Von Anfang an steht die inhaltliche Dimension des Schreibens im Vordergrund. Das Verfassen kleiner Texte ist möglich, die (isolierte) Reproduktion von Wörtern und Strukturen jedoch nicht. Eine freie Textproduktion ist aber nur in den strukturellen Grenzen von Facebook möglich. Ein adressatengerechtes Schreiben kann in sehr hohem Maße entwickelt werden, da es – besonders im Falle einer privaten Nachricht – konkrete Adressaten gibt (vgl. M15). Der Beitrag von Facebook zur Vorwissensaktivierung vor dem Schreiben (und Lesen) ist als sehr gering einzuschätzen: Eine solche Aktivierung wird nicht explizit gefördert, durch das Lesen von Texten spanischsprachiger Freunde wäre evtl. eine Aktivierung textsortenspezifischen Wissens denkbar (vgl. M19+7). Facebook leistet im Bereich des Schreibens auch einen sehr wichtigen Anteil an der Motivationsförderung: Schreiben ist hier ein Ausdruck persönlicher Eindrücke und Erlebnisse und dient der Realisierung von Kommunikation, hat also einen klaren Sinn. Der eigene Text wird von einem Leserkreis inner- und außerhalb des Klassenzimmers gelesen (vgl. M20). Generell stützt Facebook die Notwendigkeit einer integrierten Kompetenzvermittlung (eine separierte wäre zwar möglich, widerspricht aber der Grundidee von Facebook, das v.a. Interaktion und Kommunikation ermöglichen will). Lese- und Schreibaktivitäten sind stets in einem kommunikativen Kontext eingebettet; es gibt eine Vielzahl interaktiver Sprachverwendungsmöglichkeiten. Ein abwechslungsreiches Wiederholen sprachlicher Aktivitäten ist zwar nicht in dieser Web 2.0-Plattform selbst intendiert, ist jedoch denkbar (vgl. M24). Facebook weist schließlich auch ein sehr hohes Potenzial zur Förderung von schriftlicher Interaktion auf. Es kommen sowohl direkte menschliche Interaktion, als auch zeitversetzte, indirekte Interaktion vor (vgl. M25). Das verweist auf das Vorkommen asynchroner und quasisynchroner Kommunikationsformen (vgl. M26). Und schließlich zeigt Facebook auch eine elektronische Interaktion auf: Es kommt z.T. zu einer Bild-Text-Interaktion und es wird ersichtlich, dass der technisch-strukturelle Aufbau von Facebook die möglichen Eingaben und auch das Kommunikationsverhalten beeinflusst (vgl. M27). So hat es beispielsweise Einfluss auf die zur Verfügung stehenden Textsorten bzw. den Sachverhalt, dass es keine sprachlichen Schablonen für die Textsorten in Form von Formularen gibt (so dass eine Einga-

---

[79] Begründung: Als Arbeitsdefinition für den Begriff des Hypertexts wurde festgelegt (vgl. 2.4 dieses Buches), dass es sich um das konkret vorliegende Hypertextdokument bezieht und nicht auf das ganzes System des Hypertexts. Das heißt, es

be nicht nach bestimmten Mustern und Textbausteinen folgen muss) etc. Das Benutzen einer bestimmten Komponente – z.B. private Nachricht oder Kommentar – wirkt in hohem Maße auf die sprachliche Interaktion, die Kommunikation, Textsorte, Thema, Lese- und Schreibvarianten ein etc.

Abgesehen davon, gibt es zwei grundlegende Bedingungen, die das didaktische Potenzial von Facebook nicht nur beeinflussen, sondern konstituieren. Zum ersten sind das die Zugänglichkeit von Personenprofilen/ Texten/ Bildern/ Kommentaren etc. und damit verbunden auch die Privatsphäreeinstellungen einer Person. Sie bestimmen in entscheidendem Maße die Quantität der zur Verfügung stehenden Texte (die die jeweiligen Personen schreiben), Medienangebote, Textsorten und Themen (über die die „zugänglichen" Personen sich äußern). Sie beeinflussen Gelegenheiten für kommunikationsorientierte Schreibanlässe (mit welchen Personen kann gechattet werden etc.) sowie die konkreten Adressaten eines Schreibprodukts (z.B. wer einen verfassten Pinnwandeintrag sehen darf u.ä.). Nicht nur die Zugänglichkeit von Personenprofilen ist eine wichtige Einflussgröße, sondern auch die Tatsache, mit wem man überhaupt – uns insbesondere auch, ob man mit spanischen Muttersprachlern – auf Facebook befreundet ist. Dies entscheidet in signifikant hohem Maße über die Art des sprachlichen Inputs – ob eher nähe- oder distanzsprachlich, welche diatopische Varietät, das soziolinguistische Register etc. –, aber auch die Themenfelder, über die geschrieben wird. Weiterhin beeinflusst das die Existenz zielsprachlicher Textkonventionen und Textsorten, sowie inwieweit vielfältige hispanophone Bezüge und soziokulturelle Erfahrungen überhaupt möglich sind. **Die o.g. Auflistung der didaktischen Potenziale ging davon aus, dass die letztgenannten Einflussgrößen in einem positiven Maß vorhanden waren**. Ist dies nicht der Fall, so verliert Facebook sein (gesamtes) didaktisches Potenzial zur Förderung von Lese- und Schreibkompetenz im Spanischunterricht. Um eine solche positive Situation herzustellen, wären Austauschprogramme nötig, die wie gängige E-Mail-Projekte im FSU, Facebook als Kommunikationsmedium benutzen, damit beispielsweise deutsche und spanische Schüler über diese Anwendung kommunizieren könnten (vgl. Grünewald 2009b: 176f).

Im Vergleich zu curricularen Setzungen hält Facebook folgende zusätzliche Lerngelegenheiten bereit: In besonders hohem Maße weist es auf Lese- und Schreibmotivation hin, die in curricularen Setzungen kaum als anzustrebendes Ziel erwähnt werden. Emotionale Aspekte und Gelegenheiten zur Anschlusskommunikation zeigen mögliche Begriffserweiterungen von Lesekompetenz auf. Die Analyse des sprachlichen Inputs weist auf das Vorkommen neuer schriftsprachlicher Varianten hin, die auch konzeptionell mündlichen Anteile enthalten. Sie unterstützen die Forderung, Lesen und Schreiben nicht als „schriftsprachliche" Kompetenzen zu bezeichnen. Das Vorhandensein von *bottom-up* und *top-down*-Prozessen weist auch darauf hin, Lesen nicht als „rezeptive" Kompetenz zu bezeichnen. Weiterhin verweist das didaktische Potenzial von Facebook auch auf die Notwendigkeit, Kompetenzen integriert zu vermitteln und nicht separiert zu betrachten. Alle Merkmalsausprägungen treffen bei dieser Web 2.0-Anwendung zu. Gleiches gilt für den Sachverhalt der schriftlichen Interaktion. Diese beiden Kategorien müssten, mehr als bisher, in curriculare Vorgaben integriert werden. Und schließlich weist es auch auf die Notwendigkeit einer weiteren Begriffsentwicklung hin, des Begriffs der „Mensch-Maschine-Interaktion". Diese Kategorie kann mit Hilfe von

Facebook gut realisiert werden, es fehlt hier aber noch an fundierten Begriffsbeschreibungen und Subkategorien (sowohl in curricularen Setzungen als auch in fremdsprachendidaktischer Literatur).

4.4.4 Einzelergebnisse III – Das didaktische Potenzial von YouTube

In diesem Unterpunkt wird nun das didaktische Potenzial von **YouTube** zur Förderung von Lese- und Schreibkompetenz ausgewertet. Die Auswertung bezieht sich auf die Angaben im Anhang fünf und sechs.

Abgesehen vom kreativen Lesen, kann YouTube einen Beitrag zu allen Arten leisten. Auch eine Förderung analytischen Lesens ist grundsätzlich denkbar. Wichtig ist hier, dass die zur Verfügung stehenden Texte in verschiedenen Lesarten gelesen werden können und von der Leseintention abhängen (vgl. M1). Bezüglich der kognitiven ablaufenden Prozesse ist zu sagen, dass beide zwar vorkommen, aber besonders *top-down*-Prozesse durch evtl. sich anschließende Sprachproduktion nach außen hin abgebildet werden können (vgl. M2). Das beherrschen Lesen einiger Textsorten kann durch YouTube geübt werden: Das sind v.a. Titel, Bildüberschriften, Bildbeschreibungen, Hypothesen, Kommentare, Meinungsäußerungen, Ideen, Danksagungen, Feedback und einfache Mitteilungen. Für die einzelnen YouTube-Komponenten (Bildbeschreibung, Bildtitel, Kommentar etc.) gibt es keine sprachlichen Schablonen als Vorlage, es erfolgt eher eine Orientierung an analogen Textsorten (vgl. M3). Diese Textsorten können mit YouTube auch im Schreiben gefördert werden. Es ist zu ergänzen, dass es sich hier eher um strukturell einfache, aber zusammenhängende Texte handelt, bei der die Konventionen der Ausgangs- und Zielkultur nur schwer beachtet werden können (vgl. M17). In thematischer Hinsicht hält YouTube sehr vielfältige Lerngelegenheiten bereit: Es finden sich Einträge zu verschiedensten thematischen Kategorien, die sowohl alltägliche als auch abstrakte Themenbereiche umfassen können. Eine vielfältige Themenwahl ist somit möglich (wodurch ein interessegeleitetes Lesen ermöglicht wird (vgl. M5). Selbst historische Themen, vielfältige Bezüge zu hispanophonen Kulturen als auch Themen aus der Lebenswelt der SuS finden sich hier. Anhand dieser Themen können Lese- und Schreibkompetenz gefördert werden (vgl. M4+18). Ein sehr hohes Leistungsvermögen zeigt YouTube hinsichtlich der Begünstigung von Lesemotivation auf: YouTube stellt echte Leseanreize bereit und kann eine themenspezifische, aber auch eine tätigkeitsspezifische Lesemotivation fördern. Prinzipiell ermöglicht diese *social-sharing*-Plattform auch den Aufbau eines Erwartungshorizonts vor dem Lesen und eine Anschlusskommunikation mit Gleichaltrigen (vgl. M5). Innerhalb dieser Web 2.0-Anwendung kann im hohen Maße eine Anschlusskommunikation über das Gelesene realisiert werden und man kann mit anderen über einen Text in Kommunikation treten und diesen produktiv verarbeiten (vgl. M10). Verschiedene YouTube-Einträge weisen einen sehr heterogenen (aber dafür authentischen) sprachlichen Input auf. Dieser hängt in entscheidendem Maße vom Verfasser und der jeweils benutzten Komponente – Titel, Bildbeschreibung oder Kommentar – ab. Verschiedene diatopische Varietäten und Register sind möglich. Teilweise enthalten die vorkommenden Texte stark konzeptionell mündliche Anteile (vgl. M6). Eine Vorwissensaktivierung kann mit YouTube grundsätzlich realisiert werden, besonders von thematischem Wissen (vgl. M7). Vor dem Schreiben ist auch eine Aktivierung von thematischem

Wissen, aber auch eingeschränkt sprachlichem und Diskurswissen denkbar (vgl. M19). Generell müsste zur Vorwissensaktivierung allerdings eine didaktische Aufbereitung stattfinden, da diese Aktivitäten nicht explizit in YouTube enthalten sind (vgl. M7+19). Teilweise können auch emotionale Aspekte von Lesekompetenz gefördert werden, da eine vielfältige bedürfnisbezogene Textauswahl und eine angstfreie Spracherwerbsumgebung – außer wenn sich ein Leser durch einen teilweise nicht angemessenen sprachlichen Ausdruck negativ emotional involviert fühlt – bereitgestellt werden (vgl. M8). Textreflexion kann nur in sehr eingeschränktem Maße gefördert werden. Ein Text kann lediglich helfen, über eigene Erfahrungsbezüge zu einem Text nachzudenken und ihn im Hinblick dieser zu bewerten (vgl. M9). Generell weisen alle YouTube-Seiten einen ähnlichen (hypertextuellen) Aufbau auf, der v.a. durch eine bestimmte Anordnung von Such-, Menü- und Ergebnisleisten bestimmt ist, die in Form von Hyperlinks auf weitere Einträge verweisen. Hypertextrezeption kann somit in hohem Maße geübt werden, wobei aber nur ungenügend Kohärenzbildungshilfen vorhanden sind, die eventuelle Leseschwierigkeiten abmildern (vgl. M12). Eine Hypertextproduktion ist jedoch nur sehr eingeschränkt möglich, da das Einfügen von internen Links und Hyperlinks nur teilweise durchführbar ist (vgl. M21). In YouTube selbst sind keine Übungen zu *pre-, while-* und *post-reading*-Phasen enthalten. Allerdings wären sie teilweise denkbar, da typische in den einzelnen Phasen vorkommende Aktivitäten – wie beispielsweise Textreflexion in der *while-reading*-Phase – zum Teil möglich sind (vgl. M11). Das Erstellen von Texten in YouTube leistet in hohem Maße einen Beitrag zum produktorientierten Schreiben, da Schreibprodukte von einem Leserkreis inner- und außerhalb des Klassenzimmers rezipiert werden können (vgl. M13). Das didaktische Potenzial zur Förderung des Schreibprozesses mit seinen drei Phasen ist als gering einzuschätzen. Nur die Planungs- und Formulierungsphase sind eingeschränkt übbar, aber nicht in ihrer Entstehung nachvollziehbar (vgl. M14). Kollaboratives Schreiben ist nicht möglich (vgl. M16). Zur Entwicklung von Schreibkompetenz trägt YouTube teilweise bei. Von Anfang an steht die inhaltliche Dimension des Schreibens im Vordergrund. Das Verfassen kleiner Texte ist möglich, die (isolierte) Reproduktion von Wörtern und Strukturen jedoch nicht. Eine freie Textproduktion ist nur in den strukturellen Grenzen von YouTube möglich (vgl. M15). Im Bereich des Schreibens leistet YouTube einen mäßigen Beitrag zur Motivationsförderung: Schreiben dient hier nur teilweise dem Ausdruck persönlicher Eindrücke und Erlebnisse. Ein echter Leserkreis existiert aber in jedem Fall (vgl. M20). Generell stützt YouTube die Notwendigkeit einer integrierten Kompetenzvermittlung. Mehrere Kompetenzen können in einer Aktivität geschult werden, es existieren interaktive Sprachverwendungssituationen und auch ein abwechslungsreiches Wiederholen sprachlicher Aktivitäten ist prinzipiell denkbar. Allerdings sind Lese- und Schreibaktivitäten nicht immer in einen kommunikativen Kontext eingebettet (vgl. M24). Weiterhin weist YouTube ein mittleres Potenzial zur Förderung schriftlicher Interaktion auf: Eine indirekte, zeitversetzte menschliche Interaktion ist nur eingeschränkt möglich, die spezifischen Kontexte sprachlichen Handelns bleiben erhalten (vgl. M25). Damit verweist YouTube auf das Vorkommen einer asynchronen Kommunikationsform (vgl. M26). Und schließlich enthält YouTube auch Elemente elektronischer Interaktion: Es kommt eine hohe Bild-Text-Interaktion vor und es wird ersichtlich, dass der technisch-strukturelle Aufbau von

YouTube die möglichen Eingaben und auch das Kommunikationsverhalten mitbestimmt (vgl. M27).

Durch den Aufbau von YouTube können Hypertexte nur sehr eingeschränkt produziert und Suchanfragen werden autovervollständigt. Das Benutzen einer bestimmten Komponente (z.B. Kommentarfunktion oder Bildüberschrift) beeinflusst in großem Umfang die Textsorte, Lese- und Schreibvarianten, den Schreibprozess sowie das Einfügen weiterer Elemente. Wegen der vorhandenen Komponenten (wie beispielsweise der Kommentarfunktion) kann die Kommunikation nicht synchron sein und es kann auch keine 1:1 Kommunikation stattfinden.

Abgesehen davon, gibt es drei grundlegende Bedingungen, die das didaktische Potenzial von YouTube als Gesamtes beeinflussen: Die (relative) Anonymität der Nutzer, die Öffentlichkeit aller Beiträge und das hohe Aufkommen von Videoclips. Die häufig fehlenden Angaben zur hochladenden Person erschweren nicht nur die Beurteilung einer Text- und Autorenintention, sondern auch die Beurteilung ihres sprachlichen Inputs – wie diatopische Varietät, Register etc. – und ihrer soziokulturellen Perspektive. Somit können vorfindliche Textsortenmerkmale auch schwer zu soziokulturellen Bedingungen in Verbindung gesetzt werden. Weiterhin können hispanophone Bezüge schwerer identifiziert und auf einen eventuell auftretenden Eurozentrismus hin untersucht werden. Die Durchführung weiterer textreflexiver Tätigkeiten ist ebenfalls erschwert. Dasselbe trifft für die Anonymität der Kommentatoren zu, die häufig einen Nickname verwenden. Ausgangs- und Zielkultur sind im Rahmen von Lese- und Schreibprozessen nur sehr schwer identifizierbar, so dass beispielsweise beim Schreiben die (Textsorten-) Konventionen der Ausgangs- und Zielkultur nicht berücksichtigt werden können. Generell ist jeder verfasste Eintrag zu einem Video oder Kommentar öffentlich sichtbar. Dies hat den Vorteil, dass alle Texte für ein breites Publikum verfügbar sind, was die thematische Breite von YouTubes Inhalten signifikant erhöht. Nachteilig ist es insofern, da eine direkte Kommunikation mit einer speziellen Person nicht möglich ist und die Kommunikation über die Kommentarfunktion durch andere Nutzer „durcheinander gebracht" (vgl. M20c, vierte Spalte) werden kann. Dies impliziert auch, dass Textsorten, die eine 1:1 Kommunikationssituation voraussetzen, nicht vorkommen. Zusammenfassend betrachtet ist besonders das adressatengerechte Schreiben durch die zwei aufgeführten Bedingungen entscheidend beeinträchtigt. Das hohe Aufkommen von Videoclips beeinflusst Lese- und Schreibprozesse als Ganzes ebenfalls nachhaltig: Die Inhalte eines Clips geben die thematische Ausrichtung für Bildtitel und Bildbeschreibung vor. Dasselbe trifft auch teilweise für die Kommentarfunktion zu. Weiterhin sind Clips mit ihren Inhalten sowohl Lese- und Schreibanlass. Sie sind auch ein möglicher Aspekt einer tätigkeitsspezifischen Motivation (sofern ‚Clips sehen' eine bevorzugte Tätigkeit ist). Außerdem beschränken sie das Vorkommen von Textsorten auf solche, die in irgendeiner Art und Weise den Umgang mit Clips beinhalten. Und schließlich sind Videos auch grundlegender Teil der in YouTube vorliegenden Multimedialität. Lesen und Schreiben finden somit in sehr enger Verbindung zum ‚Sehen' statt und erweitern eine integrierte Kompetenzvermittlung von Lesen und Schreiben um eine dritte Aktivität.

Im Vergleich zu curricularen Setzungen hält YouTube folgende weiterführende Lerngelegenheiten bereit: In besonders hohem Maße weist es auf motivationale Faktoren von Lesen und Schreiben hin, deren Förderung in bildungspolitischen Vorgaben nicht als verbindlich zu erreichendes

Ziel vorgeschrieben ist. Emotionale und reflexive Aspekte sowie Gelegenheiten zur Anschlusskommunikation zeigen mögliche Begriffserweiterungen von Lesekompetenz auf. Die häufig vorkommende Hypertextrezeption impliziert eine Erweiterung von Lese- und Schreibkompetenz, insbesondere im Hinblick auf zu erlernende elektronische Textsorten und das Navigieren als beispielsweise neue Realisierungsform des überfliegenden Lesens. Die Analyse des sprachlichen Inputs weist auf das Vorkommen neuer schriftsprachlicher Varianten hin, die besonders auch konzeptionell mündlichen Anteile enthalten. Sie unterstützen die Forderung, Lesen und Schreiben nicht als „schriftsprachliche" Kompetenzen zu bezeichnen. Das Vorhandensein von *bottom-up* und *top-down*-Prozessen weist auch darauf hin, Lesen nicht als „rezeptive" Kompetenz zu bezeichnen. Weiterhin verweist das didaktische Potenzial von YouTube auch auf die Notwendigkeit, Kompetenzen integriert zu vermitteln und nicht separiert zu betrachten. Mehrere Merkmalsausprägungen treffen bei dieser Web 2.0-Anwendung zu. Diese Kategorie müsste, mehr als bisher, in curriculare Vorgaben integriert werden. YouTube-Einträge verweisen abschließend auch auf die Wichtigkeit einer sog. „Mensch-Maschine-Interaktion" und da besonders auf die Bild-Text-Interaktion und die Reaktion der Web 2.0-Anwendung auf menschliche Sucheingaben. Diese Kategorie kann mit Hilfe von YouTube gut realisiert werden, es fehlt hier aber noch an fundierten Begriffsbeschreibungen und Subkategorien (sowohl in curricularen Setzungen als auch in fremdsprachendidaktischer Literatur). YouTube zeigt hier auf, dass es notwendig ist, diesen Begriff weiterzuentwickeln.

4.4.5 Einzelergebnisse IV – Das didaktische Potenzial von Wikis

Im folgenden Abschnitt wird nun das didaktische Potenzial von (öffentlich zugänglichen) Wikis dargestellt. Die Auswertung bezieht sich auf die Angaben im Anhang sieben und acht.

Wikis können zur Förderung aller Lesarten einen Beitrag leisten. Insbesondere das analytische Lesen kann mit dieser Web 2.0-Anwendung trainiert werden (vgl. M1). Beim Lesen eines Wiki-Textes kommen beide kognitiven Prozesse vor, aber besonders *top-down*-Prozesse können durch evtl. sich anschließende Sprachproduktion nach außen hin abgebildet werden (vgl. M2). Das Beherrschen einiger Textsorten kann in einem Wiki geübt werden: Das sind v.a. Enzyklopädie-Einträge, Glossare, Anleitungen; aber auch Meinungsäußerungen, Argumentationen, Kommentare oder kurze Berichte. (vgl. M3). Anhand dieser Textsorten (weitere sind in einem selbst erstellten Wiki denkbar) kann auch Schreibkompetenz erworben werden. Bei den verfassten Texten kann es sich um strukturell einfache, aber auch komplexe und zusammenhängende Texte handeln, bei der jedoch die Konventionen der Zielkultur nur schwer beachtet werden können. Zum Teil gibt es für bestimmte Wiki-Komponenten sprachliche Schablonen als Vorlage. Das trifft insbesondere für die Wiki-Einträge selbst zu (Diese sprachlichen Muster unterscheiden sich allerdings je nach Wiki) (vgl. M17). Thematisch gesehen bieten Wikis in bestimmten Aspekten wichtige Beiträge zur Lese- und Schreibförderung: Prinzipiell kann zu jedem erdenklichen Thema ein Wiki erstellt werden, eine Vernetzung zu anderen Einträgen desselben Wikis ist möglich. Durch den sachlichen Duktus von Wiki-Einträgen ist es wahrscheinlicher, dass v.a. eine kognitive Auseinandersetzung mit Themen bewirkt werden kann (vgl. M4+18). Ein sehr hohes Leistungsvermögen zeigen Wikieinträge hinsichtlich der Begünstigung von Lesemotivation auf: Sie stellen echte Leseanreize bereit und können eine themenspezifische, aber auch eine tätigkeitsspezifische Lesemotivation fördern. Prinzipiell ermöglicht diese Web 2.0-Anwendung auch die Schaffung eines Erwartungshorizonts und eine Anschlusskommunikation mit Gleichaltrigen (vgl. M5). Mit Wikis kann sehr gut eine Anschlusskommunikation über das Gelesene stattfinden: Man kann mit anderen über einen Text in Kommunikation treten und diesen produktiv weiterverarbeiten (vgl. M10).

Das Sprachmaterial in (öffentlich zugänglichen) Wiki-Einträgen enthält vorwiegend konzeptionell schriftliche Merkmale und kann tendenziell dem *registro culto* zugeordnet werden. Sprachliche Normen der *Real Academia Española* sind weitestgehend realisiert. Die Beiträge auf der Diskussionsseite können allerdings von dieser eher abweichen und auch vermehrt konzeptionell mündliche Sprache aufweisen (vgl. M6). I.d.R. bieten Wikis authentische Sprache und Schreibanlässe zur Kompetenzförderung an (vgl. M22). Sie können auch einen hohen Beitrag zur Vorwissensaktivierung leisten: Wiki-Texte verfügen über verschiedene vorwissensaktivierende Elemente, die thematisches Wissen (vgl. M7+19), aber auch in begrenztem Maße sprachliches Wissen, sowie Textsorten- und Diskurswissen aktivieren können. (vgl. M19). Allerdings müssten solche Aktivitäten didaktisch aufbereitet werden (vgl. M7+19). Zum Teil können auch emotionale Aspekte von Lesekompetenz gefördert werden: eine bedürfnisbezogene Textauswahl, eine angstfreie Spracherwerbsumgebung und hohes Anregungsreichtum durch eine multimediale Umgebung (vgl. M8). In hohem Maße können Wikis auch reflexive Anteile von Lesekompetenz entwickeln: Textinhalte können überprüfbar gemacht werden. Intertextuelle und historische Kontexte werden verwendet und oft auch (mittels Hyperlink) explizit gemacht (vgl. M9). Gestaltungstechnisch sind Wiki-Einträge durch (interne und externe) Hyperlinks sowie multimediale Elemente gekennzeichnet. Kohärenzbildungshilfen erleichtern die Orientierung innerhalb eines Eintrags. Hypertextrezeption und -produktion können in einem Wiki sehr gut geübt werden (vgl. M12+21). In Wikis selbst sind keine Übungen zu *pre-, while-* und *post-reading*-Phasen enthalten. Allerdings wären sie teilweise denkbar, da typische in den einzelnen Phasen vorkommende Aktivitäten – wie beispielsweise Vorwissensaktivierung in der pre-*reading*-Phase – möglich sind (vgl. M11). Das Erstellen von Texten in Wikis leistet einen großen Beitrag zum produktorientierten Schreiben. Texte werden für einen Leserkreis inner- und außerhalb des Klassenzimmers (sofern es sich um ein öffentliches Wiki handelt) verfasst und von diesem rezipiert (vgl. M13). Als besonders hoch ist das didaktische Potenzial zur Förderung von Schreibprozessen einzuschätzen: Alle drei Phasen können sehr umfassend realisiert werden, da sie im Schreibprodukt selbst sichtbar sind und so die Entstehung eines Textes nachvollziehbar machen können (vgl. M14). Kollaboratives Schreiben bzw. Überarbeiten eines Textes kann ebenfalls mit einem Wiki sehr gut geübt werden (vgl. M16). Zur Entwicklung von Schreibkompetenz tragen Wikis teilweise bei. Von Anfang an steht die inhaltliche Seite des Schreibens im Vordergrund. Das Verfassen kleiner Texte ist möglich, die (isolierte) Reproduktion von Wörtern und Strukturen jedoch nicht. Eine freie Textproduktion ist nur in den strukturellen Grenzen von Wikis möglich (vgl. M15). Im Bereich des Schreibens leisten Wikis nur einen mäßigen Beitrag zur Motivationsförderung: Ein echter Leserkreis existiert, aber durch die zu verwendende Wiki-Syntax kann Schreiben evtl. als mühselig empfunden werden (vgl. M20). Grundsätzlich bekräftigen Wikis die

Notwendigkeit einer integrierten Kompetenzvermittlung. Lesen und Schreiben sind zum Teil in einen kommunikativen Kontext eingebettet, mehrere Kompetenzen können in einer Aktivität geschult werden und interaktive Sprachverwendungssituationen kommen vor (vgl. M24). Das Potenzial von Wikis zur Förderung schriftlicher Interaktion kann als mäßig eingeschätzt werden. Eine indirekte, zeitversetzte menschliche Interaktion ist nur eingeschränkt realisierbar (vgl. M25). Damit verweisen Wikis auf das Vorliegen einer asynchronen Kommunikationsform (vgl. M26). Und schließlich enthalten Wikis Elemente elektronischer Interaktion. Bilder und Texte interagieren partiell miteinander. Außerdem wird ersichtlich, dass der technisch-strukturelle Aufbau eines Wikis die möglichen Eingaben und auch das Kommunikationsverhalten beeinflusst (vgl. M27). Wegen des Aufbaus muss bei der Eingabe von Texten eine spezielle Syntax zu verwendet werden, die auch vielfache Gestaltungsoptionen ermöglicht. Die einzelnen Komponenten beeinflussen das Kommunikationsverhalten bedeutsam: Ziel ist die Kommunikation über einen Text (auf der Diskussionsseite) bzw. „nur" die Darstellung eines Textes (im Wiki-Eintrag selbst). Außerdem implizieren sie Unterschiede im sprachlichen Input, den verwendeten Textsorten, dem Textaufbau etc.

Abgesehen davon gibt es drei grundlegende Bedingungen, die das didaktische Potenzial (von öffentlich zugänglichen) Wikis als Gesamtes beeinflussen. Die gängige Anonymität der Benutzer, die Öffentlichkeit aller Beiträge sowie die hohe Transparenz von Arbeitsprozessen. Die ersten zwei Einflussgrößen wurden bereits im vorigen Beispiel „YouTube" (vgl. 4.4.4 dieses Buches) erklärt. Ihre Auswirkungen auf Lese- und Schreibprozesse entsprechen denen im vorher bearbeiteten Fall und werden aus diesem Grund nicht noch einmal ausgeführt. Die Transparenz von Wikis äußert sich einerseits darin, dass häufig konkrete Textmuster für die Erstellung eines Wiki-Eintrags vorgegeben sind. Auf diese Art und Weise werden teilweise auch schon Textintentionen indirekt mitgeteilt (hier: meistens ein sachlicher Duktus eines Wiki-Eintrags mit möglichst neutraler Darstellung eines Themas). Andererseits ermöglicht die *history*-Funktion eines Wikis die Transparenzmachung des gesamten Schreibprozesses in all seinen Phasen. Es ist auch einsehbar, wer welche Veränderungen am Text vorgenommen hat. Auf diese Weise ist auch eine kollaborative Texterstellung und -überarbeitung möglich. Inhaltliche Intentionen, Bedeutungsaushandlungen, verschiedene personelle, kulturelle und inhaltliche Bezüge eines Textes können – sofern sie auf der Diskussionsseite diskutiert wurden – außerdem sichtbar gemacht werden.

Im Vergleich zu curricularen Vorgaben halten Wikis weiterführende Lerngelegenheiten bereit: In Bezug auf die Lesemotivationsförderung zeigen sie ein sehr hohes Potenzial auf. Es wäre darüber nachzudenken, inwieweit motivationale Faktoren der Kompetenzförderung in bildungspolitische Vorgaben integriert werden könnten. Emotionale und reflexive Aspekte sowie Gelegenheiten zur Anschlusskommunikation zeigen ebenfalls mögliche Begriffserweiterungen von Lesekompetenz auf. Hypertextrezeption (und -produktion) implizieren eine Erweiterung von Lese- und Schreibkompetenz im Hinblick auf zu erlernende elektronische Textsorten und das Navigieren als neue elektronische Lesart[80]. Das Vorhandensein von *bottom-up* und *top-down*-Prozessen weist auch darauf hin, Lesen nicht als „rezeptive" Kompetenz zu bezeichnen. Die gute Nachvollziehbarkeit des

---

[80] Zum Beispiel als elektronische Ergänzung zum „Überfliegenden Lesen".

Schreibprozesses und der Textentstehung verweist darauf, Schreiben nicht nur als Produkt, sondern auch als einen Prozess zu begreifen, der zyklisch rekursiv ist. Weiterhin müsste der Schreibkompetenzbegriff um den Aspekt des kollaborativen Schreibens erweitert werden, bei dem nicht nur eine Person, sondern mehrere an einem Text arbeiten. Außerdem verweist das didaktische Potenzial von Wikis auch auf die Notwendigkeit, Kompetenzen integriert zu vermitteln und nicht separiert zu betrachten. Mehrere Merkmalsausprägungen treffen bei dieser Web 2.0-Anwendung zu. Diese Kategorie müsste, mehr als bisher, in curriculare Vorgaben integriert werden. Wiki-Einträge heben schließlich auch die Bedeutung der „Mensch-Maschine-Interaktion" vor, ein Begriff, der jedoch noch konzeptionell weiterentwickelt werden müsste. Es fehlen hier noch fundierte Begriffsbeschreibungen und Subkategorien (sowohl in curricularen Setzungen als auch in fremdsprachendidaktischer Literatur).

4.4.6 Gesamtergebnisse und Fazit

Zusammenfassend werden nun die didaktischen Vor- und Nachteile der einzelnen Web 2.0-Anwendungen für die Lese- und Schreibkompetenzförderung (in fremdsprachendidaktischer Sicht[81]) überblicksartig in einer Tabelle dargestellt. In dieser thematischen Synopse wird gezeigt, welche Anwendung in welchen Kategorien besondere didaktische Potenziale aufweist (bzw. in welchen nicht)[82].

---

[81] Aus diesem Grund wurde die Kategorie der separierten Kompetenzvermittlung (23) aus der Tabelle rausgenommen. Sie stellt kein positives Ziel von Lese- und Schreibförderung dar, sondern diente nur zur Kontrastierung der weiteren Daten. Ebenfalls wurde Merkmal 26 aus der Darstellung ausgenommen, da es nur Hintergrundinformationen, aber keine graduelle Realisierung eines Merkmals darstellte.
[82] Eine Kategorie wurde mit „didaktisches Potenzial vorhanden" eingestuft, wenn ihre inhaltlichen Merkmale zu **mehr** als 50% gefördert werden können. Können sie gar nicht (also 0 Merkmale gefördert werden), dann wurde diese Kategorie mit „didaktisches Potenzial nicht vorhanden" gekennzeichnet. Alle weiteren Ausprägungen hielten die Einschätzung „didaktisches Potenzial teilweise vorhanden".

| | Didaktisches Potenzial nicht vorh. | Didaktisches Potenzial teilw. vorhanden | Didaktisches Potenzial vorh. |

WEB 2.0-ANWENDUNG / KATEGORIEN	BLOGS	FACEBOOK	YOUTUBE	WIKIS
Funktionale kommunikative Kompetenz 'Lesen'				
1) Lesearten	🟢	🟢	🟢	🟢
2) Förderung von *bottom-up* und *top-down* – Prozessen	🟡	🟡	🟡	🟡
3) Textsorten	🟢	🟢	🟢	🟢
4) Themenfelder	🟢	🟢	🟢	🟢
5) Lesemotivation	🟢	🟢	🟢	🟢
6) Sprachlicher Input[83]	🟡	🟡	🟡	🟡
7) Vorwissensaktivierung	🟡	🟡	🟡	🟡
8) Emotionale Aspekte	🟡	🟡	🟡	🟡
9) Textreflexion	🟡	🟡	🟡	🟡
10) Anschlusskommunikation	🟢	🟢	🟢	🟢
11) Übungstypen	🟠	🟠	🟠	🟠
12) Textgestaltung, Struktur und Rezeption von Hypertexten	🟢	🟡	🟢	🟢
Funktionale kommunikative Kompetenz 'Schreiben'				
13) Schreibvarianten	🟢	🟢	🟢	🟢
14) Phasen des Schreibprozesses nachvollziehbar und geübt	🟡	🟡	🟡	🟡
15) Entwicklung von Schreibkompetenz	🟡	🟡	🟡	🟡
16) Förderung kollaborativen Schreibens	🟠	🟠	🟠	🟢
17) Textsorten	🟢	🟢	🟢	🟢
18) Themenbereiche	🟡	🟡	🟡	🟡
19) Vorwissen	🟡	🟡	🟡	🟡
20) Motivation	🟡	🟡	🟡	🟡
21) Textgestaltung & Hypertextproduktion	🟡	🟡	🟡	🟡
22) Sprache	🟢	🟢	🟢	🟢
***Integrated skills*, Interaktion und Kommunikation**				
24) Integrierte Kompetenzvermittlung	🟡	🟡	🟡	🟡
25) Schriftliche (menschliche) Interaktion	🟡	🟡	🟡	🟢
27) Mensch-Maschine-Interaktion	🟢	🟢	🟢	🟡

Abbildung 7: Vor- und Nachteile der Web 2.0-Anwendungen (Quelle: eigene Darstellung)

---

[83] Die Kategorien des sprachlichen Inputs können insofern als Potenzial aufgefasst werden, sofern bildgestützte Texte und neue funktionale schriftsprachliche Varianten mit hohen Anteilen konzeptionell mündlicher Sprache und authentisches Sprachmaterial vorhanden sind.

Mit Blick auf die thematische Synopse und die vorigen Ausführungen dieses Unterkapitels wird das didaktische Potenzial des Web 2.0 zur Lese- und Schreibkompetenzförderung im Spanischunterricht thesenartig zusammengefasst:

1. Die untersuchten Web 2.0-Anwendungen weisen unterschiedliche didaktische Potenziale zur Förderung der einzelnen Kategorien von Lese- und Schreibkompetenz auf.
2. Daraus ergeben sich Schwerpunktpotenziale einzelner Anwendungen:
   - Facebook trägt in hohem Maße zur Entwicklung von Schreibmotivation, integrierter Kompetenzvermittlung und schriftlicher Interaktion bei.
   - Blogs und YouTube fördern besonders das Beherrschen verschiedener Lesarten und die Kompetenzentwicklung an geeigneten Themenfeldern. Sie stellen umfangreiche Lerngelegenheiten zur Rezeption von Hypertexten bereit. Zusätzlich leisten Blogs einen didaktischen Beitrag zur Textreflexion und Hypertextproduktion.
   - Wikis fördern in hohem Umfang den Erwerb des Schreib**prozesses** und des kollaborativen Schreibens. Sie stellen Lerngelegenheiten für Hypertextrezeption und -produktion bereit und ermöglichen eine integrierte Kompetenzvermittlung.
3. Alle untersuchten Web 2.0-Anwendungen haben gemeinsam, dass sie einen sehr wichtigen Beitrag zur Lesemotivationsförderung bieten, Gelegenheiten zur Anschlusskommunikation über das Gelesene geben und angemessene Schreibvarianten ermöglichen.
4. Sie behalten im Vergleich zu curricularen Vorgaben zusätzliche Lerngelegenheiten bereit. Diese liegen einerseits in konkreten Bereichen wie Hypertextrezeption und -produktion, elektronische Textsorten, Lesearten, sprachlicher Input, integrierte Kompetenzvermittlung, schriftliche Interaktion etc. Andererseits tragen sie zu Begriffserweiterungen bei. Der Lesekompetenzbegriff wird um motivationale, reflexive und emotionale Aspekte angereichert. Der Schreibkompetenzbegriff kann um den Aspekt der Prozesshaftigkeit erweitert werden.

Einige der ermittelten didaktischen Potenziale von Web 2.0-Anwendungen wurden bereits in der fremdsprachendidaktischen Diskussion beschrieben (vgl. Kapitel 3 dieses Buchs). Somit bestätigen die Ergebnisse der Fallstudie, dass der Einsatz von Web 2.0-Anwendungen – in jeweils unterschiedlichem Maße – einen wichtigen Beitrag zur (Lese- und Schreib-) Motivationsförderung leistet, Kommunikationssituationen (in der Zielsprache) bereithält, eine Autor-Leser-Interaktion ermöglicht (im Sinne eines gegenseitigen Kommentierens), und auch Hypertextrezeption und -produktion sowie das Beherrschen elektronischer Textsorten fördert (vgl. Kapitel 3 dieses Werks). Außerdem konnte nachgewiesen werden, dass Web 2.0-Anwendungen teilweise hohe Anteile konzeptionell mündlicher Sprache aufweisen (vgl. 2.4 dieses Buchs).

Die Ergebnisse der Fallstudie zeigen weiterhin, dass der Einsatz einer Web 2.0-Anwendung im schulischen Spanischunterricht nicht zwingend und gleichermaßen zu einer umfassenden Lese- und Schreibkompetenz führt. Vielmehr können jeweils nur einzelne Kategorien dieser beiden Konstrukte besonders gefördert werden. Bei den Kategorien der Vorwissensaktivierung (vgl. M7+19) und der Übungstypen ist eine didaktische Aufbereitung notwendig, damit diese überhaupt realisiert werden können. Damit entsprechen sie auch aktuellen Medienauswahltheorien, die bekräftigen, dass der Erfolg eines Medieneinsatzes nicht von der Gesamtkonfiguration des Unterrichts zu trennen ist, d.h., die didaktische Eignung eines Mediums lässt sich nur unter Einbeziehung der gesamten Unterrichtssituation feststellen (vgl. Abfalterer 2007: 77–80). Ein Medium ist also nicht *per se* zur Kompetenzförderung geeignet. Dies zeigte auch die unter 3. vorgestellte Lernaufgabe zum Einsatz eines Wikis. Bleibt also festzuhalten, dass vor dem Einsatz einer Web 2.0-Anwendung im FSU – neben anderen Aspekten, die hier nicht angerissen werden können – mit bedacht werden sollte, welcher konkrete Aspekt von Lese- bzw. Schreibkompetenz gefördert werden soll.

Die Ergebnisse dieser Fallstudie stellen keinesfalls einen abgeschlossenen Forschungsprozess dar. Eine Fortführung dieser Thematik ist in verschiedene Richtungen denkbar. Zusätzliche Sachverhalte müssten in eine weitere (qualitative) Untersuchung mit einbezogen werden: Einerseits müsste die Anzahl der zu untersuchenden Web 2.0-Anwendungen erhöht werden – zum Beispiel durch Hinzunahme von Anwendungen (wie beispielsweise „Twitter"), die zu den noch nicht untersuchten Gruppen von Web 2.0-Anwendungen gehören, um eine höhere Verallgemeinerbarkeit der Ergebnisse zu erreichen. Andererseits müsste man die Analysekategorien um das Konstrukt der Hypertextlesekompetenz (das momentan noch theoretisch unzureichend fundiert ist (vgl. Teil 2.4 dieses Buches) und metakognitive Aspekte von Lese- und Schreibkompetenz erweitern. Diese beiden Teilbereiche würden zu einem tieferen Verständnis der aufgestellten Forschungsfragen führen. Des Weiteren wäre es auch aufschlussreich, die einzelnen aufgestellten Kategorien jeweils mit einer eigenen qualitativen Untersuchung breiter zu differenzieren und Subkategorien aufzustellen. Beispielsweise könnte untersucht werden, zur Förderung welcher konkreten Themenbereiche ein didaktisches Potenzial vorliegt[84]. So würde nicht nur festgestellt werden, dass ein Potenzial vorhanden ist, sondern es könnten auch genau seine Grenzen umrissen werden. Das würde zeigen, welche fremdsprachendidaktischen bzw. curricularen Anforderungen an Lese- und Schreibkompetenz durch andere didaktische Angebote ergänzt werden müssten, weil sie im Rahmen einer bestimmten Web 2.0-Anwendung nicht gefördert werden können. In methodischer Reflexion dieser Untersuchung ist kritisch anzumerken, dass auch der sprachliche Input der analysierten Web 2.0-Anwendungen genauer untersucht werden müsste, insbesondere unter Verwendung eines größeren Textkorpus und methodisch reflektierter Stichprobenziehung. Auch die Analyse der hier untersuchten Kategorien könnte durch Hinzunahme eines entsprechenden Textkorpus weiter differenziert werden. Und schließlich wäre auch eine quantitative Untersuchung lohnenswert, um die qualitativ ermittelten didaktischen Potenziale beispielsweise im unterrichtspraktischen Einsatz in schulischen Kontexten zu überprüfen.

---

[84] In diesem Zusammenhang könnte z.B. auch spezifiziert werden, was genau Themen aus dem „Lebens- und Erfahrungsbereich der Schüler" sind.

5. Schlussfolgerungen

In der vorliegenden Studie wurden vier ausgewählte Web 2.0-Anwendungen im Hinblick auf fremdsprachendidaktisch und curricular fundierte Beschreibungen zur Förderung von Lese- und Schreibkompetenz rezipiert und ihre didaktischen Potenziale formuliert.

Dabei wurde ausgearbeitet, wie die Teilprozesse von Lese- und Schreibkompetenz sowohl in bildungspolitischen Vorgaben als auch in der aktuellen fremdsprachendidaktischen Forschung dargestellt werden und der Gegenstandsbereich des Web 2.0 genauer umrissen. Nachdem ein Forschungsüberblick über die Einsatzbereiche des Web 2.0 in schulischen Kontexten gegeben wurde, wurden vier Web 2.0-Anwendungen unterschiedlicher textueller Verfasstheit (Facebook, Textblogs, Wikis und YouTube) daraufhin untersucht, welches didaktische Potenzial sie zur Förderung der funktionalen kommunikativen Kompetenzen ′Lesen′ und ′Schreiben′ im schulischen Spanischunterricht in Deutschland bereithalten und inwieweit sie im Vergleich zu curricularen Forderungen zusätzliche Lerngelegenheiten offerieren. Eine qualitative Fallstudie wurde mit Hilfe eines Analysebogens durchgeführt, der deduktiv-subsumptionslogisch abgeleitete Analysekategorien aus den theoretischen umrissenen Bereichen der Lese- und Schreibkompetenz enthielt. Die Auswertung der Daten ergab ein heterogenes Bild: Die untersuchten Web 2.0-Anwendungen wiesen je unterschiedliche didaktische Potenziale auf. Jede Anwendung hielt Kernpotenziale bereit, die sie im Vergleich zu den anderen drei Anwendungen auszeichnete: So trägt Facebook in hohem Maße zur Entwicklung von Schreibmotivation (aus Sicht einer ex post-Perspektive betrachtet), integrierter Kompetenzvermittlung und schriftlicher Interaktion bei. Blogs und YouTube fördern besonders das Beherrschen verschiedener Lesarten (auch aus einer ex post-Perspektive gesehen) und die Kompetenzentwicklung an geeigneten Themenfeldern. Sie stellen umfangreiche Lerngelegenheiten zur Rezeption von Hypertexten bereit. Zusätzlich leisten Blogs einen didaktischen Beitrag zur Textreflexion und Hypertextproduktion. Wikis fördern in hohem Umfang den Erwerb des Schreibprozesses und des kollaborativen Schreibens. Sie bieten Lernanlässe für Hypertextrezeption und -produktion und ermöglichen eine integrierte Kompetenzvermittlung. Im Vergleich zu curricularen Vorgaben halten alle untersuchten Web 2.0-Anwendungen zusätzliche Lerngelegenheiten bereit.

Die Untersuchung der Analysegegenstände kann mit dem vorliegenden Buch keineswegs als abgeschlossen gelten. Eine weiterführende Beschäftigung mit dieser Thematik ist in viele verschiedene Richtungen denkbar: Zusätzliche Analysegegenstände und Analysekategorien könnten für weitere qualitative Untersuchungen hinzugezogen werden. So könnten einerseits weitere Web 2.0-Anwendungen analysiert, andererseits aber auch Kategorien aus dem Bereich der Sprech- und Hörkompetenz in einer weiteren Analyse mit berücksichtigt werden. Denkbar wäre auch, die bereits in dieser Untersuchung aufgestellten Analysekategorien jeweils mit einer eigenen qualitativen Untersuchung zu differenzieren und somit zu jeder Kategorie Subkategorien aufzustellen. Und schließlich wäre auch eine quantitative Untersuchung lohnenswert, um die ermittelten didaktischen Potenziale hinsichtlich ihrer Gültigkeit für den unterrichtspraktischen Einsatz in schulischen Kontexten zu überprüfen. Viele weitere Forschungen sind denkbar, aber auch auf unterrichtspraktischer Ebene sollte an bereits bestehenden Lernszenarien und Projekte angeknüpft und der Einsatz von Web 2.0-Anwendungen in der Schule vorangebracht werden.

Literaturverzeichnis

Abfalterer, Erwin (2007): *Foren, Wikis, Weblogs und Chats im Unterricht. E-Learning.* k.A.: Verlag Werner Hülsbusch. Fachverlag für Medientechnik und -wirtschaft.

Abreu, Belinha S. de (2011): *Media Literacy, Social Networking, and the Web 2.0 Environment for the K-12 Educator.* Minding the media. Critical issues for learning and teaching. Bd. 4. New York et al: Peter Lang.

Alby, Tom (2007[2]): *Web 2.0: Konzepte, Anwendungen, Technologien : [ajax, api, atom, blog, folksonomy, feeds, long tail, mashup permalink, podcast, rich user experience, rss, social software, tagging].* München: Hanser.

Ang Lu, Jenny (2009): „Podcasting as a Next Generation Teaching Ressource". In: Thomas (Hrsg.). 350–365.

Armbrüster, Anna Margaretha (2010): *Web 2.0 Technologies and Second Language Learning. A Critical Review of Wikis as a Tool in the Modern Language Classroom.* Essen: Verlag Die Blaue Eule.

Arnold, Patricia/ Kilian, Lars/ Thillosen, Anne/ Zimmer, Gerhard (2011[2]): *Handbuch E-Learning. Lehren undLernen mit digitalen Medien.* Bielefeld: Bertelsmann Verlag.

Attwell, Graham (2007): „Personal Learning Environments - the future of eLearning?". In: *eLearning Papers.* 2 (1). 1–8.

Baier, Stefan (2009): *Einsatz digitaler Informations- und Kommunikationsmedien im Fremdsprachenunterricht. Methodisch-didaktische Grundlagen.* Reihe I. Deutsche Sprache und Literatur. Bd. 1977. Frankfurt am Main et al: Peter Lang. Internationaler Verlag der Wissenschaften.

Barquero, Antonio (2011): „Escritura grupal en red: wikis". In: *Der fremdsprachliche Unterricht Spanisch.* 33. 42–46.

Baumann, Ina (2007): „Schnell heißt sorgfältig". In: *Computer und Unterricht.* 66. 42–45.

Bausch, Karl Richard/ Burwitz-Melzer, Eva/ Königs, Frank G./ Krumm, Hans-Jürgen (Hrsg.) (2007): *Textkompetenzen. Arbeitspapiere der 27. Frühjahrskonferenz zur Erforschung des Fremsprachenunterrichts.* Gießener Beiträge zur Fremdsprachendidaktik. Tübingen: Gunter Narr Verlag.

Behrendt, Jens/ Zeppenfeld, Klaus (2008): *Web 2.0.* Informatik im Fokus. Berlin, Heidelberg: Springer.

Beißwanger, Michael/ Storrer, Angelika (2010): „Kollaborative Hyperetextproduktion mit der Wiki-Technologie". In: Jakobs, Eva-Maria/ Lehnen, Katrin/ Schindler, Kirsten (Hrsg.): *Schreiben und Medien. Schule Hochschule und Beruf.* Textproduktion und Medium. Bd.

10. Frankfurt am Main et al: Peter Lang. Europäischer Verlag der Wissenschaften. 13–36.

Berendt, Bettina/ Hotho, Andreas/ Mladenic, Dunja/ Semeraro, Giovanni (2007): „Preface". In: Dies. (Hrsg.): *From Web to Social Web: Discovering and Deploying User and Content Profiles*. Lecture Notes in Artificial Intelligences. Subseries of Notes in Computer Science. Bd. 4737. Berlin et al: Springer. V–VII.

Bernhardt, Thomas/ Kirchner, Marcel (2007): *E-Learning 2.0 im Einsatz. „Du bist der Autor!"- vom Nutzer zum WikiBlog-Caster*. E-Learning. Boizenburg: Verlag Werner Hülsbusch. Fachverlag für Medientechnik und -wirtschaft.

Blume, Otto-Michael (2007): „Sprechen und Schreiben fördern". In: Krechel, Hans-Ludwig (Hrsg.): *Französisch Methodik. Handbuch für die Sekundarstufe I und II*. Berlin: Cornelsen Scriptor. 139–189.

Bodemer, Daniel/ Gaiser, Birgit/ Hesse, Friedrich W. (2011): „Kooperatives netzbasiertes Lernen". In: Issing, Ludwig J./ Klimsa, Paul (Hrsg.). 151-158.

Bonnet, Andreas (2010): „Forschungsmethoden und Forschungsinstrumente". In: Surkamp, Carola (Hrsg.). 67-72.

Bourdieu, Pierre (1983): „Ökonomisches Kapital, kulturrelles Kapital, soziales Kapital". In: Kreckel, Reinhard (Hrsg.): *Soziale Ungleichheiten*. Soziale Welt. Zeitschrift für sozialwissenschaftliche Forschung und Praxis. Sonderband 2. Göttingen: Schwartz. 183–198.

Breslin, John G./ Passant, Alexandre/ Decker, Stefan (2009): *The Social Semantic Web*. Heidelberg, Dordrecht, London, New York: Springer.

Bundesministerium für Bildung und Forschung (Hrsg.) (2007a): *Förderung von Lesekompetenz. Expertise*. Bildungsforschung. Bd. 17. Bonn/ Berlin. Online verfügbar unter: http://www.bmbf.de/pubRD/expertenkommission_web20.pdf (03.01.2012).

Bundesministerium für Bildung und Forschung (Hrsg.) (2007b): *Bericht der Expertenkommission Bildung mit neuen Medien. Web 2.0: Strategievorschläge zur Stärkung von Bildung und Innovation in Deutschland*. Online verfügbar unter: http://www.bmbf.de/pubRD/expertenkommission_web20.pdf (03.01.2012).

Cassany, Daniel (2007): „Aprender a escribir en español en la Europa plurilingüe". In: *Der fremdsprachliche Unterricht Spanisch*. 17. 4–9.

Davies, Julia/ Merchant, Guy (2009): *Web 2.0 for schools. Learning and Social Participation*. New literacies and digital epistemologies. Bd. 33. New York et al:Peter Lang.

Decke-Cornill, Helene/ Küster, Lutz (2010): *Fremdsprachendidaktik: Eine Einführung*. bachelor-wissen. Gunter Narr Verlag.

De Florio-Hansen, Iñez (2005): „Schreiben und Schreibdidaktik". In: *Französisch heute*. (3). 218–230.

Döbeling Honegger, Beat (2007): „Wiki und die starken Potenziale". In: *Computer und Unterricht*. 66. 39–41.

Dürscheid, Christa (2003): „Medienkommunikation im Kontinuum von Mündlichkeit und Schriftlichkeit. Theoretische und empirische Probleme.". In: *Zeitschrift für angewandte Linguistik*. 38. 37–56.

Ebersbach, Anja/ Glaser, Markus/ Heigl, Richard (2011[2]): *Social Web*. Konstanz: UVK Verlagsgesellschaft/UTB.

Endres, Brigitte Odile (2004): „Ist Hypertext Text?". In: Kleinberger Günther, Ulla/ Wagner, Franc (Hrsg.). 34-48.

Europarat (Hrsg.) (2001): „Gemeinsamer europäischer Referenzrahmen für Sprachen: Lernen, lehren, beurteilen.". Online verfügbar unter: http://www.goethe.de/z/50/commeuro/i0.htm (24.11.2011).

Fatke, Reinhard (2003): „Fallstudien in der Erziehungswissenschaft". In: Friebertshäuser, Barbara/ Prengel, Annedore (Hrsg.). 56–68.

Friebertshäuser, Barbara/ Prengel, Annedore (Hrsg.) (2003): *Handbuch Qualitative Forschungsmethoden in der Erziehungswissenschaft*. Weinheim, München: Juventa Verlag.

Franco, Mario (2005): „Sprachliche und textuelle Aspekte in spanischen Weblogs.". In: Schlobinski, Peter/ Siever, Torsten (Hrsg.). 288-319.

Gansel, Christina (2011): *Textsortenlinguistik*. UTB Profile. Göttingen: UTB.

Görig, Carsten (2011): *Gemeinsam einsam. Wie Facebook, Google & Co. unser Leben verändern*. Zürich: Orell Füssli.

Granovetter, Mark S. (1973): „The Stregth of Weak Ties". In: *American Journal of Sociology*. 8 (6). 1360–1380.

Grünewald, Andreas/ Küster, Lutz (Hrsg.): *Fachdidaktik Spanisch. Tradition, Innovation, Praxis*. Seelze: Klett/ Kallmeyer.

Grünewald, Andreas (2009a): „Die spanische Sprach als Lerngegenstand. Spanischunterricht in der Bundesrepublik Deutschland". In: Grünewald, Andreas/ Küster, Lutz (Hrsg.). 26–40.

Grünewald, Andreas (2009b): „Unterrichtliche Handlungsfelder - Spanischunterricht gestalten. Aspekte des Medieneinsatzes". In: Grünewald, Andreas/ Küster, Lutz (Hrsg.). 146–184.

Grünewald, Andreas (2010a): „Computer-Assisted-Language Learning (Call)". In: Surkamp, Carola (Hrsg.). 28-30.

Grünewald, Andreas (2010b): „E-Learning". In: Surkamp, Carola (Hrsg.). 41-45.

Günther, Hartmut (1997): „Mündlichkeit und Schriftlichkeit". In: Balhorn, Heiko/ Niemann, Heide (Hrsg.): *Sprachen werden Schrift. Mündlichkeit, Schriftlichkeit, Mehrsprachigkeit*.

Lengwil am Bodensee: Libelle-Verlag. 64-73.

Hallet, Wolfgang (2007): „Hypertext und Literatur". In: Fäcke, Christiane/ Wangerin, Wolfgang (Hrsg.): *Neue Wege zu und mit literarischen Texten.* Hohengehren: Schneider Verlag. 89-109.

Hallet, Wolfgang/ Königs, Frank G. (Hrsg.) (2010): *Handbuch Fremdsprachendidaktik.* Seelze: Klett/ Kallmeyer.

Harsch, Claudia (2010): „Kompetenz". In: Surkamp, Carola (Hrsg.). 140-142.

Häuptle-Barceló, Marianne (2009a): „Grundlagen und Bezüge einer Fachdidaktik Spanisch. Curriculare Vorgaben für den Spanischunterricht in Deutschland". In: Grünewald, Andreas/ Küster, Lutz (Hrsg.). 84–97.

Häuptle-Barceló, Marianne (2009b): „Didaktisch-methodische Prinzipien des Spanischunterrichts. Didaktische und bildungspolitische Diskurse im Dialog". In: Grünewald, Andreas/ Lutz, Küster (Hrsg.). 129-144.

Hayes, John R./ Flower, Linda (1980): „Identifiying the Organization of Writing Processes". In: Greeg, Lee W./ Steinberg, Erwin Ray (Hrsg.): *Cognitive Processes in writing.* Hillsdale: Erlbaum Asociates. 3-30.

Henrichwark, Claudia (2008): „Vom Lesefrust zur Leselust". In: *Computer und Unterricht.* 71. 10f.

Hermes, Liesel (2010): „Leseverstehen". In: Surkamp, Carola (Hrsg.). 196–200.

Herzig, Bardo/ Grafe, Silke (2010): „Digitale Lernwelten und Schule". In: Huger, Kai-Uwe/ Walber, Markus (Hrsg.). 115-127.

Herzig, Bardo/ Meister, Dorothee M./ Moser, Heinz (Hrsg.) (2010): *Medienkompetenz und Web 2.0.* Jahrbuch Medienpädagogik 8. Wiesbaden: VS Verlag für Sozialwissenschaften.

Huber, Melanie (2010^2): *Kommunikation im Web 2.0: Twitter, Facebook& Co.* Konstanz: UVK Verlagsgesellschaft mbH.

Hugger, Kai-Uwe/ Walber, Markus (Hrsg.) (2010): *Digitale Lernwelten. Konzepte, Beispiele undPerspektiven.* Wiesbalden: VS Verlag.

Hurrelmann, Bettina (2006^2): „Prototypische Merkmale von Lesekompetenz". In: Groeben, Norbert/ Hurrelmann, Bettina (Hrsg.): *Lesekompetenz. Bedingungen, Dimensionen, Funktionen.* Weinheim, München: Juventa Verlag. 275-286.

Iberer, Ulrich (2010): *Bildungsmanagement von Blended Learning: Integrierte Lernkonzepte steuern und gestalten.* Wissenschaftliche Reihe aus dem Tectum Verlag. Pädagogik. Bd. 17. Marburg: Tectum Verlag.

Issing, Ludwig J./ Klimsa, Paul (Hrsg.) (2011^2): *Online-Lernen. Handbuch für Wissenschaft und Praxis.* München: Oldenbourg Verlag.

Jakobs, Eva-Maria/ Lehnen, Katrin (2005): „Hypertext - Klassifikation und Evaluation". In: Siever, Torsten/ Schlobinski, Peter/ Runkehl, Jens (Hrsg.). 159-184.

Kast, Bernd (1999): *Fertigkeit Schreiben. Fernstudenprojekt zur Fort- und Weiterbildung im Bereich Germanistik und Deutsch als Fremdsprache.* Bd. 12. Berlin u.a.: Langenscheidt.

Kelle, Udo/ Kluge, Susann (2010²): *Vom Einzelfall zum Typus. Fallvergleich und Fallkonstrastierung in der qualitativen Sozialforschung.* Qualitative Sozialfoschung. Bd. 15. Wiesbaden: VS Verlag für Sozialwissenschaften.

Ketter, Verena (2007): „WEblog-Netznovela. Ein Medienprojekt in der außerschulischen Jugendbildung". In: *Computer und Unterricht.* 66. 29–31.

Klebl, Michael/ Borst, Timo (2010): „Risikokompetenz als Teil der Medienkompetenz - Wissensformen im Web 2.0". In: Herzig, Bardo/ Meister, Dorothee M./ Moser, Heinz (Hrsg.). 239–254.

Kleinberger Günther, Ulla/ Wagner, Franc (Hrsg.): *Neue Medien- Neue Kompetenzen? Texte produzieren und rezipieren im Zeitalter digitaler Medien.* Bonner Beiträge zur Medienwissenschaft. Bd. 3. Frankfurt am Main et al: Peter Lang. Europäischer Verlag der Wissenschaften.

Kleinberger Günther, Ulla/ Wagner, Franc (2004): „Was ist neu an den Kompetenzen für neue Medien?". In: Dies. (Hrsg.). 1–5.

Koch, Peter/ Oesterreicher, Wulf (2001): „Gesprochene und geschriebene Sprache. Langage parlé et langage écrit". In: Holtus, Günter (Hrsg.): *Lexikon der romanistischen Linguistik. Methodologie (Sprache in der Gesellschaft/ Sprache und Klassifikation/ Datensammlung und -verarbeitung).* Reihe 1. Bd. 2/2. 584-624.

König, Eckard/ Bentler, Anette (2003): „Arbeitsschritte im qualitativen Forschungsprozess - ein Leitfaden". In: Friebertshäuser, Barbara/ Prengel, Annedore (Hrsg.). 88–96.

Königs, Frank G. (2010): „Schreiben". In: Surkamp, Carola (Hrsg.). 260–263.

Kraska, Lena Maria (2010): *Hypertext-Lesekompetenz von Viertklässlern. Untersuchung von Navigationsstrategien und Einflussfaktoren mit Daten aus den Studien "Lesen am Computer" (LaC 2003) und "Kompetenzen und Einstellungen von Schülerinnen und Schülern" (Kess 4).* Berlin: Logos Verlag.

Kultusministerkonferenz (Hrsg.) (2004): „Bildungsstandards für die erste Fremdsprache (Englisch/ Französisch) für den Mittleren Schulabschluss.". Online verfügbar unter: http://www.kmk.org/fileadmin/veroeffentlichungen_beschluesse/2003/2003_12_04-BS-erste-Fremdsprache.pdf (24.11.2011).

Küster, Lutz (2010): „Fertigkeiten". In: Surkamp, Carola (Hrsg.). 60.

Lewandowska-Tomaszczyk, Barbara/ Osborne, John/ Schulte, Frits (2001): *Foreign language teaching and information and communication technology*. Lódz Studies in Language. Bd. 3. Frankfurt am Main et al: Peter Lang. Europäischer Verlag der Wissenschaften.

Loucky, John Paul (2009): „Improving Online Readability in a Web 2.0 Context". In: Michael, Thomas (Hrsg.). 385–409.

Lüning, Marita (2010): „Lyrik im Spanischunterricht". In: *Der fremdsprachliche Unterricht Spanisch*. 30. 4-9.

Medienpädagogischer Forschungsverbund Südwest (Hrsg.) (2011): *JIM-Studie 2011. Jugend, Information, (Multi-) Media. Basisuntersuchung zum Medienumgang 12-19-Jähriger in Deutschland*. Forschungsberichte. Stuttgart: k.A. Online verfügbar unter: http://www.mpfs.de/index.php?id=225 (07.02.2012).

Meißner, Franz-Joseph/ Tesch, Bernd (Hrsg.) (2010): *Spanisch kompetenzorientiert unterrichten*. Seelze: Klett/ Kallmeyer.

Meißner, Franz-Joseph (2010): „Schreiben und Kompetenzsteuerung". In: Meißner, Franz-Joseph/ Tesch, Bernd (Hrsg.). 113–129.

Meister, Dorothee M.; Meise, Bianca (2010): „Emergenz neuer Lernkulturen - Bildungsaneignungsperspektiven im Web 2.0". In: Herzig, Bardo/ Meister, Dorothee M./ Moser, Heinz (Hrsg.). 183-199.

Meurer, Olaf/ Wernsing, Armin (2008): „Schreiben ... aber wie?". In: *Der fremdsprachliche Unterricht Französisch*. 93. 34-39.

Mika, Peter (2007): *Social networks and the Semantic Web*. SEMANTIC WEB AND BEYOUND. Computing for Human Experience. New York: Springer Science+Business Media.

Morin, Jean-Henry (2010): „Towards Socially-Responsible Management of Personal Infor mation in Social Networks". In: Breslin, John G./ Burg, Thomas N./ Kim, Hong-Gee/ u. a. (Hrsg.): *Recent Trends and Developments in Social Software: International Conferences on Social Software, BlogTalk 2008, Cork, Ireland, March 3-4, 2008, and BlogTalk 2009, Jeju Island, South Korea, September 15-16, 2009. Revised Selected Papers*. Recent Trends and Developments in Social Software: International Revised Selected Papers. Bd. 6045. Berlin et al: Springer. 108–115.

Müller-Hartmann Andreas/ Raith, Thomas (2008): „Web 2.0. Das Mitmach-Internet für den Fremdsprachenunterricht nutzen". In: *Der fremdsprachliche Unterricht Englisch*. 96. 2-9.

Münker, Stefan (2009): *Emergenz digitaler Öffentlichkeiten: Die Sozialen Medien im Web 2.0*. edition unseld. Bd. 26. Frankfurt am Main: Suhrkamp Verlag.

O´Reilly, Tim (2005): „What is Web 2.0? Design Patterns and Business Models for the Next Generation of Software". Online verfügbar unter: http://www.oreilly.de/artikel/web20.html. (20.12.2012).

Overmann, Manfred (2009): „Didaktische Reflexion zur Lektüre und Produktion von Hypertexten im Unterricht". In: Schäfer, Patrick (Hrsg.): *E-Learning im Fremdsprachenunterricht*. Beiträge zur Fremdsprachenvermittlung. Sonderheft 14. Landau: Verlag Empirische Pädagogik. 73–104.

Peyer, Ann (2004): „Sprachkompetenz und Sprachreflexion". In: Kleinberger Günther, Ulla/ Wagner, Franc (Hrsg.). 153-165.

Porombka, Stephan (2012): *Schreiben unter Strom. Experimentieren mit Twitter, Blogs, Facebook & Co*. Duden. Kreatives Schreiben. Mannheim: Duden Bibliographisches Institut.

Portmann-Tselikas, Paul R. (2010): „Schreiben". In: Hallet, Wolfgang/ Königs, Frank G. (Hrsg.). 92-96.

Przyborski, Aglaja/ Wohlrab-Sahr, Monika (2009^2): *Qualitative Sozialforschung. Ein Arbeitsbuch*. Lehr- und Handbücher der Soziologie. München: Oldenbourg Verlag.

Rasulo, Margaret (2009): „The Role of Community Formation in Learning Processes". In: Thomas, Michael (Hrsg.). 80–99.

Reinmann, Gabi (2010): „Selbsorganisation auf dem Prüfstand: Das Web 2.0 und seine Grenzen(losigkeit)". In: Hugger, Kai-Uwe/ Walber, Markus (Hrsg.). 75–89.

Riemer, Claudia (2007): „Textrezeption und Textproduktion als fremd-/zweitsprachliche Kernkompetenzen" In: Bausch, Karl Richard/ Burwitz-Melzer, Eva/ Königs, Frank G./ Krumm, Hans-Jürgen (Hrsg.). 161-166.

Roche, Jörg (2007): „ (Hyper-) Textualität im Fremdspracherwerb". In: Bausch, Karl Richard/ Burwitz-Melzer, Eva/ Königs, Frank G./ Krumm, Hans-Jürgen (Hrsg.). 167-178.

Roche, Jörg (2011): „Fremdsprachenlernen online". In: Issing, Ludwig J./ Klimsa, Paul (Hrsg.). 389–400.

Rösler, Dietmar (2007^{2}a): *E-Learning Fremdsprachen - eine kritische Einführung*. Stauffenburg Einführungen. Tübingen: Stauffenburg Verlag.

Rösler, Dietmar (2007b): „Lernertexte als Texte für Lernende. Neue Möglichkeiten durch Web 2.0?". In: Bausch, Karl-Richard; Burwitz-Melzer, Eva; Königs, Frank G. u. a. (Hrsg.). 179–187.

Rösler, Dietmar (2010): „E-Learning und das Fremdsprachenlernen mit dem Internet". In: Hallet, Wolfgang; Königs, Frank G. (Hrsg.). 285–289.

Rüschoff, Bernd (2011): „Output-Oriented Language Learning With Digital Media". In:

Thomas, Michael (Hrsg.). 42–59.

Schlobinski, Peter (2005): „Editorial: Sprache und internetbasierte Kommunikation - Voraussetzungen und Perspektiven". In: Siever, Torsten/ Schlobinski, Peter/ Runkehl, Jens (Hrsg.). 1-14.

Schlobinski, Peter/ Siever, Torsten (Hrsg.) (2005): *Sprachliche und textuelle Merkmale in Weblogs. Ein internationales Projekt*. NET.WORX. Die Online-Schriftenreihe des Projekts Sprache@Web. Bd. 46. Hannover: k.A. (Onlineausgabe). Online verfügbar unter: http://www.mediensprache.net/networx/networx-46.pdf (24.11.2011).

Schlobinski, Peter/ Siever, Torsten (2005): „Editorial zum Projekt <sprachliche unt textuelle Aspekte in Weblogs>". In: Dies. (Hrsg.). 8–29.

Schmidt, Jan (2009): *Das neue Netz. Merkmale, Praktiken und Folgen des Web 2.0*. Konstanz UVK Verlagsgesellschaft mbH.

Schumann, Adelheid (2009): „Unterichtliche Handlungsfelder - Spanischunterricht gestalten.Förderung funktionaler kommunikativer Kompetenzen". In: Grünewald, Andreas/ Küster, Lutz (Hrsg.). 185–212.

Schweizer, Karl (2006): *Leistung und Leistungsdiagnostik*. Heidelberg: Springer.

Seemann, Jörg (2009): *Wikiso(u)I - Mit einem Wiki selbstorganisiertes Lernen fördern. Bildungskonzept zum Erwerb reflexiver Handlungsfähigkeit im Umgang mit den Neuen Medien*. Hamburg: Diplomica Verlag.

Senatsverwaltung für Bildung, Jugend und Sport Berlin (Hrsg.) (2006a): „Rahmenlehrplan für die gymnasiale Oberstufe. Spanisch." Online verfügbar unter: http://www.berlin.de/imperia/md/content/sen-bildung/unterricht/lehrplaene/sek2_spanisch.pdf?start&ts=1283429937&file=sek2_spanisch.pdf (24.11.2011).

Senatsverwaltung für Bildung, Jugend und Sport Berlin (Hrsg.) (2006b): „Rahmenlehrplan für die Sekundarstufe I. Spanisch. 2./3. Fremdsprache." Online verfügbar unter: http://www.berlin.de/imperia/md/content/sen-bildung/schulorganisation/lehrplaene/sek1_spanisch.pdf?start&ts=1150102062&file=sek1_spanisch.pdf (24.11.2011).

Siever, Torsten/ Schlobinski, Peter/ Runkehl, Jens (Hrsg.): *Websprache.net. Sprache und Kommunikation im Internet*. Linguistik - Impulse & Tendenzen. Berlin/ New York: Walter de Gruyter.

Siever, Torsten (2010): „E-Mail: Netz-Korrespondenz auf Abwegen?" Online verfügbar unter:

http://www.mediensprache.net/de/websprache/e-mail/sprache/ (07.02.2011).

Stork, Antje (2010): „Integrated skills". In: Hallet, Wolfgang/ Königs, Frank G. (Hrsg.). 100-103.

Surkamp, Carola (Hrsg.) (2010): *Metzler Lexikon Fremdsprachendidaktik. Ansätze-Methoden-Grundbegriffe.* Stuttgart/ Seelze: J.B. Metzler.

Thomas, Michael (Hrsg.): (2009): *Handbook of research on Web 2.0 and second language learning.* Hershey/New York: Information Science Reference (an imprint of IGI global).

Thonhauser, Ingo (2008): „Konzeptualisierungen von Textkompetenz im Fremdsprachenunterricht mit besonderer Berücksichtigung des GeR". In: Fandrych, Christian/ Thonhauser, Ingo (Hrsg.): *Fertigkeiten - integriert oder separiert? Zur Neubewertung der Fertigkeiten und Kompetenzen im Fremdsprachenunterricht.* Wien: Praesens Verlag. 87–106.

Travis, Pete; Joseph, Fiona (2009): „Improving Learners' Speaking Skills with Podcasts". In: Thomas, Michael (Hrsg.). 313–329.

Vences, Ursula (2004): „Lesen und Verstehen - Lesen heißt Verstehen". In: *Der fremdsprachliche Unterricht Spanisch.* (5). 4–11.

Vernal Schmidt, Janina (2011): „Facebook - todo un mundo por descubrir". In: *Der fremdsprachliche Unterricht Spanisch.* 33. 36–41.

Voss, Andreas (2006): *Print- und Hypertextlesekompetenz im Vergleich: eine Untersuchung von Leistungsdaten aus der Internationalen Grundschul-Lese-Untersuchung (IGLU) und der Ergänzungsstudie Lesen am Computer (LAC).* Empirische Erziehungswissenschaft. Bd. 1. Münster u.a.: Waxmann.

Wageneder, Günter/ Jadin, Tanja (2006): „eLearning2.0 - Neue Lehr/Lernkultur mit Social Software?". Online verfügbar unter: https://docs.google.com/View?docid=dgz9jh98_4hrjs33 (12.01.2012).

Westhoff, Gerhard (1997): *Fertigkeit Lesen.* Fernstudienprojekt zur Fort-und Weiterbildung im Bereich Germanistik und Deutsch als Fremdsprache. Bd. 17. Berlin u.a.: Langenscheidt.

Wiesner-Steiner, Andreas/ Wiesner, Heike/ Zauchner, Sabine (2010): „Interaktive Lernszenarien für den schulischen Bildungskontext". In: Apostolopoulos, Nicolas/ Mußmann, Ulrike/ Rebensburg, Klaus/ Schwill, Andreas/ Wulschke, Franziska (Hrsg.): *Grundfragen des Multimedialen Lehrens und Lernens. E-Kooperationen und Praxis. Tagungsband GML.* Münster: Waxmann. 151–165.

Wirth, Uwe (2005): „Chatten. Plaudern mit anderen Mitteln". In: *Websprache.net. Sprache und Kommunikation im Internet.* Berlin/ New York: Walter de Gruyter. 67–84.

Ziegler, Arne (2002): „E-Mail - Textsorte oder Kommunikationsform? Eine textlinguistische

Annäherung". In: Ziegler, Arne/ Dürscheid, Christa (Hrsg.): *Kommunikationsform E-Mail*. Tübingen: Stauffenburg Verlag. 9–32.

Abbildungsverzeichnis

Abbildung 1: Modell von Mündlichkeit und Schriftlichkeit nach Koch Oesterreicher (Quelle: Günther 1997:66). **24**

Abbildung 2: Eingrenzung der Forschungsfrage (Quelle: eigene Darstellung) **46**

Abbildung 3: Auswahl der Web 2.0-Anwendungen (Quelle: eigene Darstellung) **48**

Abbildung 4: Analysedurchführung (Quelle: eigene Darstellung in Anlehnung an Bonnet 2010:69) **49**

Abbildung 5: Muster Analysebogen (Quelle: eigene Darstellung) **51**

Abbildung 6: Vorgehen der Auswertung (Quelle: eigene Darstellung) **52**

Abbildung 7: Vor- und Nachteile der Web 2.0-Anwendungen (Quelle: eigene Darstellung) **67**

Anhangsverzeichnis

Anhang 1: Übersicht über die aus 2.1 extrahierten Kategorien inkl. ihrer verschiedenen, möglichen Merkmale

Anhang 2: Analysebogen – spanische Blogs

Anhang 3: Analysierte Blogs

Anhang 4: Analysebogen – Facebook

Anhang 5: Analysebogen – YouTube

Anhang 6: Untersuchte Textquellen in YouTube

Anhang 7: Analysebogen - Wikis

Anhang 8: Analysierte Wikis

Anhang 9: URLs der (in 2.2.3) erwähnten Web 2.0-Anwendungen

Anhang 1: Übersicht über die aus 2.1 extrahierten Kategorien inkl. ihrer verschiedenen möglichen Merkmale

Erklärungen zum Farbsystem

- **Schwarz:** ausschließlich fachdidaktischer Aspekt
- **Rot:** ausschließlich bildungspolitische Forderung
- **Blau:** bildungspolitische und fachdidaktische Forderung (evtl. aber in unterschiedlichem Maße gefordert)

Die Einfärbung der verschiedenen Merkmale soll die Auswertung und insbesondere die Bearbeitung der 2. Forschungsfrage erleichtern. Um die Auswertung generell zu erleichtern, sind alle Kategorien entsprechend nummeriert.

Teilkompetenz Lesen

1) Lesearten

- Globales Lesen (*skimming*)
- Selektierendes Lesen (*scanning*)
- Detailliertes Lesen
- Unterhaltendes Lesen = ganzheitliches Lesen
- Analytisches Lesen
- Kreatives Lesen (Hinweise) - **kreatives** Lesen explizit genannt
- Einsatz von *skimming* und *scanning* bes. in elektronischen Texten zur Orientierung -> an Hypertexten üben

2) Förderung von *bottom-up* und *top-down*-Prozessen

- *Higher-level-skills* (auch: *top-down*-Prozesse)
    - Zuordnung zu Sprachwissen
    - Zuordnung zu Weltwissen
    - → Verstehen, Verarbeiten, Interpretieren, Bewertung, Reflexion
- *Lower-level-skills* (auch: *bottom-up*-Prozesse)
    - Wortidentifikation
    - Satzidentifikation
    - Satzfolgen verknüpfen
- (S. Vorwissensaktivierung)

3) Textsorten

- Alle Arten geschriebener Texte (deren Beherrschen ergeben dann ‚Lesekompetenz')
- Abstrakte Texte
- Strukturell komplexe, besonders später
- Stark umgangssprachliche, besonders später
- Literarische Texte
- Anweisungen, Vorschriften, auch Geräteanleitungen
- Argumentationen
- Infoentnahme
- Korrespondenz

- Sach- und Fachtexte
- Enzyklopädieartikel
- Privatbriefe
- Standardbriefe
- Einfache Mitteilungen
- Infobroschüren
- Kurze offizielle Dokumente
- Zeitungsartikel
- Anzeigen, Prospekte, Speisekarten
- Literaturverzeichnisse
- Fahrpläne
- Berichte
- Personenbeschreibungen
- Klappentexte
- Einfache literarische Texte
- Formulare
- Straßenschilder
- Wegweiser
- Fiktionale Texte
- Und weitere im RLP Spanisch Sekundarstufe I und II...
- „Moderne Medien" (nur Hinweis)
- später auch komplexe Texte
- „eine gewissen Vielfalt an Texten"
- Schemata und Sprachschablonen in einer Textsorte erkennbar
- Elektronische Texte -> neuere elektronische Genres
- Internettextsorten kennen

4) Themenfelder

- Interssen- und Erfahrungsbereich der SuS
- Alltagsinteresse und Fachgebiete der SuS
- Höheres Niveau: auch weniger vertraute Themen
- Höheres Niveau: breites Themenspektrum, incl. historisches
- Subjektiv bedeutsame Inhalte
- Emotional markierte Inhalte
- Figuren mit nachvollziehbaren Charakterprofilen, evtl. Lyrik
- Verbindliches Themenspektrum im RLP II zu Spanien und Lateinamerika
- Erweiterung des thematischen Spektrums bei Niveauzunahme
- Keine feste Themenliste, Orientierung an
  - Lebensweltbezug
  - Alter
  - Lernniveau
  - Vorwissen
  - Affektive und motivationale Faktoren: Identifikationspotenzial mit einem Text, thematische Abwechslung, Aufforderung zur kognitiven und affektiven Auseinandersetzung, Interesse, Lernbedürfnisse der SuS

- Vielfältige Bezüge zu hispanophonen Kulturen, kein Eurozentrismus
- Soziokulturelle Erfahrungen und Einsichten in die spanischsprachige Welt

5) Lesemotivation

- Aussicht auf Anschlusskommunikation <u>mit Gleichaltrigen</u>
- Bedürfnis nach emotionaler Anregung
- (Genusserleben durch Lesen)
- Intrinsische Motivation
    - Thematisches Interesse: Themen aus dem Bereich der SuS
    - Tätigkeitsspezifisches Interesse
- Interessegeleitetes Lesen möglich (bei Hypertexten: ja)
- Lektüreauswahl durch Lernende (bei Hypertexten: ja)
- Leseanlass, echter Leseanreiz?
    - Besser zum Informationsbedürfnis lesen
    - Eher ungünstig: Lesen zur Sprachübung
- Erwartungshorizont durch *pre-reading*-Übungen schaffen (Statements, Spekulationen, Klappentexte, Überschriften…)
- Vgl. Themenfelder (nur die schwarzmarkierten Bereiche, da sie den thematischen Forderungen in fremdsprachendidaktischer Hinsicht entsprechen)

6) Sprache/ Sprachlicher Input

- Authentische Texte (da echter Leseanreiz) früh einsetzen
    - Bildgestützte Texte
    - Werbetexte
    - Jugendliteratur
- Dem Sprachniveau der SuS entsprechend (mittlere Schwierigkeit)
- Standardsprache? Register?
- Sprachanalyse nach Österreicher/ Koch (konzeptionell mündlich und schriftliche Anteile), Neue funktionale Schriftsprachvarianten?

7) Vorwissensaktivierung

- Thematik
- Wortschatz
- Textsortenwissen
- Tagesaktualität
- Persönliche Erfahrungen der SuS → Vgl. *pre-reading*-Teil vom Unterpunkt „Übungstypen"

8) Emotionale Aspekte

- Bedürfnisbezogene Textauswahl
- Lesesituation genießen
- Angstfreie Spracherwerbsumgebung
- Anregungsreichtum
- Positive emotionale Involvierung
- S. Inhalte, Textgestaltung

9) Textreflexion
- Textinhalte überprüfen
- Textintentionen überprüfen
- Darstellungsformen überprüfen
- Intertextuelle Kontexte
- Historische Kontexte
- Nachdenken über eigene Erfahrungsbezüge
- Texte bewerten (im Hinblick eigener Erfahrungsbezüge)
- → Vgl. *post-reading*-Teil zum Unterpunkt „Übungstypen"

10) Anschlusskommunikation
- In Kommunikation mit anderen über Texte eintreten -> soziale Interaktion darüber
- Produktive Textverarbeitung des Gelesenen

11) Übungstypen

Pre-reading-Phase
- Texterschließungsstrategien vermitteln
- Vorwissensaktivierung
- …

While-reading-Phase
- …

Post-reading-Phase
- Sehr förderlich: Aufgaben mit anschließender Sprachproduktion
- Textunabhängige Fragen
- Leser-Lerner-Tagebuch
- Weitere Inforecherche im Netz
- Stellungnahme schreiben
- Kritik schreiben
- Perspektivisches Textumschreiben
- Textbewertung
- Schlussfolgerungen ziehen
- Befragung zum Thema planen und durchführen
- …

12) Textgestaltung, Struktur und Rezeption des Hypertexts
- Ästhetisch ansprechend
- Graphische Formatierung
- Multimedialität
- Hypertexte
  - Arten, Aufbau und Struktur von Hypertext Kohärenzbildungshilfen (graphische Übersichten etc.),

- o mögliche Leseschwierigkeiten in Verbindung mit dem Hypertext (v.a. *lost in hyperspace* und *information overload),*
- o Vermeidung von Leseschwierigkeiten durch Kohärenzbildungshilfen (z.B. graphische Übersichten)
- o (Anleitung/ Aufgaben zum Lesen von Hypertexten

Teilkompetenz Schreiben

13) Schreibvarianten

- Prozessorientiertes Schreiben: Infosicherung (Notizen etc.)
- Produktorientiertes Schreiben (Brief, Argumentation) → Verhältnis dieser zwei Schreibarten??
- Kreatives Schreiben
- Produktorientiertes Schreiben -> Vorrang gegenüber Prozessschreiben
    - o S. im kommunikativen Kontext:
        - Kontaktaufnahme und -erhaltung
        - Erfolgreiches Schreiben, wenn Texte für einen Leserkreis (innerhalb und außerhalb des Klassenzimmers)
    - o Kreatives Schreiben
- Z.T. freies Schreiben (eigene Interessen und Gedanken versprachlichen) ->geistige Handlungen strukturieren

14) Schreibprozess, 15) Entwicklung von Schreibkompetenz

- Ergebnis: Text produzieren, der sprachlich korrekt, verständlich und ‚gut' ist
- Schriftsprachliche Kompetenz
- Mit zunehmendem Niveau mehr Textsorten, Techniken und eigenständigere und sichere Anwendung
- Auch viel als Lernprozessmittel verwendet
- Zusammenhängende Texte
- Betonung des Schreibprozesses:
- Schreiben als zyklisch rekursiver Vorgang mit Planungs-, Formulierungs- und Bearbeitungsphase
    - o Planung: Ideengenerierung, Zielfindung, Ideenorganisation
    - o Formulierung: Textproduktion
        - Sicherer Zugriff auf sprachliche Mittel bzw. die Techniken ihrer Bereitstellung
    - o Überarbeitung (des 1. Entwurfs): inhaltlich und formal
        - Verfahren der autonomen Fehlersuche anwenden
        - Z.B. mehrstufige Überarbeitungscheckliste, Kommentarzettel, typische Fehlerliste
- Wichtige Rolle der Textsorte (s. Unterpunkt „Textsorte")
- Adressatenbezug
- Komponenten eines erfolgreichen Schreibvorgang üben, zunächst eine Isolierung einzelner Komponenten in Kauf genommen
- Entwicklung von Schreibkompetenz:
    - o Schriftliche Fixierung und Reproduktion von Wörtern, Strukturen oder kleinen Texten

- - Zu Beginn, sprachlicher Fokus
  - Später: inhaltliche Dimension gewinnt an Bedeutung, freie Textproduktion
- Individuelles Tempo der Schreibproduktion möglich?

16) Förderung kollaborativen Schreibens
- Gemeinsames Schreiben an einem Text

17) Textsorten
- Komplexe Texte, logische Struktur
- Berichte
- Aufsätze
- Zusammenhängende T.
- Adressatengerechte Texte
- Textsortenspezifisches/ textsortengemäßes Schreiben
- Strukturiert
- Meinungsäußerung/Position
- Hervorhebungen
- Konvention der Ausgangs- und Zielkultur beachten
- Sprachliche Schablonen als Muster für Schreiben
- Formulare, Fragebögen, Zeitungs- und Zeitschriftenartikel, Plakate, Berichte, Mitteilungen, Notizen, persönliche Briefe, Geschäftsbriefe, einfache Briefe, E-Mails (Anfragen, Bewerbungen), Erfahrungsgeschichten, Beschreibungen, einfache Aufsätze und Berichten, Postkarten, Tagebucheinträge, Comics, Mindmaps, Bilder, Fotos, einfache Erzähltexte, Gedichte, kleine Szenen, Bewerbungen, Sketche, Lesetagebuch, Wandzeitungen, Berichte für eine Schülerzeitung, Buchempfehlung, Filmempfehlung, Stellungnahmen, Folien, Plakate, fiktionale Texte -> Übergewicht von Sachtexten gegenüber literarischen und fiktionalen Texten,
- Mit höherem Sprachniveau zunehmende Erweiterung des thematischen Spektrums
- Keine konkreten Textsorten
- Den SuS vertraute Textsorten, aber keine banalen
- Beherrschen von Registerunterschieden
- Angemessene Progression textanalytischen Arbeitens
  - Briefe und E-Mails früher
  - Später appellative und argumentative Texte
- Elektronische Texte -> auch neuere elektronische Genres
- E-Mail
- Internettextsorten kennen
- Hypertexte: Kenntnisse zu Aufbau und Struktur - > wie sind diese im Fall der konkreten Web 2.0-Anwendung aufgebaut?
- Textsortenkenntnisse von Hypertexten notwendig

18) Themenbereiche

- Den SuS vertraute Themen
- Fachliches und pers. Interesse der SuS
- Mit Sprachniveau zunehmende Erweiterung des Themenspektrums
- Verbindliches Themenspektrum zu Spanien und Lateinamerika.
- Keine Themenlisten,
- Keine festen Themenlisten
- Den SuS vertraute, aber nicht banale Schreibanlässe

19) Vorwissen

- Thematisch
- Sprachlich
- Diskurswissen
- Textsortenwissen

20) Motivation

- Keine Mühsal, sondern
- Als Ausdruck persönlicher Eindrücke und Erlebnisse
- Echter Leserkreis (inner- und außerhalb des Klassenzimmers)
- Funktionales Schreiben als Teil eines Projektes -> sinnvoll erlebbar (z.B. publizierbares Produkt erstellen)
- Den SuS sollte die Sinnhaftigkeit des Tuns einleuchten (z.B. Ziel einer Schreibaufgabe transparent machen)

21) Textgestaltung & Hypertextproduktion

- Multimedialität (nutzen)
- Formatierungs- und Gestaltungsoptionen
- Hypertextproduktion

22) Sprache/ Sprachlicher Input

- Standardsprache? Register?
- Sprachanalyse nach Österreicher/ Koch (konzeptionell mündlich und schriftliche Anteile), neue funktionale Schriftsprachvarianten?

Integrated skills, Interaktion und Kommunikation

23) Separierte Vermittlung von Teilkompetenzen

- Abprüfbare Teilkompetenzen
- GeR: problematisiert (komplexe Sprache)

24) Integrated skills-Vermittlung

- Unterschiedliche und mehrere Fertigkeiten in einer Übung üben
- Kommunikative Einbettung von Übungen
- Abwechslungsreiches Wiederholen wichtiger sprachlicher Aktivitäten

25) Schriftliche (menschliche) Interaktion
- Kategorie im GeR vorhanden, aber kein Ineinandergreifen von rezeptiven und produktiven Prozessen bei der Kategorienbeschreibung
- Beispiele GeR für interaktives Schreiben
    - Notizen
    - Memos
    - Korrespondenz (E-Mails, Briefe,
    - Aushandeln des Wortlauts schriftlicher Vereinbarungen, Verträge etc.
- Viele Sprachverwendungssituationen sind interaktiv (GeR)
- Enge Verbindung von Lesen und Schreiben
- Prozesse der Textrezeption und -produktion schwer trennbar
- Umgang im soziokulturellen Kontext
- Spezifische Kontexte sprachlichen Handelns erhalten
- Lesen und Schreiben in wechselseitiger Funktion erproben
- In Beziehung setzen zu soziokulturellen Verwendungsbedingungen
- (Soziokulturelles Wissen verbinden mit Konventionen der Textgestaltung)
- Gemeinsamer Kommunikationsraum
- Wann Antworten: zeitlich verzögert, direkt … -> Ablauf Produktion/Rezeption direkt oder nicht
- (Sprachproduktion im individuellen Tempo)
- Art der Interaktion: direkt/ indirekt, zeichenweise, turnweise etc.
- Direkte Intervention in die Kommunikation (unterbrechen etc.) möglich
- Direkte Rückkopplung mit Kommunikationspartner möglich? -> Daraus dann die Kommunikationsform ableiten

26) Kommunikationsformen

Einteilung allgemein:

- Synchron
- Asynchron
- Quasi-synchron

27) Mensch-Maschine- bzw. elektronische Interaktion
- GeR: Interaktion zwischen Mensch und Maschine
- Interaktion verschiedener Medien (Text-Bild etc.)
- Reagieren der Computerumgebung auf menschliche Eingaben
    - Formulare
    - Suchmaschinen
    - Etc.
- Einflüsse/Auswirkungen

Anhang 2: Analysebogen – spanische Blogs

<u>Anmerkung</u>: Jeder Bloganbieter, der im Vergleich zu anderen kleine Differenzen aufweist, hat einzelne Vor- und Nachteile. Im Rahmen dieser Arbeit wurden nur allgemeine Merkmale, wie sie etwa in gängiger Literatur beschrieben werden (vgl. Teil 2.2 dieses Buches) berücksichtigt. Ein spezieller Bloganbieter sollte vor dem Einsatz FSU – besonders auch wenn eigene Blogbeiträge verfasst werden sollen – hinsichtlich der Handhabung der verschiedenen Komponenten, überprüft werden. Weitere Informationen zu Webloganbietern finden sich beispielsweise auf http://www.testberichte.de/testsieger/level3_sonstige_webdienste_blog_anbieter_2069.html (20.02.2012).

KATEGORIEN (=Analysekriterien)	DESKRIPTIVE MERKMALS-ERFASSUNG (MERKMALS-AUSPRÄGUNG UND BESCHREIBUNG)	BEISPIEL	ANMERKUNG/ ERWEITERUNG/ KOMBINATION
	Funktionale kommunikative Kompetenz ‚Lesen'		
1) Lesearten	• **(a)** Überfliegendes Lesen in besonderem Maße vorkommend • **(b)** Selektierendes Lesen häufig vorkommend • **(c)** Detailliertes Lesen • **(d)** Unterhaltendes Lesen • **(e)** Kreatives Lesen • **(f)** Analytisches Lesen denkbar	• **(a)** Überfliegen eines Blogs um die umschriebenen Inhalte überblicksmäßig zu erfassen, Überfliegen von Suchergebnissen innerhalb eines Blogs um einen bestimmten Eintrag zu finden • **(b)** Suchen einer bestimmten Information in einem Blog • **(c)** Genaues Lesen einer persönlichen Stellungnahme/ eines best. Ereignisses • **(d)** Lesen eines Postings, weil es jmd. privat interessiert • **(e)** Lesen eines Textes, der Vorwissen und Erfahrungen zu einem bestimmten Thema aufgreift, z.B. ein Eintrag zum Thema Informationsfreiheit in Kuba[85] • **(f)** Lesen eines Postings und Vergleichen dieses mit dem Eintrag in einer anderen Quellen, z.B. Zeitungsartikel	• **(a-f)** Lesarten sind jeweils von der Leseintention abhängig, prinzipiell sind alles Lesarten möglich • **(a-f)** Dazu angeleitet wird im Rahmen eins Blogs aber nicht, gewählte Lesart und inwieweit ein Text z.B. eine affektive Aktivierung herbeiführt, hängt vom jeweiligen Leser ab

---

[85] Vgl. Blogeintrag von Yaoni Sánchez vom 07.02.2012: http://www.desdecuba.com/generaciony/ (16.02.2012).

2) Förderung von *bottom-up* und *top-down*-Prozessen	- (a) Beide Prozesse kommen vor - (b) Top-down-Prozesse können in Verbindung mit Sprachproduktion z.T. nach außen hin abgebildet werden - (c) Evtl. Verstehensprozesse erschwert, da intertextuelle Bezüge zu weiteren Texten eines Blogs vorhanden - (d) Zusätzlich zu den datengeleiteten Prozessen kommen z.T. Bildverstehensprozesse hinzu	- **(a1)** *Bottom-up*-Prozesse: Wort- und Satzidentifikation beim Lesen eines Postings bzw. Kommentar bzw. der Überschrift, Verknüpfen von Satzfolgen notwendig - **(a2)** *Top-down*-Prozesse: Bewerten eines Blogeintrags hinsichtlich seiner journalistischen Qualität, Interpretieren eines Eintrags in Bezug auf die Intention des Autors - **(b)** Verfassen eines Kommentars zu einem Blogeintrag - **(c)** Ein Kommentar, der sich nicht nur auf einen Blogbeitrag, sondern auch auf einen weitern Kommentar bezieht - **(d)** Zusätzlich zum Texteintrag können Bilder und Videos eingefügt werden	- **(a1)** Verknüpfen von Satzfolgen notwendig, da Blogeinträge meist aus mehreren Sätzen bestehen und sich diese aufeinander beziehen
3) Textsorten	Blog als Kommunikationsform (vgl. Schlobinski und Siever 2005: 17) -> verschiedene Textsorten möglich - (a) Tagebuchartige Aufzeichnungen (Vgl. Franco 2005: 288-319) - (b) Leitartikel - (c) Leserbrief, Meinungsäußerungen (Vgl. Abfalterer 2007: 82f.)	- (a) Blog, der beschreibt, was eine Privatperson macht, womit sie sich beschäftigt - (b) Blogeintrag, der v.a. Sachverhalte präsentiert und zahlreiche Linkverweise enthält - (c) Als Kommentar zu einem Blogeintrag verfasst	- **(b+c)** Häufig in kooperativen Blogs vorhanden: werden von einer Partei/Unternehmen etc. betrieben (Vgl. Franco 2005: 288-319)
4) Themenfelder	- (a) 1 Blog ist i.d.R. monothematisch, d.h. beschäftigt sich mit einem größeren thematischen Zusammenhang - (b) Vernetzung zu anderen Sites möglich - (c) Prinzipiell kann ein Blog zu jedem erdenklichen Thema angelegt werden - (d) Meist private Themen, aber auch weitere unterschiedliche Themen möglich (Vgl. Franco 2005: 288-319) - (e) Vielfältige Bezüge zur hispanophonen	- (b) Durch Einfügen von Hyperlinks - (d) Internet, Literatur, Informatik, Kurzbiographien, Comic, Archäologie, Bibliothekswissenschaft, Kultur, Politik, Film (Vgl. Franco 2005: 288-319) - (f) Besonders in tagebuchartigen Blogs - (g) Bes. in tagebuchähnlichen Blogs, die bewusst auch subjektive und emotional markierte Themen abhan-	- (a) Ein Blog kann aber auch mehrere Inhalte behandeln (Vgl. Franco 2005: 288-319) - (e) Generell in verschiedenen Blogs möglich; vorhandene Bezüge innerhalb eines konkreten Blogs sind aber jeweils von der Schreibsituation des Autors abhängig - (g) Da eine Vielzahl von Themenfeldern möglich ist und somit „für

	deln	jeden etwas dabei ist" • **(h)** insbesondere wenn ein Blog von einem Jugendlichen selbst betrieben wird
	Kulturen gegeben • **(f)** Soziokulturelle Erfahrungen und Einsichten vermittelt • **(g)** Kognitive und affektive Auseinandersetzung möglich • **(h)** Bezug zur Lebenswelt der Schüler möglich	

5) Lesemotivation	• **(a)** Aussicht auf Anschlusskommunikation, bes. auch mit Gleichaltrigen, vorhanden
	• **(b)** Echter Leseanreiz, da Lesen der Informationsentnahme und nicht vordergründig der Sprachübung dient
	• Förderung intrinsischer Motivation möglich
	    o **(c)** Durch vielfältige Möglichkeiten der Themenwahl -> Finden von interessierenden Themen
	    o **(d)** Tätigkeitsspezifische Motivation in im Rahmen der vorkommenden Textsorten und Medien möglich
	• **(e)** Prinzipiell Lektüreauswahl durch Lernende und damit interessegeleitetes Lesen möglich
	• **(f)** Schaffung eines Erwartungshorizonts möglich
		• **(a)** Mittels Kommentarfunktion kann Anschlusskommunikation umgesetzt werden; aufgrund der thematischen Breite ist das Lesen „relevanter" Inhalte möglich, so dass man informiert ist und „mitreden" kann
		• **(b)** Lesen eines Kommentars um jemandes Meinungen über einen Blogeintrag zu erfahren und nicht um Formen des *subjuntivo* zu identifizieren oder den Text sprachlich zu korrigieren
		• **(e)** Lektürewahl in speziellen Blogsuchmaschinen unter der Eingabe frei gewählter Stichwörter möglich, Beispiele für thematische Vielfalt vgl. Bsp. Zu 4)
		• **(f)** Beim Lesen des Titels und Betrachten eines evtl. dazugehörigen Bildes können Hypothesen über die Inhalte des Textes aufgestellt werden

6) Sprachlicher Input	Nähesprachliche Blogs (die überwiegend nähesprachliche Merkmale enthalten)
	• **(a)** Orthographische Merkmale
	    o Flüchtigkeitsfehler
	    o Rechtschreib- und Interpunktionsfehler
	    o **(a1)** Hybridschreibung
	    o **(a2)** Zusammensetzungen
	• **(b)** Merkmale der gesprochenen Umgangssprache
	    o Gesprächspartikel kommen vor
		Zur besseren Lesbarkeit der Analysebeispiele werden die genauen Zitatangaben weggelassen. Alle Beispiele finden sich in Francos Analyse (2005: 303–311):
		• **(a1)** Mit Symbolen und oder Zahlen („la2" (*lados*), „€uros"), mit Binnenmajuskeln („*acciON*", *iMente*), mit Interpunktionszeichen („*i-rresponsables*"), Groß- plus Kleinschreibung („*SHOUTcast*") oder mit Strichen („~~tachada~~")
		• **(b3)** Können Geräusche imitieren oder Emotionen des Bloggers ausdrücken
		• **(b4)** Kommen im alltäglichen Bereich sehr oft vor
		• **(b5)** Markieren Affektivität oder Verächtlichmachung
		• **(b6)** Aber keine direkte Anrede in professionellen Blogs
		• **(c1)** Eigenschaften von einfacher bzw. extensiver Syntax stimmen

o (b1) Umgangssprache verwendet o (b2) Häufig Mündliche lexikalische Alternativen o (b3) Inflektive, Lautmalerei o (b4) Zahlreiche Tilgungen o (b5) Zahlreiche Diminutive o (b6) Direkte Anrede häufiger vorkommend o **(c) Syntaktische Merkmale** o (c1) Einfache Sätze o (c2) Durchgängig Verwendung von Parenthesen o (c3) Anakoluthe o (c4) Herausstellungen durch „..." markiert o (c5)Imitation von Pausen durch „..." o (c6) Abkürzungen o **(d)Graphostilistische Merkmale** o (d1) Smileys o (d2) Iterationen • (e) Häufig für professionelle Blogs zutreffend • (f) Auch Gesprächsausdrücke, aber weniger • (g) Tilgungen auch vorkommend • (h) Weniger Diminutive • (i) Kaum Anakoluthe • (j) Weniger Herausstellungen • (k) Imitation von Pausen vorkommend • (l) Nur konventioneller Abkürzungen vorkommend • (m) Keine Smileys und Iterationen **(n)** I.d.R. Standardschreibung eingehalten	• (a2) „eresMas" • (b1) „posteo" für *posting*, „curioser" abgeleitet von *curiosidad* • b2) „joderse" (vulgär: sich abfinden müssen) • (b3) „jajajaja"/ „lalalala" -> ahmt lachen bzw. singen nach • (b4) „tele" für *televisión*, „cumple" für *cumpleaños*, „cole" für *colegio* • (b5) Bes. „-illo" und "-ito" • (b6) "Me ayudáis???" und andere Fragen an die Leserschaft • (c1) Einfache Hypotaktische Konstruktionen • (c2) Einschübe mittels (...) realisiert • (c3) Kann z. T. auch ein Link sein, der in Satzform in einen bestehenden Satz eingerückt wird und so zu einem Satzbruch führt • (c5) Einen angefangenen Gedankengang nicht zu Ende führen, sondern mit „...." abschließen • (c6) Oft auch konventionelle Abkürzungen – z.B. *PSOE*, ebenfalls unkonventionelle (nicht offizielle) Abkürzungen – z.B. „ehr" als Abkürzung für den Namen des Blogautors • (d1) Bes. „ ;)" und „:P", auch „XD" und „XDDD" (für Lachen bzw. großes Lachen) • (d2) „estoy mueeeeeeeerta" • (n)Weder konsequente Groß- noch Kleinschreibung • (o) Gallizisches „desde logo" für „desde luego" verwendet	nicht immer unbedingt mit den Kriterien von konzeptionell mündlicher bzw. schriftlicher Sprache überein • (c2) Einschübe unterbrechen die begonnene Satzkonstruktion, weil dem Autor etwas einfällt, was für das Verständnis des Geschriebenen wichtig ist • (c3) Dienen der Selbstkorrektur, zeigen Zeitbedrängnis, dient dazu etwas zu betonen • (c6) Verwendete Abkürzungen werden nie erklärt, Kenntnis dieser vorausgesetzt (Vgl. Franco 2005: 288–319)

Distanzsprachliche Blogs (die überwiegend distanzsprachliche Merkmale aufweisen, was aber nicht heißt, dass sie keine konzeptionell mündlichen Merkmale in sich haben können)

		(o) z.T. Belege aus anderen Staatssprachen (Vgl. Franco 2005: 288–319)[86] **(p)** Zum Teil auch bildgestützte Texte vorkommend	
7) Vorwissensaktivierung	**(a)** Vorwissensaktivierende Elemente vorhanden, besonders thematische Aktivierung	**(a)** Überschriften, Bilder	**(a)** Einschränkung: in den Kommentaren gibt es solche Elemente nicht -> Vorwissensaktivierung schwieriger
8) Emotionale Aspekte	**(a)** Texte sind durch Smileys, Iterationen, Diminutive emotional markiert (Vgl. Franco 2005: 288–319) **(b)** Texte können bedürfnisbezogen gelesen werden, vgl. 5e) **(c)** Angstfreie Spracherwerbsumgebung **(d)** Evtl. negative emotionale Involvierung durch nicht angemessenen sprachlichen Ausdruck **(e)** Anregungsreichtum durch vielfältige Einbindung multimedialer Elemente	**(c)** Niemand sieht wer was gelesen hat, kein Zeitdruck **(d)** Im Rahmen eines Kommentars schimpft jemand auf etwas od. jmd., evtl. aggressiver Duktus oder Verwendung von Schimpfwörtern **(e)** Einbindung von Bild-, Ton- und Videomaterial sowie externer Links möglich	**(e)** Einschränkung: Anregungsreichtum kann evtl. auch zum *information overload* führen
9) Textreflexion	**(a)** Überprüfen der Textintentionen schwierig **(b)** Textinhalte können überprüfbar gemacht werden (Vgl. Franco 2005: 288–319) **(c)** Blogs können als eine Möglichkeit genutzt werden, um intertextuelle und historische Kontexte aus anderen Texten zu reflektieren und zu bewerten **(d)** Intertextuelle und historische Kontexte verwendet, z.T. sind diese explizit **(e)** Text im Blick eigener Erfahrungsbezüge bewertbar	**(a1)** Wer in welcher Absicht ein Blog betreibt und da Beiträge einstellt ist häufig nicht klar **(a2)** Ebenfalls oft unklar, wer in welcher Absicht einen Kommentar postet **(b)** Durch Einbindung externer Inhalte (Vgl. Franco 2005: 288–319) **(c)** Über Dinge berichten, die durch eine Pressezensur nicht an die Öffentlichkeit gelangen **(e)** Diese Gedanken können auch wieder als Kommentar geäußert werden	**(a1)** Vielfach wird der Familienname und/ oder Vorname sowie das Alter des Blogbetreibers nicht angegeben, zum Teil wird aber das Geschlecht angegeben; (vgl. Franco 2005: 296), wenn die Autorenangaben gut ausgefüllt sind, können diese gut zur Beurteilung der Textintention herangezogen werden **(a2)** Nur wenige Kommentare sind anonym gepostet, allerdings verwenden eine Vielzahl der Kommentatoren einen Nickname, der nicht eindeutig auf eine bestimmte Person zurückgeführt

---

[86] In dieser von Franco durchgeführten Studie zu sprachlichen und textuellen Aspekten in Blogs wurden "nur" Blogs ausgewählt, deren Blogger aus Spanien kamen. Lateinamerikanische Varietäten können hier leider nicht mit berücksichtigt werden. Grund für die Darstellung in dieser Analyse ist die hohe Anzahl der untersuchten Blogs. Empirische Basis sind 25 private und 5 professionelle Blogs.

			werden kann (Vgl. Franco 2005: 288–319)
10) Anschlusskommunikation		• **(a)** Produktive Textverarbeitung möglich • **(b)** Mit anderen kann in Kommunikation über einen Text treten ist möglich	• **(a)** Verfassen eines Kommentars, der einen Blogeintrag ergänzt, bewertet etc. • **(b)** Innerhalb eines Kommentarthreads mit anderen über einen Eintrag/ ein Thema diskutieren, (falls angegeben) dem Blogautor eine E-Mail schreiben • **(a)** Meistens ist dafür die Angabe eines Namens und einer E-Mail-Adresse notwendig
11) Übungstypen		• **(a)** Übungen zu *pre-*, *while-* und *post-reading*-Phasen nicht explizit enthalten • **(b)** *Post-reading*-Übungen, gerade auch sprachproduktive Aktivitäten nur teilweise möglich • **(c)** Vgl. 9) Aktivitäten während des Lesens können beispielsweise Übungen zur Textreflexion umfassen • **(d)** Vgl. 7, Übungen vor dem Lesen können z.B. Aufgaben zur Vorwissensaktivierung enthalten	• **(a)** Müssen im Rahmen der didaktischen Aufbereitung erst integriert werden, scheint aber möglich

12) Textgestaltung, Struktur und Rezeption von Hypertexten		• **(a)** Enthaltende Elemente vgl. 21 a-d
		• **(b)** Multimedialität
		• **(c)** Posting
		   o Vom neuesten zum ältesten geordnet
		   o Übliches Layout: Der Titel steht oben, in der Mitte befindet sich der Text, unten sind Nickname des Bloggers, Kommentare, Datum und Kategorie(n) (=Tags) angegeben
		(Vgl. Franco 2005: 288–319)
		• Kommentare
		   o **(d)** Stehen häufig nicht direkt unter einem Posting, sondern können durch Klicken eines Hyperlink angezeigt werden
		   o **(e)** Können zusätzliche inter-
			• **(b)** Viele Postings enthalten Links; Einfügen einer Graphik oder eines Videos
			(Vgl. Franco 2005: 288–319)
			• **(f)** Blogeinträge können graphisch gestaltet werden, Kommentare nicht
				• **(b)** Durch Einbinden externer Elemente realisiert
				• **(c)** Tags erleichtern in hohem Maße die Navigation innerhalb eines inhaltsreichen Blogs
				(Vgl. Franco 2005: 288–319)
				• **(d)** Blogeintrag und Posting können also häufig nicht gleichzeitig angezeigt werden -> Vergleich bzw. Rückgriff auf den jeweils anderen Text schwieriger handhabbar

- ne und externe Hyperlinks enthalten
- **(f)** Graphische Gestaltung von Texten teilweise möglich
--> Hypertextrezeption kann vielfach geübt werden

Funktionale kommunikative Kompetenz ‚Schreiben'

13) Schreibvarianten	Produktorientiertes Schreiben in sehr hohem Maße vorkommend
	• **(a)** Im kommunikativen Kontext
	• **(b)** Kreatives Schreiben prinzipiell möglich
	• **(c)** Texte für einen Leserkreis inner- und außerhalb des Klassenzimmers
		• **(a)** Hier steht nicht nur die kommunikative Funktion (d.h. Kontakte aufbauen und erhalten) im Vordergrund, sondern auch die des inhaltlichen Austausch
		  o **(a1)** Führen einer Diskussion mittels der Kommentarfunktion
		  o **(a2)** Mitteilen von Inhalten an ein öffentliches Publikum von Bloglesern
		• **(b)** Etwa Verfassen eines Gedichts als eigener Blog- oder Kommentarbeitrag
		• **(b)** D.h. keine Einschränkungen, was das Layout anbelangt
		• **(c)** Alle Kommentare und Blogeinträge sind öffentlich für jeden Nutzer einsehbar

14) Phasen des Schreibprozesses (Planungs-, Formulierungs- und Überarbeitungsphase) nachvollziehbar und geübt	Anwendung der drei Phasen in unterschiedlichem Maße innerhalb der Anwendung möglich • **(a)** Planungsphase nur eingeschränkt realisierbar • **(b)** Formulierungsphase in zweifacher Hinsicht realisierbar • **(c)** Überarbeitung des eigenen Textes kann teilweise geübt werden • **(d)** Anhand des Schreibprodukts können die Phasen der Textentstehung nicht nachvollzogen werden	• **(a)** Vorige Kommentare bzw. andere Blogeinträge desselben Blogs können helfen, Ideen zu generieren • **(b)** Verfassen eines Blogeintrags bzw. Kommentars • **(c1)** Eine nochmalige Bearbeitung des zwischengespeicherten Entwurf eines Blogeintrags ist möglich; sobald ein erster Entwurf existiert kann ein Link an exklusive Personen verschickt werden, so dass sie diesen einsehen können • **(c2)** Kommentare können nicht in mehreren Phasen bearbeitet werden	• **(a)** Fehlende technische Umsetzungsmöglichkeiten, besonders um Ziele zu finden und Ideen zu organisieren (man kann beispielsweise keine Mindmaps erstellen und diese innerhalb des Blogs als nicht-öffentliche Entwurfsansicht abspeichern • **(b)** Ein kollaboratives Bearbeiten ist nicht möglich, es kann aber im Falle eines Blogeintrags eine Entwurfsansicht gespeichert werden, auf die später wieder zugegriffen werden kann • **(c1)** Eine Versionsansicht der verschiedenen Zwischenstadien existiert nicht • **(c2)** Man kann lediglich eine neue Textfassung erstellen bzw. seinen Eintrag von anderen öffentlich kommentieren lassen, wobei sich sicher weitere Kommentare, die nicht der Textüberarbeitung gewidmet sind, „dazwischen mogeln" können, da ja alle Nutzer kommentieren können
15) Entwicklung von Schreibkompetenz	• **(a)** Von Anfang an inhaltliche Dimension des Schreibens betont	• **(a)** Einen Kommentar verfassen, um seine Meinung zu äußern, um einen Gedanken/ Hinweis mitzuteilen	• **(c)** Kommentare sollten sich dabei aber thematisch auf einen Blogeintrag bzw. Kommentar beziehen -> völ-

98

	- **(b)** Weniger schriftliche Fixierung und Reproduktion von Wörtern und Strukturen, aber von kleinen Texten - **(c)** Freie Textproduktion „nur" in den Grenzen der strukturellen Gegebenheiten der Web 2.0-Anwendung möglich - **(d)** Adressatengerechtes Schreiben kann kaum geübt werden	- **(b)** Verfassen eines kurzen Kommentars zu einem Blogeintrag, Verfassen eines Blogeintrags der „nur" ein Video und eine kurze Erklärung dazu enthält - **(c)** Kommentare und Postings in verschiedener graphischer Gestalt formulieren - **(d)** Gibt keinen konkreten Adressaten, alle können einen Kommentar bzw. Blogeintrag lesen lig freie Niederschrift von Gedanken etc. technisch möglich, aber nicht im Sinne dieser Web 2.0-Anwendung
16) Förderung kollaborativen Schreibens	- **(a)** Arbeiten an einem gemeinsamen Dokument kaum möglich - **(b)** Nur Kommentierung von Texten möglich	
17) Textsorten	- **(a)** Zum Teil strukturelle einfachere Texte - **(b)** Zusammenhängende Texte - **(c)** Konventionen der Ausgangs- und Zielkultur können nicht so gut beachtet werden Vgl. 3 - **(d)** Zusätzlich: Eingabe einer Suchanfrage	- **(a)** Titel zu einem hochzuladenden Blogeintrag formulieren, kurze Meinungsäußerung als Kommentar niederschreiben - **(b)** Blogeintrag verfassen - **(d)** Suche von bestimmten Blogeinträgen mittels Stichworteingabe - **(a)** Denkbar wäre höchstens, dass jemand, der ebenfalls die Autorenrechte für ein Blog besitzt einen bestehenden Entwurf verändert - **(c)** Schlussfolgerung: Da es keinen festdefinierten Leserkreis gibt, ist es nicht klar, welches genau die Ausgangs- und Zielkultur sind
18) Themenbereiche	- Vgl. 4	
19) Vorwissen	- **(a)** Vorwissensaktivierung wird nicht explizit im Sinne entsprechender Übungen gefördert - **(b)** Spanische Texte eines Blogs lesen: Textsortenwissen und sprachliches Diskurswissen aktivieren - **(c)** „Texte" spanischer, aber auch deutscher, englischer etc. Sprache (auch von weiteren Webseiten) zu einem bestimmten Thema lesen: Aktivierung thematischen Vorwissens	- **(b)** Sofern die Texte nicht von einem spanischsprachigen Muttersprachler verfasst worden sind, kann sprachliches Vorwissen nur bedingt aktiviert werden
20) Motivation	- **(a)** Schreiben als Ausdruck persönlicher Eindrücke und Erlebnisse zum Teil möglich - **(b)** Echter Leserkreis existiert	- **(a)** Schreiben eines persönlichen Eindrucks/ Erfahrung mit Hilfe eines Blogeintrags - **(b)** Leser eines Kommentars bzw. Blogeintrags: Vgl. 15 d+17c - **(a)** Sollte jedoch „thematisch passen" (vgl. 15c) - **(b)** Anmerkung zum Leserkreis vgl. 15dc+16c

21) Textgestaltung & Hypertextproduktion	**(a)** Oben: Titel/ Name des Blogs (evtl. Untertitel) **(b)** Rechts bzw. links: Blogwerkzeuge (Links, Kalenderelemente, Informationen zur Person, Suche, Counter, externe Einbindungen, Kategorien...) **(c)** Unten: Feedbutton, Button des Bloganbieters, Design, Jahr etc. **(d)** Einbindung eines Blogs auf anderen Websites möglich (Vgl. Franco 2005: 288–319) **(e)** Hypertextproduktion gut möglich **(f)** Textgestaltung vgl. 12 b-f	• Kalenderelemente und Links erleichtern das Navigieren innerhalb eines Blogs **(b)** (Vgl. Franco 2005: 288–319) • **(e)** Bei Kommentaren und in Blogeinträgen möglich
22) Sprache	Vgl. 6 **(a)** Suchanfrage muss sprachlich korrekt sein **(b)** Authentisches Sprachmaterial vorliegend	• Das Stichwort „*papa*" ergibt Treffer, das Wort „pappa" hingegen nicht[87] **(a)** • **(b)** Ist nicht didaktisiert

---

[87] Vgl. http://www.desdecuba.com/generaciony/ (16.02.2012).

Integrated Skills, Interaktion und Kommunikation

23) Separierte Kompetenzvermittlung allg.	• (a) Prinzipiell möglich	• **(a1)** Verfassen eines beliebigen Blogeintrags, ohne, dass man sich auf einen anderen Text bezieht (nur Schreiben) • **(a2)** Lesen eines Blogeintrags oder Kommentars (nur Lesen) • **(a1)** Nur möglich, sofern man über Autorenrechte verfügt • **(a1+a2)** Eine komplette Nutzung der Funktionen von Blogs fordert eher eine integrierte Nutzung von Kompetenzen
24) Integrierte Kompetenzvermittlung allg.	• (a) Lesen und Schreiben sind oft (aber nicht immer) in einen kommunikativen Kontext eingebettet • (b) Mehrere Kompetenzen können in einer interaktiven Sprachverwendungs-Aktivität geschult werden • (c) Weniger interaktive Sprachverwendungssituationen • (d) Abwechslungsreiches Wiederholen sprachlicher Aktivitäten prinzipiell möglich	• **(a)** Verfassen eines Kommentars um sich zu einem Blogeintrag zu äußern bzw. auf einen anderen Kommentar einzugehen • **(b1)** Schreiben eines Kommentars zu einem Blogeintrag, der auch einen Audiobeitrag enthielt (Hören, Lesen+Schreiben) • **(b2)** Kommentar in Reaktion auf einen anderen Kommentar verfassen (Lesen+Schreiben) • **(c)** Bsp. für interaktive Sprachverwendung vgl. 24b2) • **(d)** Wortschatzwiederholung in dem zum selben Thema ein Blogeintrag gelesen und ein Kommentar verfasst wird • **(a)** Aber: Überfliegen von Suchergebnissen innerhalb eines Blogs um einen bestimmten Eintrag zu finden -> hier kein kommunikativer Kontext vorhanden, Information steht im Vordergrund

25) Schriftliche (menschliche) Interaktion (Kommunikationsraum, Art d. Interaktion, Antworten, Intervention)	• (a) Indirekte, zeitversetzte menschliche Interaktion eingeschränkt möglich
	   ○ Situationsungebunden, indirekte Kommunikation
	   ○ Zeitliche und räumliche Distanz der Kommunikationspartner
	   ○ Anordnung der Texteingänge einer Komponente in chronologischer Reihenfolge
	   ○ Keine direkte Rückkopplung mit dem Interaktionspartner möglich
	   ○ Indirekte Interaktion mit einem öffentlichen Adressatenkreis
	   ○ Zeitversetzte Antworten
	• (b) Text kann nur schwer zu den soziokul-
		• **(a)** Kommentieren eines vorigen Kommentars, Führen einer Diskussion über den Kommentarthread
		• **(b)** Kein konkreter Adressat vorhanden
		• **(c)** Ein verfasster Kommentar steht im Kontext eines bestimmten Blogeintrags, es wird „nicht einfach mal so" ein Kommentar verfasst
		• **(a)** Einschränkung: Interaktion muss im Rahmen des Benutzens der Kommentarfunktion nicht zwingend stattfinden, ein Kommentar kann auch zusammenhangslos in einen Thread eingefügt werden
		• **(a)** Besagte Interaktion kann durch Kommentare anderer User unterbrochen werden, da Texteingänge in chronologischer Reihenfolge ihres Eingangs abgebildet werden
		• **(b)** Soziokulturelle Verwendungsbedingungen sind somit nicht explizit klar

		turellen Verwendungsbedingungen in Beziehung gesetzt werden • **(c)** Spezifische Kontexte sprachlichen Handelns bleiben erhalten	
26)	Kommunikationsform (synchron, asynchron, quasi-synchron)	• Asynchron	
27)	Mensch-Maschine-Interaktion	• **(a)** nur zum Teil Bild-Text-Interaktion • Zusätzlich: Eingabe einer Suchanfrage **(b)** • Vorgegebener technisch-struktureller Aufbau von Blogs steuert die möglichen Eingaben **(c)** und das Kommunikationsverhalten **(d)**	• **(a)** häufig enthalten Postings kein Bild, wenn man das ganze Blog in Betracht zieht, ergibt sich bei den meisten Blogs eine starke Textlastigkeit • **(b)** Eingabe von Mindmaps, graphisch formatierten Kommentaren nicht möglich • **(c)** Stichwortsuche innerhalb eines Blogs • **(d)** Kommunikationsverhalten immer nur in einem allgemeinen Adressatenkreis möglich, Kommunikation mit einer einzelnen Person im Rahmen dieser Anwendung nicht durchführbar • **(c)** Korrekte Verfügung über die sprachlichen Mittel notwendig, sonst keine Suchergebnisse; Eingabe langer Sätze wäre auch nicht erfolgreich -> nur Eingabe einzelner Wörter möglich

Anhang 3: Analysierte Blogs
- http://www.elblogdecineespanol.com/ (16.02.2012)
- http://www.desdecuba.com/generaciony/ (16.02.2012)
- die in Liste aus Francos Studie (2005:

Anhang 4: Analysebogen - Facebook

KATEGORIEN (=Analysekriterien)	DESKRIPTIVE MERKMALSERFASSUNG (MERKMALSAUSPRÄGUNG UND BESCHREIBUNG)	BEISPIEL	ANMERKUNG/ ERWEITERUNG/ EINSCHRÄNKUNG
	Funktionale kommunikative Kompetenz ‚Lesen'		
1) Lesearten	• (a) Globales Lesen • (b) Selektierendes Lesen • (c) Detailliertes Lesen • (d) Unterhaltendes Lesen • (e) Kreatives Lesen generell auch möglich	• (a) Überfliegen einer Profilseite einer Person, um sich einen ersten Eindruck von ihr zu verschaffen • (b) Überfliegen einer Profilseite auf „coole Sprüche" • (c) Genaues Lesen einer privaten Nachricht • (d) Nutzen der *instant messaging* Funktion • (d) Das Lesen, was Freunde gepostet haben, um zu erfahren, was bei den Freunden los ist, je nach Textinhalt auch (e) möglich	• (a-e) Dieselben Texte können in verschiedenen Lesearten gelesen werden, sind abhängig von der Intention • (a-e) Über die genau zur Verfügung stehenden Texte entscheidet die Tatsache, zu wessen Profil man Zugang hat, dies kann also interindividuell variieren • (a-e) Je nach dem ist also auch unterhaltendes und kreatives Lesen möglich, ob dies wirklich stattfinden kann, hängt v.a. auch vom Leser und seinen Interessen bzw. Vorlieben ab (ob ein Text bei jmd. eine affektive Reaktion auslöst, ist unterschiedlich)
2) Förderung von *bottom-up* und *top-down* -Prozessen	• (a) Beide Prozesse finden statt • (b) *Top-down* Prozesse können z.T. nach „außen abgebildet" werden • (c) Evtl. Verstehen erschwert, da Kotext (hier im Sinne als das einen Satz/Phrase unmittelbar vorige bzw. nachfolgende Element verstanden) von mehreren Personen verfasst sein kann	• (a1) *Bottom-up*-Prozesse: Identifikation von Wörtern und Sätzen (z.B. in einem Kommentar) und Satzfolgen (z.B. in einer privaten Nachricht) • (a2) *Top-down*-Prozesse: Verbindung zu Weltwissen im Sinne einer Konstruktion des Kontextes des Autors durch die einzelnen Profilangaben zu einer Person erleichtert; • (b) Bewertung einer Aussage kann (nicht nur mental sondern) auch mittels eines Kommentars erfolgen • (b) Gelungene Verstehensprozesse können sich in kohärenten Kommentaraneinander-	• (a1) *Bottom-up* Prozesse evtl. eingeschränkt vorkommend, da Identifikation on von Sätzen und Satzfolgen evtl. weniger vorhanden, da in Pinnwandeinträgen bzw. Kommentaren oft nur Satzteile bzw. einzelne Wörter geschrieben sind • (b) Sofern keine sich anschließende Sprachproduktion über das Gelesene stattfindet, lassen sich *bottom-up* und *top-down* Prozesse schlecht abbilden

		reihungen zeigen **(c)** Bei einer Aneinanderreihung von Kommentaren ist es (meistens) wichtig zumindest den vorigen Kommentar zu lesen, damit man den interessierenden Beitrag besser verstehen kann, gerade wenn sich dieser auf den vorigen bezieht	
3) Textsorten	**(a)** Private E-Mails (strukturell komplex oder einfach) **(b)** Kommentar/ Meinungsäußerung/ Bildtitel (eher strukturell einfach) **(c)** Diskussion, Beratungsgespräch, Schilderung, Dialog, Gespräch, Interview (vgl. auch Abfalterer 2007: 82f.) **(d)** Gästebucheintrag **(e)** Eher „Texte", die der Unterhaltung und Kommunikation dienen (vgl. Ebersbach u. a. 2011: 111–113) **(f)** Microblogartige Statusmeldungen (vgl. Ebersbach u. a. 2011: 111–113) **(g)** Durch Einfügen von Links Verweis auf andere im Netz zugängliche Texte und damit auch auf andere Textsorten möglich	**(a)** Als persönliche Nachricht **(b)** Beim Benutzen der Kommentarfunktion **(c)** Beim Benutzen der *instant messaging* Funktion[88] **(d)** Pinnwandeinträge in Form von Geburtstagsgrüßen und Danksagungen etc. (vgl. Ebersbach u. a. 2011: 105) **(g)** Das Posten eines Zeitungsartikels	Wenn „Freunde" aus den Ländern der Zielsprache (hier: Spanisch) vorhanden sind, dann stehen entsprechende Textsorten der Zielsprache und -kultur zur Verfügung Für die entsprechenden einzelnen Funktionen bei Facebook gibt es keine Textsortenkonventionen, die einzuhalten sind (sind nirgendwo publiziert)
4) Themenfelder	**(a)** Keine bestimmten thematischen Vorgaben (vgl. auch Görig 2011: 46) **(b)** Prinzipiell keine thematischen Einschränkungen **(c)** Z.T. auch landeskundliche Themen **(d)** Der Mensch und seine Beziehungen, und nicht so sehr Themen, stehen im Mittelpunkt (vgl. Ebersbach u. a. 2011: 97–99) **(e)** Vielfältige Bezüge zu hispanophonen Kulturen nur bedingt gegeben **(f)** Soziokulturelle Erfahrungen und Einsichten nur bedingt vermittelt	**(a1)** Thematische Interessensgruppen: Sport, Politiker, Geographische Orte, Bands etc. **(a2)** Themen des persönlichen Interesses einer Person **(c)** Wenn „Freunde" aus den Ländern der Zielsprache (hier: Spanisch) vorhanden sind, dann stehen evtl. z.T. sogar entsprechende landeskundliche Bezüge zur Verfügung, wie Kommentare zu aktuellen Ereignissen **(d)** Facebook ist nicht nach Themen, sondern nach Profilen strukturiert	**(b)** Themenvielfalt der „Texte" ist abhängig von den zur Verfügung stehenden zugänglichen Profilen und den befreundeten Personen sowie deren Beiträge -> weniger sachlich-logische Anordnung und Publikation von Beiträgen, höherer Personenbezug, damit auch Lebenswelt- und Altersabhängigkeit **(e)** Ist stark von den zugänglichen Profilen und der Herkunft der „Freunde" abhängig **(f)** Diese sind nicht als solche markiert

---

[88] Da „Texte" des *instant messaging* mit denen eines Chat vergleichbar sind (vgl. Dürscheid 2003: 42), werden die Textsortencharakteristika in diesem Fall bestimmt, in dem auf Textsortendarstellungen über Chats zurückgegriffen wird.

		• (g) Thematische Abwechslung z.T. möglich • (h) Kognitive und affektive Auseinandersetzung möglich	• (f) Verschiedene Beiträge von mehreren Personen • (g) Besonders auch bei kontroversen Themen, über die „Freunde" evtl. schreiben	kiert, entsprechende Bezüge müssen erst bewusst gemacht werden • (g) Abhängig von den einzelnen Freunden, Frage der Heterogenität der einzelnen Personen
5) Lesemotivation	• (a) Aussicht auf Anschlusskommunikation mit Gleichaltrigen vorhanden • (b) Echter Leseanreiz, da Lesen der Informationsentnahme dient • (c) Erwartungshorizont kann nicht so gut aufgebaut werden • (d) Inhalte und Themen, die der Lebenswelt der SuS entsprechen (Beispiele und Erklärungen vgl. Kriterium 5a) • (e) Prinzipiell „Lektüreauswahl" durch Lernende und somit interessgeleitetes Lesen möglich • (f) Förderung einer tätigkeitsspezifischen Motivation wahrscheinlicher, da verschiedene Textsorten gelesen und verschiedene Tätigkeiten ausgeführt werden können -> zahlreiche Wahlmöglichkeiten -> Wahrscheinlichkeit steigt, dass eine dabei ist, die dem Lerner gefällt • (g) Anregungsreichtum durch Einbindung multimedialer Elemente	• (a) Mittels Kommentarfunktion kann Anschlusskommunikation umgesetzt werden; da Statusmeldungen und Kommentare allen „Freunden" zugänglich gemacht werden können, ist es wahrscheinlich, dass viele eine solche Meldung lesen und deswegen als mögliche Kommunikationsinhalt dienen kann -> produktive Textverarbeitung und soziale Interaktion darüber • (e) Man muss nicht alle aktuellen Statusmeldungen von jedem „Freund" als sog. „Neuigkeit" abonnieren, Beiträge der einzelnen „Freunde" können, nach verschiedenen wählbaren Kriterien, abonniert werden • (f) Lesen von Statusmeldungen, Kommentaren, Bildunterschriften, privaten Nachrichten, Pinnwandeinträgen etc. -> verschiedene Tätigkeiten sind möglich	• (a+d) Da hoher Lebensweltbezug der Themen (sofern man davon ausgeht, dass die „Freunde" aus Facebook reralweltliche soziale Beziehungen in hohem Maße widerspiegeln) • (b) Es handelt sich um authentische Texte, die i.d.R. nicht zur Sprachübung konzipiert wurden • (c) Da Elemente fehlen, (wie z.B. Überschriften, Klappentexte, Betreffzeile), durch die ein Erwartungshorizont geschaffen werden könnte • (e) Interessegeleitetes Lesen bezieht sich hier auf die Auswahl von „Autoren", von denen man gerne liest und nicht so sehr auf interessierende Themen
6) Sprachlicher Input[89]	• (a) Sprachgebrauch bei E-Mails, entspricht dem einer sog. privaten Nachricht 　○ Sprachgebrauch vom Kommunikationssituation und Adressatenkreis abhängig -> Abhängigkeit von funktionalen Aspekten -> z.B. Einladungsschreiben etc. -> versch. Sprachstile	• a) Das Lesen einer privaten Nachricht • (a1) Iteration: !!!, Großschreibung: „¿QUÉ DIJISTE?" -> dient der Hervorhebung • (b) Lesen im Facebook Chat • (d) Statusmeldung oder Kommentar • (f) Eingestellte Bilder können kommentiert werden	• (a) Da es sich bei einer E-Mail um eine Kommunikationsform und nicht um eine Textsorte handelt, kann diese verschiedene sprachliche Merkmale aufweisen (vgl. Ziegler 2002: 24-26) • (c) Sprachlicher Input unterscheidet sich je nach Verfasser • (c) Falls von Muttersprachler verfasst,

---

[89] Erhoben mit Hilfe der Charakterisierung der entsprechenden vorkommenden Kommunikationsformen, der Analyse nach Koch/Oesterreicher und eigener Nutzungserfahrungen (d.h. eigene Kommunikation mit spanischen Muttersprachlern über Facebook). Eine Analyse eines konkreten linguistischen Korpus war im Rahmen dieser Untersuchung leider nicht möglich, da dies auch immer eine Frage der Zugänglichkeit zu entsprechend geeignetem Textmaterial darstellt und entsprechende Studien nicht vorliegen. Da das Merkmal des sprachlichen Inputs nur eins von mehreren Untersuchungskriterien ist, wird eine genauere und aufwändigere Analyse hier offen gelassen.

- Gefahr, evtl. dass Texte zu schwierig sind, da sie nicht mehr ein mittleres, sondern eher ein hohes Niveau aufweisen
- **(c)** Dafür aber auch eine Vielfalt sprachlichen Inputs möglich
- **(d)** Ausnahme: eine „längere" private Nachricht
- **(f)** Ansicht und Interaktionsmöglichkeit richtet sich nach den jeweiligen Ansichts- und Bearbeitungsrechten
- **(g)** Abhängig von der Herkunft der „Freunde", z.T. können die Angaben im Profil (Geburtsort, Wohnort…) aufschlussreich für die Feststellung der diatopischen Varietät sein

---

  - Weniger Smileys verwendet
  - Weniger Inflektive
  - Vergleichsweise starke Wahrung der Schriftnorm
  - **(a1)** Aber konzeptionell mündliche Anteile: Iterationen, Smileys, Großschreibung
  - Durch Zitierung vorausgegangener Texte bzw. Textpassagen, auf die sequentiell reagiert werden kann, entstehen Quasi-Dialog oder Quasi-Dialogsequenzen
  - Enthalten in der Regel alle Textstrukturierungselemente wie Absender und Adressat, Anrede, Textkörper und Grußformel (vgl. Siever 2010)
- **(b)** Sprache des Messengers entspricht dem von Chatsprache:
  - Häufiger Smileys verwendet
  - Häufiger kommen Inflektive vor
  - Vergleichsweise geringere Wahrung der Schriftnorm (vgl. Siever 2010)
  - Konzeptionell mündliche Grundhaltung (vgl. Wirth 2005: 68) (Grund: synchrone Datenübertragung, situationsgebundene Kommunikation)
  - Entflüchtigung der Kommunikation durch mediale graphische Vermittlung (man kann die Schriftäußerungen noch eine Weile lesen) (vgl. Wirth 2005: 68–71)
- **(c)** Gesamtheit des sprachlichen Inputs von verschiedenen Personen geschaffen
- **(d)** Tendenziell eher strukturell weniger komplexe Texte
- **(e)** Normalerweise handelt es sich um au-

	thentisches Sprachmaterial, ist nicht didaktisch aufbereitet - **(f)** Keine Bildunterstützung im Sinne einer kompletten Textkonzeption, aber anfügen eines Links bzw. hoch laden eines Bildes möglich - **(g)** Verschiedene diatopische Varietäten möglich - **(h)** Eigene Beobachtung: Kein *registro culto*, eher *coloquial* - Bildgestützte Texte kaum vorkommend, höchstens in Verbindung mit einem Hyperlink, der auf ein Bild verweist		
7) Vorwissensaktivierung	- **(a)** Vorwissensaktivierende Elemente wie Überschriften, Graphiken etc. nicht explizit vorhanden - **(b)** Vorwissensaktivierung wird nicht explizit gefordert	--	--
8) Emotionale Aspekte	- **(a)** Bedürfnisbezogene Textauswahl aus einer Fülle von verschiedensten Texten (die sich aus der Gesamtmenge der Texte der „Freunde" ergeben) generell möglich - **(b)** Angstfreie Spracherwerbsumgebung - **(c)** Anregungsreiche Lernumgebung teilweise vorhanden	- **(a)** Beiträge verschiedener Freunde bzw. Themen bzw. Textarten wie kürzer/ länger - **(b)** Niemand sieht, wer was gelesen hat (und welches Profil besucht hat), beim Lesen privater Nachrichten und Statusmeldungen kein Zeitdruck - **(c)** Anregungsreichtum durch multimediale Elemente	- **(a1)** Textauswahl ist aber auch abhängig, von den zu Verfügung stehenden Texten, die individuell vom jeweiligen Facebookprofil verschieden ist - **(a2)** Evtl. treffen die zur Verfügung stehenden Texte aber trotzdem nicht das Lesebedürfnis einer Person, etwas weil der Freundeskreis sehr homogen zusammengesetzt ist und so bestimmte Themen „nicht bedient" werden - **(b)** Aber Zeitdruck beim Lesen von Messaging Nachrichten, da schnelle Antwort erwartet -> Zeitdruck
9) Textreflexion	- **(a)** Prüfen von Textinhalt innerhalb des Netzwerks zum Teil möglich - **(b)** Intertextuelle Kontexte nur schwer reflektierbar - **(c)** Historische Kontexte eher schwer zu	- **(a)** Überprüfen eines Kommentars, indem Kommentare von anderen gelesen werden und so der Wahrheitsgehalt eines Beitrags überprüft werden kann - **(b)** Vorige Kommentaraneinanderreihungen, auf die sich ein Kommentarthread be-	- **(a)** Überprüfen ist aber nicht in jedem Fall möglich, z.B. Überprüfen einer Statusmeldung zu einem aktuellen politischen Ereignis ist kaum innerhalb des eigenen Netzwerks möglich, weitere Quellen müssen hinzugezogen

	berücksichtigen (d) Über eigene Erfahrungsbezüge nachdenken möglich (e) Text im Hinblick eigener Erfahrungsbezüge bewertbar	zieht, können oft nicht eingesehen werden, wenn man sich nicht selbst an jener Kommentarfolge beteiligt hatte (d+e) Diese Gedanken können auch wieder geäußert werden, z.B. als Pinnwandeintrag, private Nachricht oder im Rahmen der Chatfunktion	werden, allerdings kann zur Verifikation des Geschriebenen auch ein Link, der z.B. auf eine bestimmte Quelle wie Internetnachrichten verweist, gesetzt werden (b) Grund: erschwerte Zugänglichkeit zu Textbeiträgen anderer aufgrund enger Privatsphäreeinstellungen (b+c) Grund: Innerhalb eines Textes keine hypertextuellen Verknüpfungen möglich (a-e) Einschränkung für alle angeführten Punkte: SuS werden durch diese Web 2.0-Anwendung nicht explizit zur Textreflexion herausgefordert
10) Anschlusskommunikation	(a) Soziale Interaktion über das Gelesene innerhalb dieser Anwendung möglich (b) Produktive Textverarbeitung innerhalb dieser Anwendung möglich	(a+b) Beispiele vgl. **5a**	(a+b) Anmerkungen vgl. **5a**
11) Übungstypen	(a) Übungen zur *pre-*, *while-* und *post-reading* Phase sind nicht explizit enthalten (b) *Post-reading* Übungen, gerade auch sprachproduktive Äußerungen innerhalb dieses Mediums möglich (c) Vgl. 9), Übungen während des Lesens können beispielsweise Aktivitäten zur Textreflexion umfassen (d) Vgl. 7), Übungen vor dem Lesen können beispielsweise Aufgaben zur Vorwissensaktivierung enthalten	(b) Auf eine private Nachricht antworten, einen Kommentar schreiben, weitere Äußerungen einer Person zum selben Thema innerhalb des Netzwerks recherchieren	(a1) Müssen im Rahmen der didaktischen Aufbereitung erst integriert werden (a2) Eine solche Aufbereitung scheint aber möglich
12) Textgestaltung, Struktur und Rezeption von Hypertexten	(a) Multimedialität (b) Facebook-Menüleisten immer als Rahmen (Menüleisten sind Hyperlinks) (c) Graphische Gestaltung von Texten nicht möglich, es können lediglich illust-	(a) Bilder, Texte, Clips, Audiodateien können als Hyperlink eingebunden werden (c) Private Nachrichten können nicht formatiert werden	(a+b) Evtl. deswegen *cognitive overload* (b) erleichtert gleichzeitig die Orientierung innerhalb des Netzwerks (c) So evtl. Textverständnis erschwert,

rierende Elemente als zusätzlicher Link eingefügt werden • **(d)** keine Hypertexte mit internen und externen Links möglich, ein Text kann nicht aus mehreren Hypertexten bestehen → Hypertextrezeption in mäßigen Maße möglich	weil kohärenzbildende Hilfen fehlen • **(c)** Adressaten- und intentionsgemäße Formatierung von Texten nicht möglich

Funktionale kommunikative Kompetenz ‚Schreiben'

13) Schreibvarianten	(a) produktorientiertes Schreiben in sehr hohem Maße vorkommend o im kommunikativen Kontext (b) kreatives Schreiben prinzipiell möglich (c) und (d) Texte für einen Leserkreis inner- außerhalb des Klassenzimmers bestimmt	(a) Verfassen einer privaten Nachricht um jemanden etwas mitzuteilen; einen Eintrag auf jemandes Pinnwand erstellen (b) Etwa Verfassen eines Gedichts auf der eigenen Pinnwand (c) Private Nachricht an einzelne Klassenkameraden bzw. Austauschschüler (d) Veröffentlichung eines Beitrags auf der eigenen Pinnwand -> ist meist für alle „Freunde" sichtbar	(b) d.h. keine technischen Einschränkungen, höchstens, was das Layout anbelangt (c+d) Zugänglichkeit der verfassten Texten sind einerseits abhängig von der Wahl der Komponente (ob private Nachricht oder öffentlicher Pinnwandeintrag etc.), andererseits von den eigenen Privatsphäreeinstellungen; je nach dem kann ein Text öffentlich, nur den „Freunden" bzw. auch deren Freunden bzw. individuell für einen anderen Personenkreis zugänglich sein
14) Phasen des Schreibprozesses (Planungs-, Formulierungs- und Überarbeitungsphase) nachvollziehbar und geübt	Anwendung der drei Phasen in unterschiedlichem Maße innerhalb dieser Anwendung möglich (a) Planungsphase nicht so gut realisierbar (b) Formulierungsphase gut anwendbar, da vielfältige Schreibmöglichkeiten vorhanden (c) Z.T. nur kurze Bearbeitungszeit zum Verfassen eines Textes bzw. keine Vorbereitung möglich (d) „Schreibberatung" während der Textproduktion zum Teil möglich (e) Textüberarbeitung kann nur eingeschränkt geübt werden (f) Verwendung von Überarbeitungshilfsmitteln umständlich zu handhaben (g) Am Textprodukt selbst sind die verschiedenen Arbeitsphasen des Schreibprozesses und die Entstehung des Textes selbst nicht nachvollziehbar	(a) Höchstens Anfertigen einer Notiz möglich, die allerdings auch etwas formatiert und auch im Nachhinein (nur vom Autor selbst) noch bearbeitet werden kann (b) Verfassen einer privaten Nachricht, Erstellen einer Statusmeldung u.v.m. (c) Verfassen einer Chatnachricht (d) Bei sprachlichen und inhaltlichen Schwierigkeiten während des Schreibens könnten andere Mitschüler und Freunde, die ebenfalls gerade online sind, mit der Messaging-Funktion um Rat gefragt werden (e) Nur, wenn man die Notizfunktion zur Texterstellung benutzt hat (f) Man kann eine Checkliste (z.B. als bei Facebook abgelegte Notiz) und der zu schreibende Text lassen sich nicht in einer Ansicht anzeigen	(a) Da fehlende technische Umsetzungsmöglichkeiten, insbesondere um Ziele zu finden und Ideen zu organisieren (etwa in einer Tabelle oder Mindmap) (b) Eine vorläufige Entwurfsfassung kann aber, außer im Falle der Notizen, nicht zwischengespeichert werden, ohne dass man diese publiziert (c) Da der andere auf eine Antwort wartet und eine direkte Interaktion stattfindet (e) Eine spätere Bearbeitung bzw. Textüberarbeitung in mehreren Phasen ist somit nicht möglich, man kann lediglich eine neue Textfassung erstellen bzw. die Notiz von anderen Leuten kommentieren lassen
	(a) Von Anfang an inhaltliche Dimension	(a) Verfassen einer privaten Nachricht um	(d) deswegen auch keine Formatierung

15)	Entwicklung von Schreibkompetenz	des Schreibens betont • (b) Weniger Beachtung des sprachlichen Fokus • (c) Weniger schriftliche Fixierung und Reproduktion von Wörter und Strukturen, aber von kleinen Texten • (d) Freie Textproduktion „nur" in den Grenzen der „pragmatischen" Gegebenheiten der Applikation möglich	jemandem etwas mitzuteilen • (c) Verfassen eines Pinnwandeintrags • (d) Äußerung von Gedanken und Reflexionen auf der eigenen Pinnwand; Ideen usw. als Notiz anlegen, die nur der Autor selbst ansehen kann	möglich, Orientierung am kommunikativen Zweck und Angemessenheit so nicht möglich
16)	Förderung kollaborativen Schreibens	• (a) Gemeinsames Bearbeiten eines Dokuments durch mehrere Personen nicht möglich • (b) Nur Kommentierung möglich	• (a) Ist ein Text einmal abgesendet/ publiziert, kann er nicht mehr bearbeitet werden • (b) Bearbeiten einer Notiz nur durch den Autor selbst, Kommentierung durch andere möglich	• (b) Das gemeinsame Bearbeiten einer solchen Notiz (z.B. im Rahmen eines gemeinschaftlichen Brainstormings) ist nicht möglich, sie kann aber von anderen kommentiert werden -> Ansätze einer *peer-correction* möglich
17)	Textsorten	• (a) Eher strukturell einfache Texte • (b) Zusammenhängende Texte • (c) Adressatengerechte Texte, Orientierung am Empfänger • (d) Denkbar: Meinungsäußerungen, Hervorhebungen • (e) Möglich: Beschreibungen, „persönlicher Brief", „einfacher Brief", E-Mail, Erfahrungsgeschichte, Anfragen, etc. • (f) Kann ebenfalls realisiert werden: Fragebogen • (g) Die einzelnen Facebook-Komponenten selbst sind eher Kommunikationsformen als Textsorten (vgl. in Anlehnung an Dürscheid 2003)	• (a) Pinnwandeintrag • (b) Private Nachricht • (c) Schreiben einer Nachricht an jemand sehr Vertrautes bzw. an einen lockeren Kontakt • (d) Beim Benutzen der Kommentarfunktion • (e) In Form einer privaten Nachricht • (f) Benutzen der Fragefunktion	• (c) Orientierung über den Adressat durch Ansicht seines Profils erleichtert -> Erhalten zusätzlicher Informationen über den Empfänger, aber nicht über zielkulturelle Textsortenkonventionen • (d+e) Welche Textsorte man beim Benutzen einer bestimmten Facebook-Funktion verwendet, ist (u.a.) von der eigenen Schreibintention abhängig • (g) gibt keine entsprechenden sprachlichen Schablonen als Vorlage für einen adäquaten Text, eher Orientierung an analogen Textsorten nötig
18)	Themenbereiche	• Vgl. 4)		
19)	Vorwissen	• (a) Vorwissensaktivierung wird nicht explizit gefördert • (b) Evtl. Texte von anderen zur Aktivie-		• (b) Aber fraglich, ob diese als Textsortenschablone dienen können

20) Motivation	rung spanischsprachigen „Freunden" lesen um Textsortenwissen zu aktivieren • **(a)** Schreiben als Ausdruck persönlicher Eindrücke und Erlebnisse möglich • Echter Leserkreis inner- **(b)** und außerhalb des Klassenzimmers **(c)** -> eigener Text wird als sinnvoll erlebt • **(d)** Funktionales Schreiben zur Realisierung von Kommunikation -> Sinn des Schreibens ist klar	• **(a)** Als Statusmeldung schildern, was man gerade erlebt hat • **(b)** Eine private Nachricht an seine Klassenkameraden/ Austauschschüler etc. schicken • **(c)** Einen Pinnwandeintrag publizieren • **(d)** Chatten zur direkten Interaktion mit einer Person	• **(b+c)** Leserkreis durch die eigenen Privatsphäreeinstellungen bestimmt
21) Textgestaltung & Hypertextproduktion	• **(a)** Textstruktur vgl. Merkmale von **12** • **(b)** Hypertextproduktion fast nicht möglich	• **(b1)** höchstens Verweis auf einzelne befreundete Personen, indem man einen Link auf ihr Profil setzt • **(b2)** nur Setzen textexterner Links möglich, um Bilder, Texte, Clips, Audiodateien in eine Nachricht oder einen Kommentar einzubinden	• **(b2)** textinterne Links (z.B. auf einen weiteren vom selben Autor verfassten Text) nicht möglich
22) Sprache (Authentizität, Standard-, Register, Sprachkonzeption)	• Vgl. **6 (a), (b), (f)** • Dieser Punkt kann in dieser Arbeit nicht ausreichend untersucht werden, da kein eigenes Textkorpus aufgestellt wird • Fachdidaktische Literatur fordert zumindest immer eine Adressatenangemessenheit und soziokulturelle Kompetenzen des Lernenden • Weitere Begründungen vgl. Fußnote 1		

Integrated Skills, Interaktion und Kommunikation

23) Separierte Kompetenzvermittlung allg.	• (a) wäre generell möglich	• (a) Verfassen einer Statusmeldung auf die eigene Pinnwand (Schreiben separiert)
24) Integrierte Kompetenzvermittlung allg.	• (a) Lese- und Schreibaktivitäten sind stets in einen kommunikativen Kontext eingebettet • (b) Interaktive Sprachverwendungssituationen • (c) Interaktives Schreiben • (d) Abwechslungsreiches Wiederholen sprachlicher Aktivitäten prinzipiell möglich	• (a) Verfassen einer privaten Nachricht, Kommentierung eines Pinnwandeintrags um etwas mitzuteilen oder auf etwas zu antworten • (b) Kommentieren anderer Einträge, Anfertigen einer Notiz von etwas zuvor Gelesenem, Kommentieren eines Clips oder Bildes • (c) Chatten • (d) Schilderung eines in der Vergangenheit liegenden Ereignisses im Chat, als private Nachricht und als Statusmeldung verfassen

25) Schriftliche (menschliche) Interaktion (Kommunikationsraum, Art d. Interaktion, Antworten, Intervention)	• (a) direkte menschliche Interaktion
	  o Situationsgebunden, direkte und simultane Kommunikation
	  o Zeitliche Nähe, räumliche Distanz
	  o „fernschriftlicher *Real-time-*Dialog" (vgl. Wirth 2005: 68)
	  o Sequentielles Eingangsprinzip über Dialogprinzip gestellt (das was zuerst eingegeben wird, wird zuerst angezeigt) (vgl. Wirth 2005: 69)
	  o Quasi mündlicher Dialog im Medium der Schrift (vgl. Wirth 2005: 71)
	  o Keine direkte Intervention möglich, nur turnweise Interaktion
	  o Sehr zeitnahe Antworten
	  o 1:1 Kommunikation, nur ein bestimmter Kommunikationspartner
		• (a) Chatten mit einer Person via Messaging-Funktion
		• (b) Private Nachricht, Pinnwandeintrag, Statusmeldung
		• (b1) Private Nachricht an eine Person
		• (b2) Private Nachricht an mehrere Leute, Pinnwandeintrag bspw. für alle „Freunde" (aber nicht deren „Freunde") sichtbar ist

• (a) nur z.T. möglich, da andere Komponenten eine integrierende Sicht auf Kompetenzen fordern (vgl. Merkmal 24)

• (d) Ist eher nicht im Sinne der „kommunikativen Anlage" von Facebook

	wird angesprochen • **(b)** Indirekte, zeitversetzte menschliche Interaktion 　○ Situationsungebunden, indirekte Kommunikation 　○ Zeitliche und räumliche Distanz der Kommunikationspartner 　○ Anordnung der Texteingänge in chronologischer Reihenfolge 　○ Indirekte Interaktion mit einer Person **(b1)** bzw. an einen erweiterten Adressatenkreis **(b2)** 　○ Zeitversetzte Antworten	
26) Kommunikationsform (synchron, asynchron, quasi-synchron)	• Beinhaltet zwei Kommunikationsformen in Form verschiedener Komponenten • **(a)** Quasisynchrone und • **(b)** Asynchron	• **(a)** Chat • **(b)** Private Nachricht, Pinnwandeintrag, Statusmeldung
27) Mensch-Maschine-Interaktion	• Vorgegebener technisch-struktureller Aufbau von Facebook steuert die möglichen Eingaben **(a)** und Kommunikationsverhalten **(b)** • **(c)** Keine Formularformate existent, die das Einhalten bestimmter Textsortenmuster und Textbausteine (wie Überschrift, Anrede, Einleitung,… Schlussformel etc.) fordern würden • **(d)** Z.T. Text-Bild-Interaktion	• **(a)** Eingaben von Tabellen, Mindmaps nicht möglich • **(b)** Abonnement von Statusmeldungen und Pinnwandeinträgen durch die „Neuigkeiten"-Funktion kann Kommunikationsverhalten und Lesemenge beeinflussen • **(d)** Kommentare bzw. Angaben zu einem Foto	• **(b)** da diese abonnierten Neuigkeiten so sehr viel wahrscheinlicher überhaupt gelesen werden (als wenn man sie nicht abonniert hätte) und evtl. als Schreibanlass fungieren • **(c)** höhere Freiheit des Einzelnen beim Aufbau und Strukturieren eines eigenen Textes

Anhang: Analysebogen – YouTube

Vorbemerkung: Die vorliegenden Angaben sind – zusätzlich zu dem in 4.3 erklärten Vorgehen der Durchführung und nur, sofern nicht anders angegeben – aus 8 (willkürlich) ausgewählten Texten zu verschiedenen Themenbereichen erhoben wurden. Eine Liste der Links mit den untersuchten Texten findet sich im Anhang Nr. 6. Im Rahmen dieser Studie kann nur eine sehr kleine Stichprobenzahl untersucht werden, um einen ersten Überblick zu bieten. Weitere empirische Untersuchungen, insbesondere auch mit einem methodisch begründeten Verfahren zur Stichprobenziehung (der konkreten YouTube-Texte) sind notwendig.

KATEGORIEN (=Analysekriterien)	DESKRIPTIVE MERKMALSERFASSUNG (MERKMALSAUSPRÄGUNG UND BESCHREIBUNG)	BEISPIEL	ANMERKUNG/ ERWEITERUNG/ KOMBINATION
Funktionale kommunikative Kompetenz ‚Lesen'			
1) Lesearten	• (a) Globales Lesen • (b) Selektierendes Lesen • (c) Unterhaltendes Lesen denkbar • (d) Detailliertes Lesen • (f) Analytisches Lesen auch denkbar	• **(a)** Überfliegen aller angezeigten Suchergebnisse, Überfliegen eines Kommentarthreads zu einem Clip • **(b)** Ein ganz bestimmtes Video in einer Liste von Suchergebnisse suchen, eine aussagekräftige Beschreibung zu einem Video aus einer Kommentarliste suchen • **(c1)** Lesen der Kommentare um sich zu amüsieren • **(c2)** Lesen der Posts von anderen befreundeten Mitgliedern • **(d)** Verfolgen einer Diskussion, die in Form von Kommentaren über einen Clip bzw. ein dazugehöriges Thema geführt wird; genaues Lesen von Untertiteln bzw. Lyrics in einem Clip	• **(a-f)** Lesart hängt von der Leseintention ab, die „Texte" könnten jeweils in allen Lesearten gelesen werden • **(a-f)** Nicht zu jedem Clip sind Kommentare, Beschreibungen bzw. Text im Film verfügbar -> Einschränkung der Lesetätigkeiten je nach Video unterschiedlich • **(a-f)** Einschränkung: lesbare Texte sind ein wichtiger Bestandteil von YouTube, Clips bilden jedoch den Kern dieser Web 2.0-Anwendung • **(c2)** Voraussetzung ist ein registriertes Profil
2) Förderung von *bottom-up* und *top-down* –Prozessen	• (a) Beide Prozesse kommen vor • (b) *Top-down*-Prozesse können in Verbindung mit Sprachproduktion z.T. nach außen hin abgebildet werden • (c) Zusätzlich zu den sprachlichen konzeptgeleiteten Prozessen kommen Bildverstehensprozesse hinzu	• **(a)** *Bottom-up*-Prozesse: Wort- und Satzidentifikation bei der Suche nach bestimmten Filmtiteln oder News, Identifikation von Satzfolgen beim Lesen der ersten 2 Zeilen • **(a)** *Top-down*-Prozesse: Bewerten eines Videoclips hinsichtlich seiner Qualität, Reflektieren einer Liste von Kommentaren	• **(c)** Dabei ist nicht klar, nach welchen Kriterien das erscheinende Bild ausgewählt wurde, ob es der Beginn des Videos ist etc.

3) Textsorten		• **(b)** Verfassen eines Kommentars zur Bewertung eines Films, der auch beinhalten kann, was verstanden bzw. nicht verstanden wurde • **(c)** Beim Anzeigen der Suchergebnisse werden immer Titel, die ersten 1-2 Zeilen der Beschreibung und ein **Bild** aus dem Clip angezeigt	
	• **(a)** Bildüberschriften, Titel • **(b)** Bildbeschreibungen, Hypothesen, Ankündigungen • **(c)** Kommentare, Meinungsäußerungen, Ideen, Danksagungen, Feedback, einfache Mitteilungen	• **(a)** Überschriften des Clips • **(b)** Text, der unter dem Clip steht • **(c)** Mittels Kommentarfunktion realisiert	
4) Themenfelder	Verschiedenste Themen • **(a)** Clips nach thematisch vorgegebene Kategorien angeordnet • Alltagsthemen **(b)**, aber auch abstrakte Themen möglich **(c)** • **(d)** Auch historische Themen • **(e)** Vielfältige Themenauswahl möglich • **(f)** Vielfältige Bezüge zu hispanophonen Kulturen möglich • **(g)** Themen aus der Lebenswelt der SuS verfügbar	• **(a)** Trends, Musik, Unterhaltung, Sport, Film & Animation, Nachrichten & Politik, Comedy, Leute, Wissenschaft, Technik, Spiele, Styling-Tipps, Bildung, Tiere, Autos, Reisen, Events • **(b)** Freizeit • **(c)** Wissenschaft, Philosophische Fragen *Guerra civil española* **(d)** • **(e)** Einträge, die nach einem frei gewählten Stichwort angeordnet sind • **(f)** Kommentare von Autoren verschiedener Herkunft (Spanien/ Lateinamerika...) • **(g)** Film, Musik	• **(a-g)** Die verschiedenen Clips unterscheiden sich nicht nur hinsichtlich ihrer thematischen Nuancierung, sondern auch in ihrer Qualität und thematischen Komplexität • **(e)** Nicht alle gefundenen Clips sind in Deutschland auch tatsächlich ansehbar (Grund: rechtliche Rahmenbestimmungen) • **(f)** Oft fehlen jedoch Angaben zum Autor eines bestimmten Kommentars, so dass nicht direkt klar ist, woher dieser kommt und darauf aufbauend, welche diatopische Varietät er benutzt sowie aus welcher Perspektive er schreibt, z.T. oft auch Herkunft eines Clips unklar, was eine Einordnung erschwert, aus welcher Perspektive (eurozentrisch etc.) berichtet wird etc.
5) Lesemotivation	• **(a)** Aussicht auf Anschlusskommunikation mit Gleichaltrigen vorhanden • **(b)** Echter Leseanreiz, da Lesen der Informationsentnahme und nicht vordergründig der Sprachübung dient • Förderung intrinsischer Motivation möglich	• **(a)** Mittels Kommentarfunktion eines Antwortvideos kann Anschlusskommunikation praktisch umgesetzt werden; aufgrund der thematischen Breite (vgl. Merkmal 4) ist das Lesen „relevanter" Inhalte möglich, so dass man informiert ist und „mitreden" kann; interessierende Videos	• **(c2)** Voraussetzung: Registrierung bei YouTube • **(d)** Für SuS, die kein tätigkeitsspezifisches Interesse am Filme schauen haben, fällt eine wichtige Lesetätigkeit weg • **(f)** Allerdings können die aufgestellten

	o (c) durch vielfältige Möglichkeiten der Themenwahl -> so Finden von interessierenden Themen o (d) Tätigkeitsspezifische Motivation nur eingeschränkt förderbar, da mit YouTube nur wenige verschiedene (Lese-) Aktivitäten möglich sind • (e) Prinzipiell Lektüreauswahl durch Lernende und damit interessegeleitetes Lesen möglich • (f) Schaffung eines Erwartungshorizonts möglich	können auch auf anderen Websites wie Blogs eingebunden werden und somit in einen anderen kommunikativen, informativen Kontext gesetzt werden, Kommunikation mit registrierten Nutzern über hochgeladene Videos möglich • (b) Lesen von Meinungen zu einem Video um mehr über dieses zu erfahren, aber nicht Lesen von Meinungen um primär den *subjuntivo* etc. zu unterstreichen • (c1) Vgl. Bsp. von Merkmal 4 • (c2) Abonnieren von Neuigkeiten eines bestimmten Nutzers, so auch Infos über neu hochgeladene Videos • (d) Lesen der Kommentare, des Titels und der Clipbeschreibungen sowie des in einem Clip enthaltenden Texts; Lesen findet oft in Verbindung mit Sehverstehen statt • (e) Lektürewahl unter der Eingabe selbstgewählter Stichwörter möglich, aus der Liste von Suchergebnissen muss nicht alles gelesen/ angeschaut werden • (f) Beim Lesen des Titels, der Beschreibung und des angezeigten Bildes können Hypothesen über den Inhalt des Videos und seiner Kommentare angestellt werden	Hypothesen nicht nur mit Hilfe des Lesens, sondern unter Hör-Seh- (und nur zum Teil) durch Leseverstehensleistungen überprüft werden
6) Sprachlicher Input[90]	**Allgemein** Sprachlicher Input auf verschiedenstem Niveau • (a1) Abhängig vom Verfasser und vom Textteil • (a2) Verschiedene diatopische Varietäten • (a3) Lexikalischer Input je nach Themengebiet -> sehr komplex • (a4) Register: meist *coloquial* • (a5) Mischung von Sprachen beim An-	• (a1) Verwendung von *„vos"* vs. *„vosotros"* • (a5) Bei Eingabe des Begriffs *„Web 2.0 la revolución social de internet"* erscheinen auch Suchergebnisse in englischer Sprache • (a6) Jedes Suchergebnis wird mit Text und Bild angezeigt (dieses ist irgendein Bild des betreffenden Videos) • (c1 Beschreibung von Gefühlsäußerungen, sogar Gegenseitiges Beschimpfen, Kraftausdrücke meistens, z.T. sachlicher Duktus	• (a1) Autoren der Texte und der Videos nicht bekannt -> sprachliche Herkunft unklar, möglich sind auch Beiträge nichtspanischsprachiger Personen • (c) Einschränkung: nicht zu jedem Video sind viele Kommentare vorhanden, z.T. gibt es auch gar keine • (e) Sprachlicher Input entspricht nicht in jedem Fall den Normen der *Real Academia Española*

---

[90] Erhoben aus 8 (willkürlich) ausgewählten Texten aus verschiedenen Themenbereichen (vgl. Anhang 6. Die Kriterien der sprachlichen Analyse orientieren sich an dem Modell von Österreicher/ Koch (vgl. Teil 2.4 dieser Buches) und den von Schlobinski und Siever (2005: 19) aufgestellten Merkmale zur sprachlichen Analyse einer anderen neuen Kommunikationsform.

zeigen von Suchergebnissen bzw. bei einer Kommentarliste. Zu einer spanischsprachigen Suchanfrage Titel
- **(a6)** hohes Vorkommen bildgestützter Texte
- **(b)** meistens sprachlich korrekt
Kommentare
- **(c)** Kommentare enthalten konzeptionell schriftliche und mündliche Anteile, sind in ihrer genauen Ausprägung aber unterschiedlich
  o **(c1)** Emotionalität der Sprache vs. keine Emotionalität
  o **(c2)** Verwendung von Lautmalerei bzw. keine
  o **(c3)** Situationsgebundene Sprache vs. Situationsungebundenheit
  o **(c4)** Dialogizität vs. Monologizität
  o **(c5)** Öffentlichkeit vorhanden
  o **(c6)** Fremdheit in Bezug auf die Adressaten der Kommunikation
  o **(c7)** Anscheinend eher geringer Planungsaufwand betrieben
→ Mehrheit der Kommentare enthält in hohem Maße konzeptionell mündliche Anteile
- **(d)** Unterschiedliche sprachliche Struktur: strukturell einfach vs. strukturell komplex (und lang)
- **(e)** Sprachliche Normen unterschiedlich stark realisiert: Sprachliche Korrektheit vs. sprachliche Fehler
  o **(e1)** Orthographie
    ▪ Schreiben gemäß einer Phonem-Graphem-Korrespondenz/ lautnahe Graphie („schreiben, so
	- **(c2)** „jejejeje" bzw. fehlend
	- **(c3)** Verwendung deiktischer Mittel bzw. textueller Kontext
	- **(c4)** Kommentare beziehen sich inhaltlich aufeinander, sprechen jemanden an oder stellen einfach eine Einzeläußerung dar
	- **(c5)** alle Kommentare sind öffentlich zugänglich
	- **(c6)** verschiedene Kommentatoren kennen sich i.d.R. nicht untereinander
	- **(c7)** Kommentare wirken spontan geschrieben
	- **(d)** kurze unvollständige Sätze bis komplette Sätze
	- **(e1)** Weglassung von Akzenten, „ke" statt „que"
	- **(e2)** Weglassung der ersten Ausrufe- bzw. Fragezeichen, fehlende Akzente
	- **(e3)** Z.T korrekte Groß- und Kleinschreibung, z.T. sind ganze Sätze ausschließlich groß- bzw. kleingeschrieben
	- **(k)** Sachlicher Duktus
	- **(l)** I. d. R. an niemanden Spezielles adressiert
	- **(n1)** Alle Informationen i. d. R. im Text enthalten
	- **(n2)** Keine Verwendung von deiktischen Mitteln
	- **(k)** Benennung von Orten, Personen; Darstellung zusätzlicher Fakten
		- **(g-i)** Einschränkung: nicht zu jedem Clip gibt es eine Beschreibung
		- **(a-k)** Es handelt sich um authentisches, nicht didaktisiertes Sprachmaterial

	wie es gesprochen wird") • Akzentsetzung • **(e2)** Interpunktion o **(e3)** Alles klein/ großgeschrieben vs. Wahrung von korrekter Groß- und Kleinschreibung • **(f)** Register: meist *coloquial* <u>Beschreibungen zu einem Clip</u> • **(g)** Unterschiedliches Sprachniveau • Komplette und korrekte Sätze vs. einzelne Phrase • **(h)** Schriftsprachliche Konzeption unterschiedlich stark realisiert o **(h1)** Weniger Emotionalität o **(h2)** Monologizität o **(h4)** Keine Lautmalerei o **(h5)** Situationsungebundenheit → Beschreibungen erscheinen stärker schriftsprachlich konzeptioniert als die Kommentare • **(i)** Sprachliche Normen häufig realisiert, mehr als bei den Kommentaren <u>In den Clips enthaltener Text:</u> • **(j)** Menge, Art und Weise des sprachlichen Materials unterschiedlich • **(k)** Erfüllt unterschiedliche Funktion	
7) Vorwissensaktivierung	• **(a)** Vorwissensaktivierende Elemente vorhanden, besonders thematische Aktivierung	• **(a)** Bildüberschriften, Bildbeschreibung; erstes Bild, das von einem Clip angezeigt wird
8) Emotionale Aspekte	• **(a)** Vielfältige bedürfnisbezogene „Text"auswahl o **(a1)** besonders hinsichtlich des thematischen Interesses • **(b)** Angstfreie Spracherwerbsumgebung • **(c)** Evtl. negative emotionale Involvierung durch nicht angemessenen	• **(a)** Suchen von „Texten" durch freie Eingabe eines Stichwortes • **(b)** Niemand sieht, wer was gelesen hat, Lesen ohne Zeitdruck • **(c)** Im Rahmen eines Kommentars schimpft jemand auf etwas od. jmd., evtl. aggressiver Duktus oder Verwendung von Schimpfwör-
		• **(a)** Einschränkung: Innerhalb eines Kommentarthreads gibt es solche Elemente nicht -> Hypothesenbildung über dessen Inhalt sehr schwierig • **(b)** Außer beim Mitverfolgen des evtl. vorhandenen Textes in einem Clip -> Video läuft -> Zeitdruck -> hier ist aber ein Zurückspulen bzw. Anhalten des Clips möglich

	sprachlichen Ausdruck	tern	
9) Textreflexion	(a) Textintention kaum überprüfbar (b) Zur Textüberprüfung kann Wissen über den Autor nicht herangezogen werden (c) Historische und intertextuelle Kontexte meist nicht explizit ausgewiesen bzw. oft nicht vorhanden (d) Über eigene Erfahrungsbezüge nachdenken möglich (e) Text im Hinblick eigener Erfahrungsbezüge bewertbar	(a) Wer in welcher Absicht einen Kommentar verfasst, etwas schlecht bewertet etc. ist meistens nicht klar (b) Wissen über den Bildungsstand, politischen Hintergrund etc. eines „Autors" kann nicht zur Einschätzung der Korrektheit eines Textes herangezogen werden (d+e) Diese Gedanken können auch wieder als Kommentar geäußert werden	(a) Wichtiger Grund: Kommentarschreiber sind nicht identifizierbar, keine Informationen über sie vorliegend (b) Wichtiger Grund: Autor bzw. Person, die ein Video samt Beschreibung und Titel hochgeladen hat, ist nicht identifizierbar, Einrichten eines Fakeaccounts (d.h. mit nicht wahren Angaben) ist möglich, Profil muss nicht ausgefüllt werden (c) Ein Grund: keine Verlinkung zu weiterführenden Themen möglich
10) Anschlusskommunikation	(a) Produktive Textverarbeitung möglich (b) In Kommunikation mit anderen über einen Text bzw. hier v.a. „Sehtext" treten	(a) Verfassen eines Kommentars (b) Innerhalb eines Kommentarthreads mit anderen über einen Clip diskutieren	(a+b) Kommentarerstellung ist nur möglich, wenn man ein Profil bei YouTube angelegt hat
11) Übungstypen	(a) Übungen zur *pre-*, *while-* und *post-reading* Phase sind nicht explizit enthalten (b) *Post-reading* Übungen, gerade auch sprachproduktive Äußerungen innerhalb dieses Mediums eingeschränkt möglich (c) Vgl. 9), Übungen während des Lesens können beispielsweise Aktivitäten zur Textreflexion umfassen (d) Vgl. 7), Übungen vor dem Lesen können beispielsweise Aufgaben zur Vorwissensaktivierung enthalten	(b) Nur durch Nutzen der Kommentarfunktion bzw. Drehen einer Videoantwort und Verfassen einer entsprechenden Beschreibung zum Clip	(a1) Müssen im Rahmen der didaktischen Aufbereitung erst integriert werden (a2) Eine solche Aufbereitung scheint aber möglich
12) Textgestaltung, Struktur und Rezeption von Hypertexten	(a) Multimedialität (b) YouTube Menüleisten nur auf der Startseite, bei weiterer Navigation sind diese nicht mehr vorhanden (c) Eingabefeld für Stichwortsuche im-	(a) Einfügen von Links in Kommentartexte nicht möglich; „nur" Texte und Clips vorhanden (e) Textkommentare können nicht formatiert werden	(b) dies impliziert evtl. fehlende Orientierungsmöglichkeiten innerhalb des Hypertextsystems -> Gefahr des *lost in hyperspace* (d) Aufgrund einer Vielzahl von ange-

mer oben angezeigt
- **(d)** Rechts neben dem ausgewählten Video wird eine Liste mit ähnlichen Treffern angezeigt
- **(e)** Graphische Gestaltung von Texten nicht möglich
- **(f)** Zum Teil Kohärenzbildungshilfen vorhanden
- **(g)** Cliptitel und hochladende Person erscheinen in der Liste der Suchergebnisse als Hyperlinks
→ Hypertextrezeption kann vielfach geübt werden

- **(f)** Clips, die schon angeschaut wurden, sind mit einer anderen Farbe markiert; aber keine Suchchronik etc. vorhanden (nach welchen Stichwörtern man schon gesucht hat)

zeigten Videos neben den ausgewähltem Clip mit seinem Kommentaren evtl. Gefahr des *cognitive overload* -> Hypertextrezeption erschwert
- **(e)** Adressaten- und intentionsgerechte Formatierung von Texten nicht möglich

Funktionale kommunikative Kompetenz ‚Schreiben'

13) Schreibvarianten	Produktorientiertes Schreiben in sehr hohem Maße vorkommend ○ **(a)** Im kommunikativen Kontext • **(b)** Kreatives Schreiben prinzipiell möglich • **(c)** Texte für einen Leserkreis inner- und außerhalb des Klassenzimmers	• **(a1)** Führen einer Diskussion mittels der Kommentarfunktion • **(a2)** Senden einer privaten Nachricht an einen anderen registrierten, befreundeten Benutzer • **(b)** Etwas Verfassen eines Gedichts als eigener Kommentarbeitrag oder als Beschreibung eines selbst eingestellten Videos	• **(a1)** Allerdings ist hier die kommunikative Funktion eingeschränkt, Schreiben dient hier i.d.R. weniger der Kontaktaufnahme und -erhaltung als des inhaltlichen Austauschs • **(a2)** Voraussetzung: eigene Registrierung • **(b)** D.h. keine Einschränkungen, was das die technische Struktur von YouTube anbelangt • **(c)** Verfasste Kommentare sind immer öffentlich (!) zugänglich und nicht auf einen bestimmten Adressatenkreis eingrenzbar, als registrierter Nutzer ist das Versenden privater Nachrichten an andere befreundete und registrierte Nutzer möglich
14) Phasen des Schreibprozesses (Planungs-, Formulierungs- und Überarbeitungsphase) nachvollziehbar und geübt	Anwendung der drei Phasen in unterschiedlichem Maße innerhalb der Anwendung möglich • **(a)** Planungsphase nur sehr eingeschränkt realisierbar • **(b)** Formulierungsphase in zweifacher Hinsicht – allerdings eingeschränkt – realisierbar ○ Schreiben ohne Zeitdruck • **(c)** Überarbeitung des eigenen Textes kann nicht geübt werden • **(d)** Die einzelnen Phasen des Schreibprozesses und die Entstehung eines Textes selbst sind nicht nachvollziehbar	• **(a)** Vorige Beiträge eines Kommentarthreads bzw. andere Videos könnten helfen, Ideen zu generieren • **(b)** Verfassen eines Kommentars bzw. Erstellen des Titels und Bildbeschreibung eines selbst hochgeladenen Videos	• **(a)** Fehlende technische Umsetzungsmöglichkeiten, bes. um Ziele zu finden und Ideen zu organisieren • **(b)** Ein kollaboratives Bearbeiten ist nicht möglich; eine vorläufige Entwurfsfassung kann nicht zwischengespeichert, ohne publiziert zu werden • **(c)** Eine spätere Bearbeitung in mehreren Phasen ist somit nicht möglich; man kann lediglich eine neue Textfassung erstellen bzw. seinen Eintrag von anderen kommentieren lassen, wobei sich allerdings sicher weitere Kommentare, die nicht der Textüberarbeitung gewidmet sind, „dazwischen mogeln", weil ja alle angemeldeten Nutzer kommentieren können

15) Entwicklung von Schreibkompetenz	• **(a)** Von Anfang an inhaltliche Dimension des Schreibens betont • **(b)** Weniger schriftliche Fixierung und Reproduktion von Wörtern und Strukturen, aber von kleinen Texten • **(c)** Freie Textproduktion „nur" in den Grenzen der strukturellen Gegebenheiten der Web 2.0-Anwendung möglich • **(d)** Adressatengerechtes Schreiben kann kaum geübt werden	• **(a)** Einen Kommentar verfassen, um seine Meinung zu äußern, um einen Gedanken/ Hinweis mitzuteilen • **(b)** Verfassen eines kurzen Kommentars zu einem Video • **(c)** Kommentare in verschiedener Gestalt formulieren • **(d)** Gibt keinen konkreten Adressaten, alle können einen Kommentar lesen; aber Versenden privater Nachrichten unter bestimmten Bedingungen möglich	• **(c)** Kommentare sollten sich dabei aber thematisch auf das Video bzw. Kommentare anderer beziehen -> völlig freie Niederschrift von Gedanken etc. technisch möglich, aber nicht im Sinne dieser Web 2.0-Anwendungen • **(d)** Schlussfolgerung: da es keinen festdefinierten Leserkreis gibt, ist es nicht klar, welches die Ausgangs- und die Zielkultur ist
16) Förderung kollaborativen Schreibens	• **(a)** Arbeiten an einem gemeinsamen Dokument nicht möglich • **(b)** Nur Kommentierung von Texten möglich		
17) Textsorten	• **(a)** Eher strukturelle einfachere Texte • **(b)** Zusammenhängende Texte • **(c)** Konventionen der Ausgangs- und Zielkultur können nicht so gut beachtet werden • **(d)** Verschiedene Textsorten möglich ‚vgl. 3 • **(e)** Zusätzlich: Eingabe einer Suchanfrage	• **(a)** Titel zu einem hochzuladenden Video formulieren, kurze Meinungsäußerung niederschreiben • **(b)** Beschreibung zu einem Video	• **(a)** Ist ein Text einmal abgesendet/ publiziert, kann er nicht mehr bearbeitet werden • **(c)** Schlussfolgerung: Da es keinen festdefinierten Leserkreis gibt, ist es nicht klar, welches genau die Ausgangs- und Zielkultur sind • **(e)** Korrekte Verfügung über die sprachlichen Mittel nur begrenzt notwendig, es werden bei Eingabe der ersten Buchstaben Autovervollständigungsoptionen angezeigt
18) Themenbereiche	• Vgl. 4	•	
19) Vorwissen	• **(a)** Vorwissensaktivierung wird nicht explizit im Sinne entsprechender Übungen gefördert • **(b)** Spanische „Texte" lesen: Textsortenwissen und sprachliches sowie Diskurswissen aktivieren • **(c)** „Texte" spanischer, aber auch deutscher, englischer etc. Sprache zu einem bestimmten Thema lesen: Aktivierung thematischen Vorwissens		• **(b)** Sofern die Texte nicht von einem spanischsprachigen Muttersprachler verfasst worden sind, kann sprachliches Vorwissen nur bedingt aktiviert werden
	• **(a)** Schreiben als Ausdruck persönlicher Eindrücke und	• **(a)** Schreiben eines persönli-	• **(a)** Sollte jedoch „thematisch passen"

20) Motivation	Erlebnisse zum Teil möglich • **(b)** Echter Leserkreis existiert	chen Eindrucks/ Erfahrung mit einem bestimmten Video • **(b)** Leser eines Kommentars: Vgl. 15 d+16c	(vgl. 15c) • **(b)** Anmerkung zum Leserkreis vgl. 15 d+16c
21) Textgestaltung & Hypertextproduktion	• **(a)** Textgestaltung vgl. 12 a-e+g • **(b)** Innerhalb von Kommentaren können keine Hyperlinks erstellt werden • **(c)** Bei Beschreibungen können auch externe Links eingefügt werden → Hypertextproduktion nur sehr eingeschränkt möglich	• --	• --
22) Sprache (Authentizität, Standard-, Register, Sprachkonzeption)	• **(a)** Sprachlicher Input vgl. 6) • **(b)** Suchanfrage muss sprachlich nicht korrekt sein • **(c)** Authentisches Sprachmaterial vorliegend	• **(b)** Suchanfrage mit „*reforma laborativa*" präsentiert Suchergebnisse, die „*reforma laboral*" enthalten" -> teilweise erfolgt eine Autokorrektur	• **(c)** Ist nicht didaktisiert

Integrated Skills, Interaktion und Kommunikation

23) Separierte Kompetenzvermittlung allg.	• **(a)** Wäre generell möglich	• **(a1)** Verfassen eines Kommentars zu einem Video, ohne dieses angeschaut und die anderen Kommentare gelesen zu haben (Schreiben separiert) • **(a2)** Lesen einer Kommentarreihe ohne selbst etwas zu schreiben (Lesen separiert)	• **(a1)** Ist aber nicht im Sinne dieser Web 2.0-Anwendung • **(a2)** Eine komplette Nutzung der Funktionen von YouTube fordert aber eher eine integrierte Nutzung von Kompetenzen
24) Integrierte Kompetenzvermittlung allg.	• **(a)** Lese- und Schreibaktivitäten sind nicht immer in einen kommunikativen Kontext eingebettet • **(b)** Mehrere Kompetenzen können in einer Aktivität geschult werden • **(c)** Interaktive Sprachverwendungssituationen • **(d)** Abwechslungsreiches Wiederholen sprachlicher Aktivitäten prinzipiell möglich	• **(a)** Überfliegen von Suchergebnissen um einen geeigneten Clip zu finden • **(b)** Schreiben eines Kommentars zu einem Clip den man angeschaut hat (Schreiben+Hör-Sehverstehen) • **(b)** Schreiben eines Kommentars um auf einen vorigen zu reagieren (Lesen+Schreiben) • **(c)** Interaktive Sprachverwendung Bsp. vgl. 24 b) • **(d)** Bildbeschreibungen oder Meinungsäußerungen zu mehreren Videos verfassen	• **(a)** Information bzw. Unterhaltung steht hier im Vordergrund • **(d)** Sprachübungszweck ist jedoch nicht Hauptanliegen von YouTube, Hauptaugenmerk ist der Austausch von Videos

25) Schriftliche (menschliche) Interaktion (Kommunikationsraum, Art d. Interaktion, Antworten, Intervention)	• **(a)** Indirekte, zeitversetzte menschliche Interaktion eingeschränkt möglich
	  ○ Situationsungebunden, indirekte Kommunikation
	  ○ Zeitliche und räumliche Distanz der Kommunikationspartner
	  ○ Anordnung der Texteingänge in chronologischer Reihenfolge
	  ○ Keine direkte Rückkopplung mit den Interaktionspartner möglich
		• **(a)** Kommentieren eines vorigen Kommentars, Führen einer Diskussion über den Kommentarthread
		• **(b)** Kein eindeutiger Adressat vorhanden, vgl. 13c + 15d
		• **(c)** Ein verfasster Kommentar steht im Kontext eines bestimmten Videos, es wird nicht „einfach mal so" ein
			• **(a1)** Interaktion muss im Rahmen des Benutzens der Kommentarfunktion nicht zwingend stattfinden, ein Kommentar kann auch zusammenhanglos in einen Thread eingefügt werden
			• **(a2)** Eine geführte Diskussion mittels Kommentarfunktion kann durch Kommentare anderer User unterbrochen werden, da Texteingänge in chronologischer Reihenfolge abgebil-

			Kommentar verfasst	det werden - **(b)** Soziokulturelle Verwendungsbedingungen sind somit nicht explizit klar
			o Indirekte Interaktion mit einem öffentlichen Adressatenkreis o Zeitversetzte Antworten - **(b)** Text kann nur schwer zu den soziokulturellen Verwendungsbedingungen in Beziehung gesetzt werden - **(c)** Spezifische Kontexte sprachlichen Handelns bleiben erhalten	
	26) Kommunikationsform (synchron, asynchron, quasi-synchron)		- asynchron	
	27) Mensch-Maschine-Interaktion		- Vorgegebener technisch-struktureller Aufbau von YouTube steuert die möglichen Eingaben **(a)** und das Kommunikationsverhalten **(b)** - Bild-Text-Interaktion in hohe Maße möglich **(c)**	- **(a)** Eingabe von Tabellen, Mindmaps, graphisch formatierten Texten nicht möglich - **(b)** Kommunikationsverhalten so immer nur mit einem allgemeinen Adressatenkreis möglich, Kommunikation ausschließlich mit einer einzelnen Person nicht möglich - **(c)** Kommentar zu einem Clip, Bild-Text-Interaktion in einem Clip entschlüsseln bzw. verstehen

Anhang 6: Untersuchte Textquellen in YouTube

- 1) México vive temporada de mayor violencia: http://www.youtube.com/watch?v=JMeJJ5QLkkc&feature=relmfu (10.02.2012)
- 2) Aprueban en España Ley de Reforma al Mercado Laboral http://www.youtube.com/watch?v=kHkRh7wFrBA (10.02.2012)
- 3) Documental turístico de Madrid. http://www.youtube.com/all_comments?v=PwsY4dsryL4 (10.02.1012)
- 4) Video promocional turístico del Gobierno de Madrid: http://www.youtube.com/watch?v=5A5_9_ncPUM&feature=related (10.02.12).
- 5) Top 20 primera semana enero 2012: http://www.youtube.com/all_comments?v=tIr4ohlD6gw (10.12.2012).
- 6) Barcelona vs Real Madrid [2-2] Resumen Completo [Copa del Rey][Vuelta] 25/1/2012: http://www.youtube.com/watch?v=4RwVWxC_XoE (10.02.2012)
- 7) Cómo hacer presentaciones Power Point: http://www.youtube.com/all_comments?v=P6dD8Hdb11Y (10.02.2012).
- 8) HISTORIA SISTEMA EDUCATIVO ANDALUZ - CANAL SUR: http://www.youtube.com/watch?v=q5xucjHdpnU (10.02.2012).

Beispiel für Suchergebnisse in mehreren Sprachen:

- Stichwort: „*Web 2.0 Revolución social de Internet*" -> Suchergebnisse: http://www.youtube.com/all_comments?v=P6dD8Hdb11Y (12.02.2012).

Anhang 7: Analysebogen – Wikis

<u>Vorbemerkung</u>: Die vorliegenden Angaben sind – zusätzlich zu dem in 4.3 erklärten Vorgehen der Durchführung und nur, sofern nicht anders angegeben – aus 6 (willkürlich) ausgewählten Wikis zu verschiedenen Themenbereichen und Wikiarten (vgl. hierzu Teil 2.2.3 dieses Buches) erhoben wurden. Eine Liste der Links mit den untersuchten Texten findet sich im Anhang Nr. 8. Im Rahmen dieser Studie kann nur eine sehr kleine Stichprobenzahl untersucht werden, um einen ersten Überblick zu bieten. Weitere empirische Untersuchungen, insbesondere auch mit einem methodisch begründeten Verfahren zur Stichprobenziehung (der konkreten Wiki-Texte) sind notwendig. Alle Angaben beziehen – falls nicht anders gekennzeichnet – auf öffentlich zugängliche Wikis.

KATEGORIEN (=Analysekriterien)	DESKRIPTIVE MERKMALSERFASSUNG (MERKMALSAUSPRÄGUNG UND BESCHREIBUNG)	BEISPIEL	ANMERKUNG/ ERWEITERUNG/ KOMBINATION
		Funktionale kommunikative Kompetenz ‚Lesen'	
1) Lesearten	- **(a)** Überfliegendes Lesen - **(b)** Selektierendes Lesen - **(c)** Detailliertes Lesen - **(d)** Unterhaltendes Lesen auch möglich - **(e)** Analytisches Lesen - **(f)** Kreatives Lesen	- **(a)** Überfliegen der Inhaltsangabe eines Wikieintrags - **(b)** Suchen von Informationen zu einem bestimmten Aspekt eines Themas, z.B. Geographie eines Landes bei einem Eintrag zu einem Land, Gegenlesen von zwei Versionsdarstellungen im Hinblick auf wichtige Veränderungen - **(c)** Genaues Lesen eines ganzen Wikieintrags - **(d)** Lesen von Wikieinträgen zu einem Thema, das einen freiwillig interessiert, gibt thematische Sektionen, die mit „Unterhaltung" gekennzeichnet sind - **(e)** Lesen eines „kontroversen" Eintrags, unter Berücksichtigung der Einträge auf der Diskussionsseite um die Problematik eines Themas und die dahinterliegenden Interessen von Personen besser zu verstehen - **(f)** Lesen eines Überblicksartikels bei „Wikipedia", der Vorwissen aktiviert und Erfahrungen zu einem bestimmten Thema aufgreift	- Zur Verwendung der verschiedenen Lesearten wird im Rahmen eines Wikis nicht angeleitet - Gewählte Lesart z.B. einen unterhaltenden Effekt herbeiführt, hängt vom jeweiligen Leser ab
2) Förderung von *bottom-up* und *top-down* -	- **(a)** Beide Prozesse kommen vor - **(b)** *Top-down*-Prozesse können in Verbindung mit Sprachproduktion	- **(a)** *Bottom-up*-Prozesse: Wort- und Satzidentifikation beim Lesen eines Eintrags, Verknüpfen von Satzfolgen wichtig, um den Text als Ganzes zu erfassen	- **(c)** evtl. Gefahr des *lost in hyperspace*

Prozessen	z.T. nach außen hin abgebildet werden • (c) evtl. Verstehensprozesse durch intertextuelle Bezüge erschwert • (d) Bewertungs- und Reflexionsprozesse durch weitere Angaben erleichtert • (e) zusätzlich zu den datengeleiteten Prozessen kommen z.T. Bildverstehensprozesse hinzu	• (a) *Top-down*-Prozesse: Bewerten eines Wikieintrags hinsichtlich seiner (wissenschaftlichen) Genauigkeit, Vergleichen des Gelesenen mit bereits vorhandenem Wissen • (b) Eine Fragen/ bzw. Kritik auf der Diskussionsseite vermerken, einen Artikel im Anschluss an die Lektüre ändern • (c) intertextuelle Bezüge in Form von Verlinkungen auf andere Wikieinträge bzw. externe Links • (d) Quellenangaben und interne Links erleichtern einen Vergleich mit weiteren Informationen • (e) Bild- und Filmelemente können in den Text eingebunden werden	
3) Textsorten	Wikieinträge • (a) Enzyklopädieeinträge (mit Querverweisen) • (b) Glossare • (c) Anleitungen • (d) weitere Textsorten innerhalb eines Wikis prinzipiell möglich, jedoch enzyklopädieartige Anordnung der Inhalte Diskussionsseite • (e) Meinungsäußerungen • (f) Argumentationen • (g) Kommentar (kurz) • (h) Kurzer Berichte-Vorgangsbeschreibung	• (a) Wikipediaeinträge • (b) Einträge in „wikilengua" • (c) in „*WikiHow*" • (d) Lyriktexte • (e) äußern, dass man etwas an einem Beitrag für inhaltlich unzulänglich hält • (f) Argumentieren, warum ein Beitrag nicht dem Neutralitätsgebot entspricht • (g) Anregung, worüber man zusätzlich zum bereits Erwähnten noch schreiben könnte • (h) Erklären, dass und warum man etwas gemacht hat – hier das einfügen eines Verweises, der einen Artikel als nicht neutral einstuft	• Bsp. (a+c): teilweise enge Vorgaben von Textmustern
4) Themenfelder	• (a) Themenvielfalt innerhalb eines Wikis • (b) Prinzipiell kann ein Wiki zu jedem erdenklichen Thema angelegt werden • (c) Vernetzung zu anderen Sites ist möglich • (d) weniger vielfältige Bezüge zu hispanophonen Kulturen • (e) v.a. kognitive Auseinanderset-	• (a) in „Wikipedia" existieren Einträge zu vielen höchst unterschiedlichen, auch abstrakten Themen • (b) verschiedene Themenwikis, die sich vorrangig mit einem thematischen Feld beschäftigen, z.B. „Reisen" • (c) durch interne Hyperlinks innerhalb des Textes sowie externe Links auf andere Seiten (in den Quellenangaben)	• (d) falls vorhanden, dann Bezüge nicht explizit, da häufig auch ein Eintrag von mehreren Autoren verfasst wurde und diese nicht • (d+e) Dargestellte Themen eher im rein sachlichen Duktus

		zung mit Themen	

5) Lesemotivation		• **(a)** Aussicht auf Anschlusskommunikation (teilweise auch mit Gleichaltrigen) möglich
		• **(b)** echter Leseanreiz, da Lesen der Informationsentnahme und nicht vordergründig der Sprachübung dient
		• Förderung intrinsischer Motivation möglich
		    o **(c)** Themenspezifische Motivation: vielfältige Möglichkeiten der Themenwahl in einem Wiki, Lesen eines Hypertextes nach individuellen Lese- und Informationsbedürfnissen ->interessegeleitetes Lesen möglich
		    o **(d)** Tätigkeitsspezifische Motivation v.a. im Rahmen der vorkommenden Medien möglich
		• **(e)** Schaffung eines Erwartungshorizonts möglich
			• **(a)** auf der Diskussionsseite kann mit weiteren Leuten über einen bestimmten Eintrag diskutiert werden, aufgrund der thematischen Breite von Wikis ist das Lesen „relevanter" Inhalte möglich, so dass man informiert ist und zukünftig „mitreden" kann
			• **(b)** Lesen eines Wikieintrags um sich über ein bestimmtes Thema zu informieren und nicht um den Aufbau eines Sachtextes zu wiederholen
			• **(c)** Innerhalb eines Wikis freie Stichwortsuche möglich, innerhalb eines Hypertextes können nur die Hyperlinks während der Lektüre angeklickt werden, wozu man sich weitere Informationen wünscht
			• **(d)** nur die Graphiken oder Bilder in einem Text anschauen
			• **(e)** beim Lesen eines Titels oder Bildes bzw. der Gliederung eines Textes können Hypothesen über dessen Inhalt aufgestellt werden
				• **(a)** sofern ein Eintrag zu einem Thema gelesen wird, das sich in einer bestimmten Altersgruppe großer Popularität erfreut, z.B. bestimmte Filmfiguren, dann kann Anschlusskommunikation mit Gleichaltrigen als realisierbar erachtet werden

6) Sprachlicher Input[91]		**Allgemein** • **(a)** Authentische Sprache • **(b)** Vorwiegend konzeptionell schriftliche Merkmale enthalten • **(c)** Einzelne Komponenten unterscheiden sich hinsichtlich ihres Sprachgebrauchs	• **(g)** umgangssprachlicher Ausdruck „Tampoco esta tan mal"[92], Inflektive/ Lautmalerei: „jeje"[93] • **(h)** Großschreibung um etwas zu betonen, z.B. „...hacer un BUEN artículo..." (vgl. Diskussionsseite zum Eintrag der „Dictadura de Francisco Franco"[94], fehlende Akzente auf der Diskussionsseite von „wikitravel" zum Eintrag „Madrid"[95]	• **(a)** d.h. nicht didaktisiert

---

[91] Die Kriterien der sprachlichen Analyse orientieren sich an dem Modell von Österreicher/ Koch (vgl. Teil 2.4 dieses Buches) und dem von Schlobinski und Siever (2005: 19) aufgestellten Merkmale zur sprachlichen Analyse einer anderen neuen Kommunikationsform.
[92] Vgl. http://wikitravel.org.es/Discusión:Madrid (20.02.2012).
[93] Vgl. http://es.wikipedia.org/wiki/España_franquista (20.02.2012).
[94] Vgl. http://es.wikipedia.org/wiki/España_franquista (20.02.2012).
[95] Vgl. http://wikitravel.org.es/Discusión:Madrid (20.02.2012).

- **(d)** Diatopische Varietäten nicht auf den ersten Blick auffällig
- **(e)** Lexikalischer Input je nach Themengebiet -> sehr komplex
- **(f)** Register: i.d.R. *registro culto*
- Teilweise bildgestützte Texte vorkommend

- **(i)** Ausdruck von Ärger auf der Diskussionsseite zur "Dictadura de Franciso Franco": *„Me fastidia que sin aportar tú referencia alguna al respecto (ni tú ni el artículo, vaya) des por sentado algo tue tampoco está referenciado...."*[96]

Wikieinträge
- Orthographische Merkmale
  - Orthographie weitestgehend korrekt, incl. Akzentsetzung und Groß- und Kleinschreibung
- Syntaktische Merkmale
  - Komplexe Sätze
  - Eher keine Parenthesen
  - Keine Pausen und Herausstellungen
- Keine unkonventionellen Abkürzungen
- Merkmale der gesprochenen Sprache nicht/ kaum vorhanden
  - Keine Inflektive, Tilgungen, Diminutive, Lautmalerei
  - Meist keine direkte Anrede
  - Geringere Emotionalität
  - Situationsungebundene Sprache
  - Monologizität der Texte
  - Öffentlichkeit vorhanden, aber Fremdheit in Bezug auf die Adressaten der Kommunikation
- Graphostilistische Merkmale
  - Keine Smileys und Iterationen

---

[96] Vgl. http://es.wikipedia.org/Discusión:Dictadura_de_Francisco_Franco (20.02.2012).

	• Strukturelle Merkmale ○ Tendenziell eher strukturell komplexe und längere Texte → sprachliche Normen in hohem Maße realisiert Diskussionsseite • **(g)** Zum Teil umgangssprachlichere und konzeptionell mündlichere Sprache • **(h)** Orthographisch weniger korrekt (Groß-, Kleinschreibung, Akzentsetzung) • **(i)** Zum Teil starke Emotionalität, bes. bei kontroversen Themen • Wenig bildgestütztes Sprachmaterial	
7) Vorwissensaktivierung	• Vorwissensaktivierende Elemente vorhanden, besonders thematische Aktivierung	• Bilder, Überschriften und Gliederungen in einem Wikieintrag
8) Emotionale Aspekte	• **(a)** Texte weniger emotional markiert • **(b)** bedürfnisbezogene Textauswahl möglich (vgl. 5c) • **(c)** angstfreie Spracherwerbsumgebung • **(d)** Anregungsreichtum durch verschiedene multimediale Umgebung	• **(c)** niemand sieht, wer was gelesen hat, Lesen ohne Zeitdruck • **(d)** Einbindung von Bild-, Ton- und Videomaterial möglich • **(a)** Ausnahme: Kommentare zu kontroversen Themen u.ä.
9) Textreflexion	• **(a)** Überprüfen der Textintentionen schwierig • **(b)** Textinhalte können (relativ) überprüfbar gemacht werden (b) (Vgl. Franco 2005: 288–319) • **(c)** Intertextuelle und historische Kontexte verwendet und z.T. expliziert (d) • **(e)** Text im Blick eigener Erfahrungsbezüge bewertbar	• **(a)** Wer in welcher Absicht einen Wikieintrag schreibt, ist in einem öffentlichen Wiki oft nicht klar • **(a)** Ebenfalls oft unklar, wer in welcher Absicht einen Eintrag auf der Diskussionsseite hinterlässt • **(b)** Durch Einbindung interner Links und Angabe von Quellen • **(c)** Verweis auf einen historischen Hintergrund in Form eines Hyperlinks, der auf das zugrundeliegende historische Konstrukt verweist Diese Gedanken können als Kommentar auf der

		Diskussionsseite geäußert werden (e)	
10) Anschlusskommunikation	• **(a)** Produktive Textverarbeitung möglich • **(b)** Mit anderen in Kommunikation über einen Text treten ist möglich	• **(a)** Verfassen eines Eintrags auf der Diskussionsseite, der einen Wikiartikel ergänzt, bewertet etc. • **(b)** Innerhalb der Diskussionsseite mit anderen über den Textinhalt diskutieren	• Teilweise sind die Bearbeitungsrechte für nicht registrierte Nutzer begrenzt, so dürfen sie beispielsweise bei „*wikilengua*" nichts schreiben
11) Übungstypen	• **(a)** Übungen zu *Pre-*, *While-* und *Post-reading*-Phasen nicht explizit enthalten • **(b)** *Post-reading*-Übungen, gerade auch sprachproduktive Aktivitäten nur teilweise möglich • **(c)** Vgl. 9) Aktivitäten während des Lesens können beispielsweise Übungen zur Textreflexion umfassen • **(d)** Vgl. 7), Übungen vor dem Lesen können z.B. Aufgaben zur Vorwissensaktivierung enthalten	• **(b)** Nur durch Nutzen der Kommentarfunktion; falls man selbst Blogautor ist, kann man natürlich auch einen erneuten Blogeintrag erstellen	• **(a)** Müssen im Rahmen der didaktischen Aufbereitung erst integriert werden • **(a)** Eine solche Aufbereitung scheint aber möglich

12) Textgestaltung, Struktur und Rezeption von Hypertexten	• **(a)** Wikiartikel
	  o **(a1)** Unter bestimmten Stichwörtern zu finden
	  o **(a2)** Übliches Layout: Der Titel steht oben, es erfolgt eine kurze Inhaltszusammenfassung, dann kommt eine Gliederung und schließlich der Text mit den einzelnen Unterpunkten, unten finden sich Quellenangaben und weiterführende Hinweise in Form von Links, auf der rechten Seite können optional eine Graphik oder Ähnliches stehen
	  o **(a3)** Multimedialität
	• **(b)** Einträge auf der Diskussionsseite
	  o **(b1)** Alle zu einem Wikieintrag gehörigen
		• **(a3)** Einbindung von Bild, Text, Video- und Audioelementen möglich	• **(b1)** Wikieintrag und Diskussionen können nicht gleichzeitig angezeigt werden -> Vergleich bzw. Rückgriff auf den jeweils anderen Text schwieriger handhabbar
			• **(b4)** aber direktes Einbinden von weiteren Elementen nicht möglich

Diskussionsbeiträge stehen i. d. R. auf einer Seite (aber nicht auf der selben wie der Wikieintrag)
- **(b2)** Älteste Einträge oben, aktuellste ganz unten
- **(b3)** Übliches Layout: Überschrift in Form eines Betreffs, Fließtext, unten Angaben zum Autor und zum Schreibzeitraum
- **(b4)** Können zusätzliche Hyperlinks enthalten

- **(c)** Graphische Gestaltung von Wiki- und Diskussionsbeiträgen möglich

→ Hypertextrezeption kann gut geübt werden

Funktionale kommunikative Kompetenz ‚Schreiben'

13) Schreibvarianten	• Produktionsorientiertes Schreiben in sehr hohem Maße vorkommend o **(a)** im kommunikativen Kontext • **(b)** Kreatives Schreiben prinzipiell möglich • **(c)** Texte für einen Leserkreis inner- und außerhalb des Klassenzimmers	• **(a)** Führen einer Diskussion, Mitteilen von Inhalten in einem Wikieintrag • **(b)** Etwa Verfassen eines Gedichts in einem Lyrikwiki	• **(a)** hier steht allerdings die kommunikative Funktion nicht im Vordergrund, sondern die des inhaltlichen Austauschs • **(b)** Kreatives Schreiben steht in einem Wiki (vom ursprünglichen Zweck her gesehen) nicht im Vordergrund, allerdings gibt es auch keine technischen Einschränkungen, die dieses unmöglich machen würden • **(c)** Alle Wikieinträge und Diskussionen sind prinzipiell für jeden Nutzer einsehbar; in einem Wiki, kann der Leserkreis jedoch mittels Zugangsberechtigungen eingeschränkt werden
14) Phasen des Schreibprozesses (Planungs-, Formulierungs- und Überarbeitungsphase) nachvollziehbar und geübt	Anwendung der drei Phasen in unterschiedlichem Maße innerhalb der Anwendung realisierbar • **(a)** Planungsphase teilweise realisierbar • **(b)** Formulierungsphase in mehrfacher Hinsicht realisierbar • **(c)** Überarbeitung des eigenen Textes bzw. der Texte anderer gut möglich • **(d)** die einzelnen Phasen des Schreibprozesses und die Entstehung eines Textes selbst sind nachvollziehbar	• **(a)** vorige Diskussionseinträge lesen, um neue Ideen für einen zu bearbeitenden Artikel zu bekommen; bzw. thematisch ähnliche Wikieinträge lesen, um Ideen für einen neuen Wikieintrag zu generieren; auf der Diskussionsseite können die Schreibziele festgehalten werden • **(b)** Verfassen eines Wikieintrags, Redigieren eines bereits bestehenden Eintrags, Verfassen eines Diskussionsbeitrags • **(c)** Textüberarbeitung in mehreren Phasen, auch durch verschiedene Personen, möglich; es wird immer die aktuellste Version angezeigt • **(d)** mit Hilfe der Versionsansicht können alle vorigen Versionen eines Textes incl. Bearbeitungsdatum angezeigt werden; es können auch ausgewählte Versionen miteinander verglichen werden, wobei alle vorgenommenen Veränderungen farblich markiert sind	• **(a)** fehlende technische Umsetzungsmöglichkeiten, besonders um Ideen zu organisieren (man kann beispielsweise keine Mindmaps erstellen und diese innerhalb eines Wikis als nichtöffentliche Entwurfsansicht abspeichern • **(b)** ein kollaboratives Bearbeiten ist möglich
	• **(a)** Von Anfang an inhaltliche Di-	• **(a)** einen Wikieintrag verfassen, um sein Wissen	• **(c)** Wikieinträge sollten sich i.d.R. auf

15) Entwicklung von Schreibkompetenz	mension des Schreibens betont - **(b)** weniger schriftliche Fixierung und Reproduktion von Wörtern und Strukturen, aber von kleinen Texten - **(c)** freie Textproduktion „nur" in den Grenzen der strukturellen Gegebenheiten der Web 2.0-Anwendung möglich - **(d)** Adressatengerechtes Schreiben kann z.T. nur schwer geübt werden - **(e)** individuelles Tempo der Schreibproduktion möglich	ein bestimmtes thematisches Stichwort beziehen -> völlig freie Niederschrift von Gedanken etc. technisch möglich, aber nicht im Sinne der vorgestellten Beispiele; in einem selbst erstellten Wiki wäre eine solche Art der Textproduktion jedoch sehr gut möglich (sofern das Wiki mit dem Zweck des Übens der freien Textproduktion erstellt wurde) - **(d)** In einem intern benutzten Wiki kann sich jedoch an konkrete Adressaten gewendet werden, da diese i.d.R. bekannt sind
16) Förderung kollaborativen Schreibens	- **(a)** Arbeiten an einem gemeinsamen Dokument möglich - **(b)** Textüberarbeitung durch andere Personen als den Autor möglich - **(c)** Von allen Personen vorgenommene Textänderungen nachverfolgbar	- **(a)** Einschränkung der Bearbeitungsrechte ist möglich, bei einigen Wikis dürfen nur registrierte Nutzer an bereits bestehenden Texten Änderungen vornehmen - **(a+b)** Auf der Diskussionsseite kann sich über den Text, an dem man arbeitet, ausgetauscht und diskutiert werden; auf diese Weise können auch die Schreibziele ausgehandelt werden - **(c)** Vorgenommene Änderungen mittels *history*-Funktion nachvollziehbar; ausgewählte Versionen können miteinander verglichen werden, vorgenommene Änderungen sind farblich markiert
17) Textsorten	- **(a)** Zusätzlich zu den in 3) genannten Textsorten können, können je nach Absicht und Zweck eines selbst erstellten Wikis, weitere Textsorten (bes. auch literarische etc.) hinzukommen - **(b)** zum Teil strukturell einfachere Texte - **(c)** zusammenhängende Texte - **(d)** Eingabe einer Suchanfrage innerhalb eines Wikis - **(e)** Konventionen der Ausgangs- und Zielkultur können nicht so gut mitzuteilen - **(b)** Verfassen eines kurzen Kommentars auf der Diskussionsseite; Einfügen eines Abschnitts in einen bereits bestehenden Wikieintrag - **(c)** auch kreatives Schreiben möglich (vgl. 13 b), aber Anordnung der Texte nach den von einem Wiki vorgegebenen Kategorien (also nach enzyklopädischen Grundsätzen) - **(d)** In einem öffentlichen Wiki gibt es keinen konkreten Adressaten, alle können die Wiki- und Diskussionseinträge lesen; außerdem sind die Autoren eines Eintrags oft nur mit ihrer IP-Adresse angegeben, so dass auch auf der Diskussionsseite nur schwer Informationen über die Person, an die man evtl. einen Kommentar richten will, gewonnen werden kann	- **(a)** Erstellen eines Wikis zum Verfassen fiktiver Geschichten - **(b)** kurze Meinungsäußerung als Kommentar auf der Diskussionsseite niederschreiben; Titel eines Unterabschnitts benennen - **(c)** Verfassen eines kompletten Wikieintrags - **(d)** Suche von Wikieinträgen zu einem bestimmten Thema - **(d)** Korrekte Verfügung über die (lexikalischen) sprachlichen Mittel vorteilhaft, damit die Suche ausreichend genau ist - **(e)** Schlussfolgerung: da es keinen festdefinierten Leserkreis gibt, ist es nicht klar, welches genau die Ausgangs- und die Zielkultur sind

		beachtet werden	
18)	Themenbereiche	• Vgl. 4	
19)	Vorwissen	**(a)** Vorwissensaktivierung wird bei den hier vorgestellten Beispielwikis (bei selbst erstellten kann das durchaus anders sein) nicht explizit im Sinne entsprechender Übungen gefördert **(b)** Textsortenwissen, sprachliches Wissen und Diskurswissen aktivierbar **(c)** Thematisches Vorwissen aktivieren	• **(b)** Sofern die Texte nicht von einem spanischsprachigen Muttersprachler verfasst worden sind, kann sprachliches Wissen nur bedingt aktiviert werden • **(b)** Spanische Texte des jeweiligen Wikis (für das man Schreiben will) lesen • **(c)** Texte spanischer, aber auch deutscher, englischer etc. Sprache (auch von weiteren Webseiten) zu einem bestimmten Thema lesen
20)	Motivation	**(a)** Echter Leserkreis existiert **(b)** Schreibprozess evtl. mühselig	• **(a)** Leser eines Wikieintrags/ eines Diskussionsbeitrags: Vgl. 15d+16e • **(b)** Kolumbieneintrag in der spanischen Version von Wikipedia: http://es.wikipedia.org/wiki/Colombia
21)	Textgestaltung & Hypertextproduktion	**(a)** grundlegende Textgestaltung vgl. 12) **(b)** Hypertextproduktion in hohem Maße möglich **(c)** Textaufbau: Vgl. 12 **(d)** innerhalb von Wikieinträgen **und** Diskussionen Hyperlinkerstellung möglich **(e)** Inhaltsverzeichnis eines Wikieintrags in Form von Hyperlinks erstellt -> fungieren auch als Kohärenzbildungshilfen **(f)** Unter jedem Absatz befindet sich ein Hyperlink, über den man direkt zur entsprechenden Editionsseite gelangt → Hypertextproduktion sehr gut möglich	• **(a)** Anmerkungen zum Leserkreis: Vgl. 15d+16e • **(b)** Grund: Schwierigkeiten in der Verwendung der Wiki-Syntax, welche zum Verfassen eines Textes benötigt wird • **(b)** grundsätzlich wird in Wikieinträgen auf weitere relevante Wiki-Texte verlinkt; es handelt sich hierbei um ein grundlegendes Gestaltungsprinzip eines Wikis • **(e+f)** so Erleichterung der Navigation innerhalb eines Wikielements

22) Sprache (Authentizität, Standard-, Register, Sprachkonzeption)	• • •	(a) Vgl. 6) (b) Suchanfrage sollte sprachlich korrekt sein (vgl. 16d) (c) Im Falle der Beteiligung an bereits bestehenden öffentlichen Wikis, authentisches Sprachmaterial bzw. authentische Schreibanlässe vorhanden

Integrated Skills, Interaktion und Kommunikation

23) Separierte Kompetenzvermittlung allg.	• (a) Prinzipiell möglich	• (a1) Lesen eines Wikieintrags (nur Lesen) • (a2) Verfassen eines neuen Wikieintrags (nur Schreiben)
		• (a2) genau genommen ist aber das reine Schreiben (ohne vorher etwas anderes gelesen zu haben) nicht möglich, da bei den meisten Wikis die Angabe von Quellen erforderlich ist und dies eine Lektüre jener impliziert voraussetzt
24) Integrierte Kompetenzvermittlung allg.	• (a) Lesen und Schreiben teilweise in einen kommunikativen Kontext eingebettet • (b) Mehrere Kompetenzen können in einer Aktivität geschult werden • (c) Weniger interaktive Sprachverwendungssituationen • (d) Abwechslungsreiches Wiederholen sprachlicher Aktivitäten prinzipiell möglich	• (a) Verfassen eines Kommentars auf der Diskussionsseite um auf einen vorigen Kommentar einzugehen • (b) Schreiben eines Kommentars zu einem Wikieintrag, der auch einen Audiobeitrag enthält (Hören, Lesen+Schreiben); Redigieren eines Wikieintrags (Lesen+Schreiben) • (c) Häufiger Textproduktion, die der reinen Informationsdarstellung dient – Verfassen eines Artikels zu einem bestimmten Thema • (d) Wortschatzwiederholung in dem ein Wikieintrag gelesen wird und ein dazu gehöriger Kommentar verfasst wird	

25) Schriftliche (menschliche) Interaktion (Kommunikationsraum, Art d. Interaktion, Antworten, Intervention)	• (a) indirekte, zeitversetzte menschliche Interaktion eingeschränkt möglich
	  o Situationsungebunden, indirekte Kommunikation
	  o Zeitliche und räumliche Distanz der Kommunikationspartner
	  o Anordnung der Texteinträge der Diskussionsseite vom neuesten zum ältesten (Neuestes steht ganz unten)
	  o Keine direkte Rückkopplung mit dem Interaktionspartner möglich
		• (a) Kommentieren eines vorigen Kommentars auf der Diskussionsseite, Führen eines Meinungsaustauschs über die Diskussionsseite
		• (b) kein konkreter Adressat vorhanden
			• (a) Einschränkung: Interaktion muss im Rahmen der Diskussionsseite nicht zwingend stattfinden, ein solcher Eintrag kann auch „zusammenhangslos" (ohne Anbindung an einen vorigen Kommentar) auf der Diskussionsseite eingefügt werden
			• (b) soziokulturelle Verwendungsbedingungen sind somit nicht explizit klar

		o Indirekte Interaktion mit einem öffentlichen Adressatenkreis (sofern es sich nicht um ein internes Wiki handelt) o Zeitversetzte Antworten • **(b)** Text kann nur schwer zu den soziokulturellen Verwendungsbedingungen in Beziehung gesetzt werden
26) Kommunikationsform (synchron, asynchron, quasisynchron)	• asynchron	
27) Mensch-Maschine-Interaktion	• **(a)** Zum Teil Bild-Text-Interaktion • **(b)** Steuerung der möglichen Eingaben durch technisch-strukturellen Aufbau eines Wikis • **(c)** Steuerung des Kommunikationsverhaltens durch den technisch-strukturellen Aufbau eines Wikis	• **(a)** häufig enthalten Wikieinträge nur ein bis wenige Bilder; wenn man einen ganzen Wikieintrag in Betracht zieht, ergibt sich eine starke Textlastigkeit; in den vorgestellten Beispielen fungieren Bilder als visuelle Auflockerung, Systematisierung, Zusammenfassung oder zusätzlichen Input • **(b)** Eingabe von graphisch formatierten Eingaben möglich • **(c)** Kommunikationsverhalten immer nur an einen allgemeinen Adressatenkreis möglich, Kommunikation mit einer einzelnen Person ist im Rahmen dieser Anwendung nicht durchführbar

Anhang 8: Analysierte Wikis

- 1) wikiHow. El manual que **tu** puedes escribir o editar. http://es.wikihow.com/Portada (17.02.2012)
- 2) Wikipedia, la enciclopedia libre. http://es.wikipedia.org/wiki/Wikipedia:Portada (17.02.2012)
- 3) Wikitravel. http://wikitravel.org/es/Portada (17.02.2012)
- 4) wikilengua del español: http://www.wikilengua.org/index.php/Portada (17.02.2012)
- 5) WikiDex. La enciclopedia Pokémon. http://es.pokemon.wikia.com/wiki/WikiDex (18.02.2012).
- 6) http://es.wikipedia.org/wiki/Colombia (20.02.2012)

Anhang 9: URLs der (in 2.2.3) erwähnten Web 2.0-Anwendungen

Wikis

- „Wikipedia": http://de.wikipedia.org/wiki/Wikipedia:Hauptseite (27.01.2012).
- „Wiktionary": http://de.wiktionary.org/wiki/Wiktionary:Hauptseite (27.01.2012).
- Beispiel für ein Themenwiki - ZUM-Wiki für Spanischlehrer: http://wiki.zum.de/Spanisch (22.011.2011).

Blogs

- Blogsuchmaschinen:
    - „Technorati"- www.technorati.com (14.12.2011)
    - „Google Blogsearch" -. http://www.google.com/blogsearch (14.12.2011).

Microblogs

- „Twitter": https://twitter.com/signup (27.01.2012).

Soziale Netzwerke

- Beruflich orientierte soziale Netzwerke
    - „LinkedIn" - http://www.linkedin.com/ (27.01.2012)
    - „Xing" - http://www.xing.com/de/ (27.01.2012).
- Privat orientierte soziale Netzwerke
    - „Facebook" - http://de-de.facebook.com/ (27.01.2012).
    - „StudiVZ" - http://www.studivz.net/Default (27.01.2012).
    - „Wer-kennt-wen" - http://www.wer-kennt-wen.de/ (27.01.2012).
    - „My Space" - http://de.myspace.com/ (27.01.2012).

Social sharing

- *Bookmarking*-Plattformen
    - „Delicious"- http://delicious.com/ (27.01.2012)
    - „Oneview", http://www.oneview.de/ (27.01.2012)
    - „Mister Wong" - http://www.mister-wong.de/ (27.01.2012).
    - „CiteULike" - http://www.citeulike.org/ (27.01.2012).
- Foto-Plattformen
    - „Flickr" - http://www.flickr.com/ (27.01.2012).

- o „Picasa Webalbum" - https://accounts.google.com/ServiceLogin?hl=de&continue=https%3A%2F%2Fpicasaweb.google.com%2Flh%2Flogin%3Fcontinue%3Dhttps%253A%252F%252Fpicasaweb.google.com%252Fhome%253Fq%253D%25255C%25255C%25255C%25255C%25255C%25255C%25255C%252522Brita%25255C%25255C%25255C%25255C%25255C%25255C%25255C%252522%252BGesch%2525C3%2525A4ft%252Bthreadid%2526hl%253Dde%2526lr%253Dlang_de%2526ie%253DUTF-8%2526tab%253Dwq&service=lh2&ltmpl=gp&passive=true (27.01.2012).

- Teilen von Audioinhalten/ Webradio
    - o „Last.fm" - http://www.lastfm.de/ (27.01.2012).
- Video-Plattformen
    - o „YouTube" - http://www.YouTube.com/?gl=DE&hl=de (27.01.2012).
    - o „MyVideo" - http://www.myvideo.de/ (27.01.2012).
    - o „Learn2Use" - http://www.learn2use.de/ (27.01.2012).
- Teilen von Präsentationen
    - o „SlideShare" – http://www.slideshare.net/ (15.12.2011).
    - o „Prezi" - http://prezi.com/ (15.12.2011).

Newsfeeds
- Newsfeed der spanischen Tageszeitung „*El País*"- http://www.elpais.com/rss/ (27.01.2012).

Autorenprofil

Stefanie Mossa, Jahrgang 1983, studierte Spanisch und Evangelische Theologie im Lehramtsstudiengang an der Humboldt-Universität zu Berlin und der Universidad Complutense de Madrid.

Ihr Studium schloss die Autorin Anfang 2012 erfolgreich mit dem akademischen Grad des Master of Education ab. Schon als Studentin sammelte die Autorin eigene umfangreiche Nutzungserfahrungen mit dem Web 2.0.

Während ihres Studiums und eigener Unterrichtstätigkeiten an Berliner Schulen vertiefte sie auch ihr Wissen und ihre Erfahrungen in der Förderung von Lese- und Schreibkompetenz.

Die „neuen" kommunikativen Möglichkeiten bei Facebook, Blogs u.a. motivierten sie, methodisch fundiert zu untersuchen, inwieweit diese zur Förderung von Lesen und Schreiben in der (spanischen) Fremdsprache beitragen können.